Josef Leitner

Oberösterreich erleben

Impressum

Bibliografische Information der Deutschen Nationalbibliothek
Die Deutsche Nationalbibliothek verzeichnet diese Publikation in der Deutschen Nationalbibliografie; detaillierte bibliografische Daten sind im Internet über http://dnb.d-nb.de abrufbar.

2. Auflage 2021

5020 Salzburg, Bergstraße 12

Lektorat: Beatrix Binder
Grafik und Produktion: Nadine Kaschnig-Löbel
Coverfoto: Josef Leitner (Einbäume aus der Pfahlbauzeit)
Druck: PBtisk a.s., Pribram
gedruckt in der EU

ISBN 978-3-7025-0966-8

www.pustet.at

Bildnachweis: Michael Zobl (Seite 81), Thomas Aichinger (Seite 115), Franz Braunsberger (Seite 119), Maria Wimmer (Seite 133), Animaflora PicsStock/shutterstock.com (Seite 203), alle anderen von Josef Leitner

Josef Leitner

Oberösterreich erleben

Kuriose Plätze
und besondere
Ausflugsziele

VERLAG ANTON PUSTET

Inhalt

Mühlviertel

Traunviertel

Salzkammergut

Innviertel

Hausruckviertel

Zentralraum

Vorwort

Wer Oberösterreich erkundet, der wird einmalige Schätze entdecken: Verzauberte Riesen in den Gesichtern von Felsen. Sanfte Hügel mit kleinen Wäldchen und Steinbloßhäusern. Jahrtausendealte Kult- und Kraftplätze. Orte, die vom Fleiß und Erfindungsreichtum früherer Bewohner berichten. Felsspalten, die beim Durchkriechen Krankheiten heilen sollen. Samtene Teppiche aus Almwiesen. Plätze mit reicher Tradition und Geschichte. Kristallklare Quellen, die mit der Kraft ihres Wassers Augen geheilt haben. Romanisch schlichte Kirchen und Kathedralen mit barock überschießender Pracht. Das leise Kräuseln der Wellen in einem klaren Waldsee.

Er wird auch das Leuchten in den Augen der Menschen sehen, die sich in ehrenamtlicher Tätigkeit oder in politischer Funktion für die Erhaltung und Weiterentwicklung der lokalen Natur- und Kulturschätze einsetzen und auch dafür, das Wissen darüber an andere weiterzugeben.

Dies alles zu beschreiben entstand aus dem Bedürfnis, das Echte und Besondere dieser Kleinode zu würdigen. Quer durch alle Landesteile und die vier Jahreszeiten sind Natur, Kultur und die Menschen Oberösterreichs bereichernd und inspirierend. So bleibt der Dank, hier leben zu können, wo einem das Gefühl des Daheim-Seins geschenkt wird.

Josef Leitner

Die Logos Frühling Sommer Herbst Winter bezeichnen – nur als Empfehlung – jeweils die ideale Jahreszeit für die betreffende Tour.

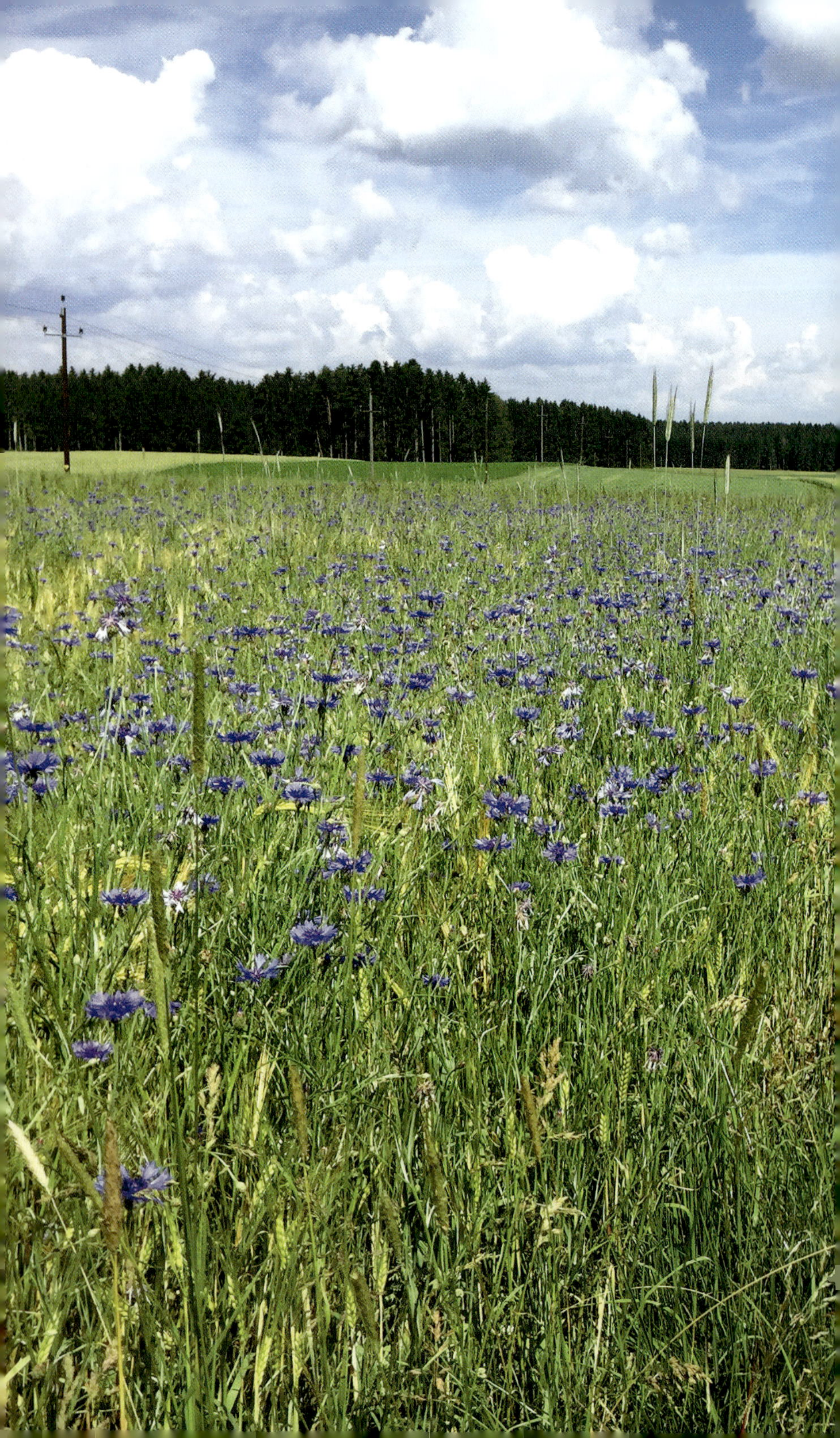

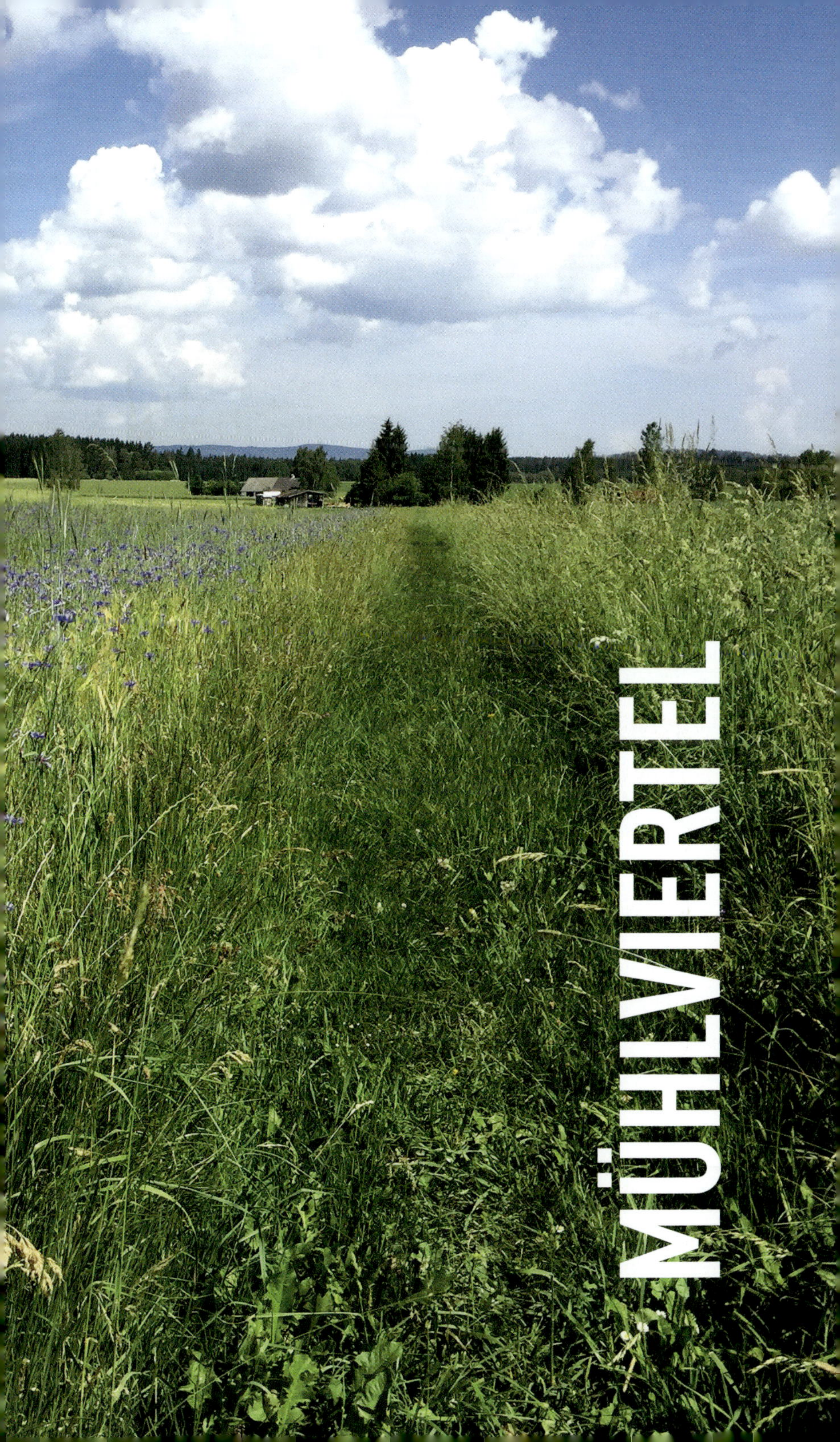
MÜHLVIERTEL

1 Kollerschlag

Die Grenze zu Bayern verführte früher viele Einheimische zu verbotenem Handel – viele von ihnen arbeiteten gleichzeitig als Zöllner

„Keine Grenze verlockt mehr zum Schmuggeln als die Altersgrenze“: Dieses Zitat des österreichischen Literaten Robert Musil (1880–1942) trifft in Kollerschlag im Bezirk Rohrbach ganz und gar nicht zu. Die nahe Grenze zu Bayern lud dort eher zum tatsächlichen Schmuggeln ein. Seit der Zeit Maria Theresias war entlang des Osterbaches, auch „Grenzbach“ genannt, eine gesicherte Staatsgrenze, allerdings durchzogen von alten Schmugglerpfaden. Internationales Aufsehen erregte der Grenzübergang Kollerschlag im Jahr 2015, als hier viele Flüchtlinge über Wegscheid nach Deutschland kamen.

Vom Ortszentrum geht es in westlicher Richtung entlang der Schöffgasse, einem mittelalterlichen Handelsweg, von der Donau nach Böhmen. Rasch trifft der Wanderer auf den Böhmerwald-Rundweg (Markierung BRW). Die weitläufige Landschaft am südlichen Rand des Böhmerwaldes lädt zu flottem Schritt ein und bietet prächtige Rundblicke. Der nahe niederbayrische Markt Wegscheid blickt freundlich vom nahen Hügel herüber. Schließlich wird der sogenannte Schwärzersteig erreicht. Seinen Namen hat er von den dunkel beschmierten Gesichtern der Schmuggler. „Viele Familien lebten vom verbotenen Handel mit Gütern von jenseits der Grenze“, berichtet Bürgermeister Franz Saxinger. „Allerdings arbeiteten viele Bewohner des Dorfes gleichzeitig auch als Zöllner.“ Der im 19. Jahrhundert in Kollerschlag geborene Dichter Norbert Hanrieder (1842–1913) beschrieb seine Landsleute wohl ganz treffend: „Mir san Kollerschläger – San aufgweckte Leut – Habns Herz auf da Zung – Und in Leib drin a Schneid.“ Zum Glück brauchen die Menschen ihre Schneid

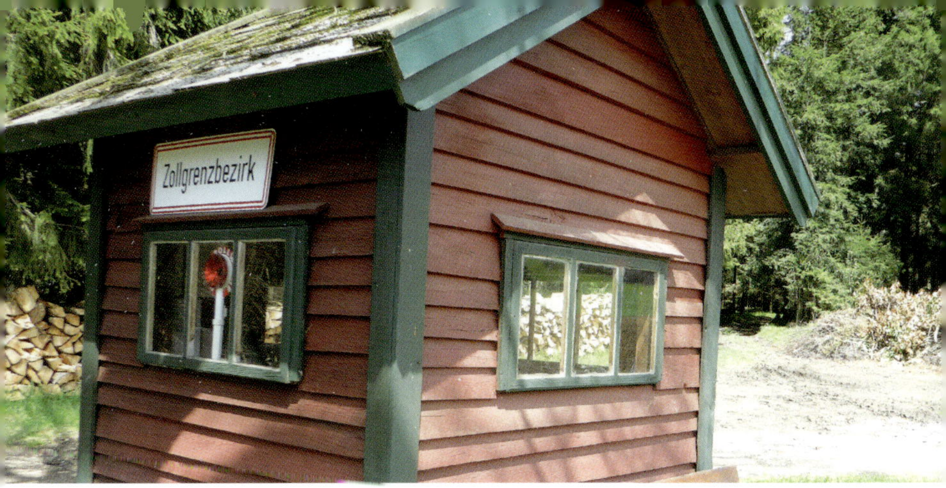

Grenzwächter im Zollhäuschen am „Schwärzersteig" versuchten, illegalen Handel zu unterbinden.

heute nicht mehr zum Schmuggeln. Das ist seit dem Schengener Abkommen von 1985 vorbei.
Der Grenzbach schlängelt sich in unzähligen Mäandern durch die Hochebene. Fleißige Biber haben hier gute Arbeit geleistet und stämmige Bäume gefällt. Vorbei an der Nebelberger Mühle erreicht man das Örtchen Stift am Grenzbach. Die Markierung 15 leitet über die Grenze nach Bayern und nach einer Gehstunde wieder zurück ins Mühlviertel. Ausgedehnte Grünflächen werden von Waldpassagen abgelöst. Diese boten wohl den erforderlichen Sichtschutz für die heimlichen Grenzgänger. Aber die Behörden waren nicht untätig. In regelmäßigen Abständen waren Aufseherhäuschen als Unterstand für die Grenzwächter platziert. Eine dieser Zollhütten taucht am Weg auf: Sie wurde originalgetreu nachgebaut. Der Blick ins Innere ist nicht gerade einladend: Die Handschellen liegen noch auf dem Tisch. Schließlich mündet der Schwärzersteig wieder in den Böhmerwald-Rundweg und führt an den Ausgangspunkt dieser geschichtsträchtigen Wanderung zurück.

Ausgangspunkt: Kollerschlag, Ortszentrum
Dauer: 12 Kilometer, 3,5 Stunden
www.kollerschlag.at

Der Schwarzenbergsche Schwemmkanal ist ein technisches Wunderwerk des 18. Jahrhunderts

Das Jahr 1789 steht nicht nur für den Beginn der Französischen Revolution, sondern auch für den Bau eines revolutionären technischen Bauwerks: Der Schwarzenbergsche Schwemmkanal war eine Holzschwemmanlage und führte von der Großen Mühl aufwärts über die Europäische Hauptwasserscheide zwischen Donau und Moldau bis nördlich des Dreisesselbergs. Über diesen Kanal wurde das Holz des Böhmerwaldes bis zur Donau gebracht. Auf Schiffen wurde es von dort in die Hauptstadt Wien transportiert. Die Fürsten Schwarzenberg besaßen zum Ende des 18. Jahrhunderts im Böhmerwald 24 000 Joch Waldgebiete, umgerechnet rund 14 000 Hektar. In dieser Zeit stieg in Wien durch den Bevölkerungszuwachs der Bedarf an Feuerholz massiv an.

Mit dem Rad zum Plöckensteiner See

Die Radroute „Plöckensteiner See" R801 eignet sich bestens, den nördlichen Teil des historischen Bauwerks bei einer 50-Kilometer-Runde kennenzulernen. Der Geschäftsführer des Tourismusverbandes Böhmerwald, Reinhold List, kennt die Region seit Jahrzehnten und ist ein kundiger Begleiter. Die herbstlichen Talnebel liegen schon unter uns, wir befinden uns bereits auf 960 Meter Höhe. Die spannende Rundfahrt führt immer in ähnlicher Höhenlage durch tiefgrüne Mischwälder. List erzählt: „Die Wälder sind in Besitz des Stiftes Schlägl und werden als Plenterbetrieb bewirtschaftet. Dabei werden nur einzelne Bäume gefällt. Der Mischwald kann sich so permanent selbst verjüngen und so der Borkenkäfer im Zaum gehalten werden." Der bestens präparierte Radweg führt durch das Schigebiet Hochficht. Die hochmoderne

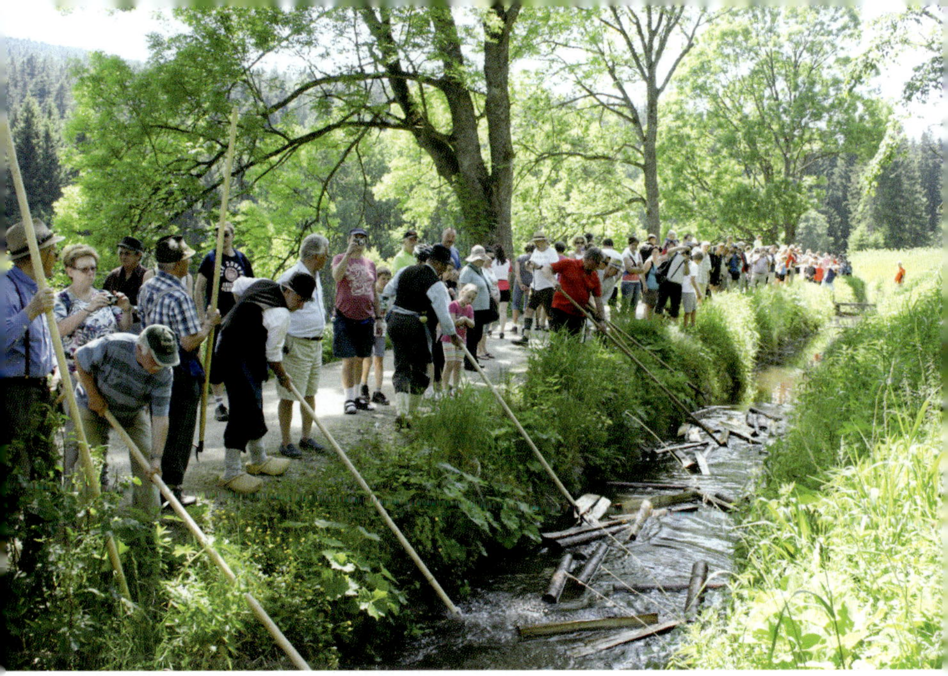

Mehrmals im Jahr gibt es ein Schauschwemmen.

10-Personen-Gondelbahn lässt uns ans winterliche Schivergnügen denken. Schließlich wird der Fußgängerübergang nach Tschechien erreicht. Der Schotterweg wird zur Asphaltstraße. Zur Zeit des Eisernen Vorhangs war hier militärische Sperrzone. Deutschsprachige Wegweiser werden jetzt spärlich.

Ältester Tunnel Mitteleuropas

Das nächste Ziel, der Plöckensteiner See, heißt auf Tschechisch Plešné jezero. Diesem Hinweisschild folgend, erreichen wir bald den eiszeitlichen Gebirgssee. Idyllisch liegt er auf 1 090 Meter Höhe am Fuß des höchsten Böhmerwald-Berges, des 1 379 Meter hohen Plöckenstein. Was jetzt folgt, ist eine Genusspause: Auf der Bank sitzen, die Seele baumeln lassen und den stillen See betrachten. Dann geht der Blick über das Wasser hinaus auf den hoch aufragenden Moränenwall. Von dort oben blickte einst Adalbert Stifter auf seinen geliebten See und nannte ihn das „dunkle Auge Gottes". Ein Stifter-Denkmal erinnert daran.

Nach einem kurzen Wegstück Richtung Norden erreichen wir in der Halbzeit der vierstündigen Rundfahrt den Schwarzenbergschen Schwemmkanal und treffen auf ein besonderes Bauwerk, den Hirschbergen-Tunnel. Fast 400 Meter lang, verband er zwei Gewässer und ermöglichte so das Schwemmen von Holz. Das mit zwei Ecktürmchen, fünf Zinnen und einem Spitzbogen verzierte steinerne Einlaufportal erinnert an ein Märchenschloss. Reinhold List erklärt dazu: „Die Quellen sagen, dass es sich hier um den ältesten Tunnel Mitteleuropas handelt." Munter wie in früheren Zeiten fließt auch heute noch das eisenbraune Wasser hindurch. Ab jetzt führt die Radroute kontinuierlich den Kanal entlang. Wir können hautnah die ingenieurtechnische Meisterleistung erleben und verstehen, warum das Bauwerk im 19. Jahrhundert

Der Hirschbergen-Tunnel stammt aus dem 19. Jahrhundert.

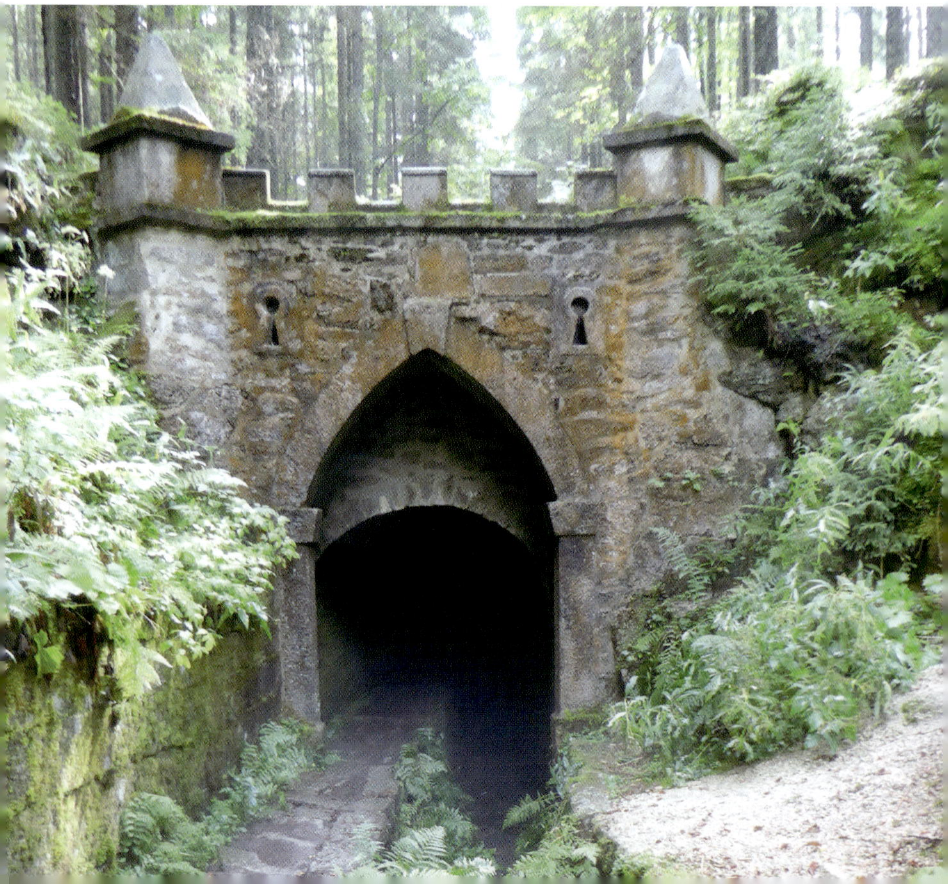

als „achtes Weltwunder“ bezeichnet wurde. Das Gefälle über die nächsten 20 Kilometer beträgt exakt 0,2 Prozent. So gleiten wir entlang der Wasserstraße entspannt dahin. Der 80 Zentimeter tiefe Kanal war typischerweise am Kanalboden 2,20 Meter breit und an der Oberfläche 2,80 Meter. Gespeist wurde er vom Wasser des Plöckensteiner Sees und während der Holzschwemme aus 22 Bächen, die durch Schleusen abgesperrt und in den Kanal geleitet wurden. Wir passieren mehrere der insgesamt 87 Brücken.

Hauptschlagader der Region

Bis zu 1 200 Menschen waren zu Spitzenzeiten damit beschäftigt, das Holz des Böhmerwaldes auf dem Kanal weiterzuleiten. Am Ende des Kanals trieb das Holz auf österreichischer Seite lose weiter auf der Großen Mühl bis kurz vor deren Mündung in die Donau. Dort wurde es im Ausschwemmkanal mit Rechen abgefangen, auf Schiffe verladen, nach Wien transportiert und – wegen der niedrigen Transportkosten – mit großem Gewinn als Brennholz verkauft. Über ein Jahrhundert war der Schwemmkanal die pulsierende Hauptschlagader der Region. Schließlich erreichen wir wieder die Grenze zu Österreich und kehren kurz vor Schöneben in der urigen Jausenstation „Blauer Hirsch“ ein. Apfelstrudel und Topfenknödel schmecken vorzüglich.
Mehrmals im Jahr gibt es Gelegenheit, bei einer Schauschwemme dabei zu sein und dieses Schauspiel mitzuerleben. Der Schwemmdirektor erteilt dabei den Befehl zur Schwemme. Ein länderübergreifendes Kulturprogramm mit Folkloregruppen aus Südböhmen erinnert an frühere Zeiten.

Ausgangspunkt: Schöneben, Hotel Innsholz
Dauer: 4 Stunden, rund 50 Kilometer mit dem E-Bike,
Infos zur Schwemmkanal-Radroute: Tourismusverband Böhmerwald,
Aigen-Schlägl, Tel. 05 7890 100
www.boehmerwald.at
Schauschwemmen-Termine: www.schw-kan.com

Vom der Mechanischen Klangfabrik geht es musikalisch weiter auf dem Tanzbodenrundweg

In der Mühlviertler Gemeinde Haslach erwartet uns das nach Expertenmeinung interessanteste Museum von Oberösterreich. Marianne Kneidinger ist gewissermaßen die „gute Seele“ der Tourismusaktivitäten des Ortes und liefert uns eine erste Information über die Mechanische Klangfabrik: „Hier finden sich 160 Exponate aus der Sammlung des ehemaligen Haslacher Webereibesitzers Erwin Rechberger. In jahrzehntelanger Sammlertätigkeit hat der begeisterte Musiker diese mechanischen Musikinstrumente aus ganz Europa zusammengetragen. Vor allem im 18. Jahrhundert erfreuten sie sich in Tanzetablissements, auf Schiffen, Kirtagen, im Wirtshaus, im Salon oder Wohnzimmer großer Beliebtheit.“

Auch wir als Musik-Interessierte lassen uns beim Rundgang vom nostalgischen Charme der Welt von Gestern verzaubern. Museumsführerin Gertraud Koblmüller führt uns zu zierlichen Glockenuhren, schnarrenden Drehleiern, liebevoll gestalteten Drehorgeln und originellen Rückenklavieren. Besonders beeindruckt uns eine Jugendstil-Tanzorgel aus dem Jahr 1925. Eine pneumatische Steuerung liest die auf einer Lochkarte gespeicherte Musik ab und bringt dadurch Klavier, Akkordeon, Schlagzeug, Orgelpfeifen und Tamburin zum Klingen. Ein ganzes Orchester tönt uns aus der kunstvoll verarbeiteten Klangmaschine entgegen. Wir fühlen uns an den Vers aus Mozarts Zauberflöte erinnert: „Das klinget so herrlich, das klinget so schön.“ Ganz anders, nämlich mit einer runden Lochplatte aus Stahl mit darin eingestanzten Haken, funktioniert das in Leipzig erzeugte Spielwerk „Monopol“ aus dem Jahr 1880. Sein Vorteil

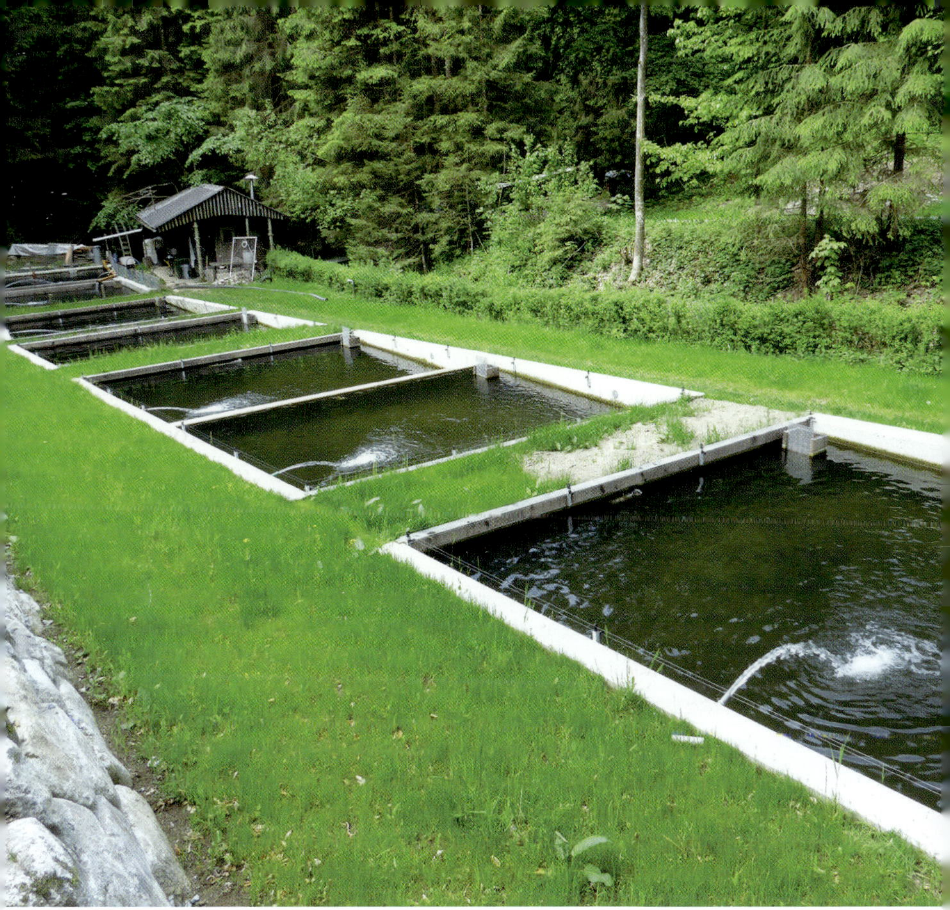

Fischzuchtanlage auf dem Tanzbodenrundweg.

besteht darin, dass diese Platten ausgetauscht werden konnten und die Musikliebhaber auf diese Weise eine Plattensammlung anschaffen konnten. Eine klingende technische Wunderwelt, so etwas wie die künstliche Intelligenz früherer Zeit. Erst die Verbreitung des Radios entzog in der Zwischenkriegszeit den mechanischen Musikautomaten ihre Existenzgrundlage.

Von den Orgeln zum Tanzboden

So verlassen wir beschwingt das Reich der Tanzorgeln und begeben uns vom Marktplatz aus auf den Tanzbodenweg. Der 12 Kilometer lange Rundweg führt uns in westlicher Richtung entlang eines munter fließenden Kanals zur Ortschaft Haid. Hier genießen wir die prächtigen Ausblicke in die vielfältig gegliederte Landschaft. Eine längere Rast legen wir bei der Heilig-Wasser-Kapelle ein, die aus dem Jahr 1470 stammt. Der Legende nach sollen hier die Passanten früherer Zeit immer Stimmen und Gesang gehört haben, die erst verstummten, nachdem eine Kapelle errichtet worden war. Restauriert wurde sie in der Nachkriegszeit durch Belgier und Franzosen aus Dankbarkeit für ihre gesund überstandene Kriegsgefangenschaft.

Neben der Kapelle wurde aus groben, unbehauenen Steinen ein Brunnen errichtet, aus dem heilkräftiges Wasser strömt. Wir legen eine Pause ein, um uns an der köstlich kühlen Quelle zu laben. Mehrmals passieren wir danach Fischzuchtteiche, die das reine Wasser dieser Region nutzen. Die Fische genießen sichtlich ihr kühles Dauerbad. Nach der Ortschaft Hörleinsödt überqueren wir den tief unten liegenden Lanitzbach und steigen anschließend auf eine Hochebene, die uns freie Sicht auf die Mühlviertler Landschaft beschert. Nur wenige Meter sind wir hier von der Grenze zu Tschechien entfernt. Naturbelassene, blumenübersäte Wiesen machen das Wandererlebnis zu einem Genuss. So gelangen wir schließlich zum Tanzboden, einem Hügel, der mit dem 752 Meter hohen Eckartsberg einer der beiden Hausberge von Haslach ist. Zwischen den Bäumen erblicken wir den Ausgangsort, den wir nach dreieinhalb Gehstunden erreichen.

Ausgangspunkt: Haslach, Marktplatz
Dauer: 3,5 Stunden für den 12 Kilometer langen Tanzbodenrundweg
www.mechanischeklangfabrik.at

Das Tempo drosseln auf dem Granitpilgerweg – eine Reise zu sich selbst und zu 100 spirituellen Plätzen

Unsere Pilgergruppe nähert sich der mit grünen Flechten bewachsenen Waldkapelle Maria Rast in der Gemeinde Helfenberg im Bezirk Rohrbach. Einer der vielen Kraftplätze auf dem neu eröffneten Granitpilgerweg erwartet uns. Wir betreten die stille Waldlichtung und gelangen im Inneren der Kapelle zum sagenumwobenen Schalenstein. Für den Helfenberger Künstler Hermann Eckerstorfer ist dieser Ort ein besonderer Energiepunkt. Eine christliche Geschichte habe diese keltische Kultstätte neu interpretiert, erzählt er. „Der frommen Legende nach hat die Heilige Familie auf der Flucht nach Ägypten nach einem anstrengenden Weg auf einem Stein gerastet. Aus Mitleid mit der Familie ist der Stein weich geworden, wodurch drei Abdrucke im harten Fels entstanden sind – und sich bis heute erhalten haben." Wir geben uns gerne der energiegeladenen Stimmung dieses Raumes hin.
Viele weitere spirituelle Orte werden uns auf dem weiteren Pilgerweg begegnen. Der Ideengeber des im Jahr 2019 eröffneten Granitpilgerwegs, der Mühlviertler Unternehmer Johannes Artmayr, über die Entstehung: „Dieser Pilgerweg ist nicht nach einem bestimmten Heiligen benannt. Vielmehr verbindet er über 100 spirituelle Orte von der Donau bis nahe an die tschechische Grenze zu einem ganzheitlichen Pilgererlebnis. Mehrere Tage in dieser unberührten Landschaft zu wandern, kann den Menschen wieder Ruhe und neue Kraft geben."

Granit prägt die Region

Zehn Gemeinden wurden gewonnen, bei diesem Projekt mitzumachen. Fritz Falkinger ist Bürgermeister von Kleinzell und einer der aktiven Unterstützer: „Granit hat seit Menschengedenken

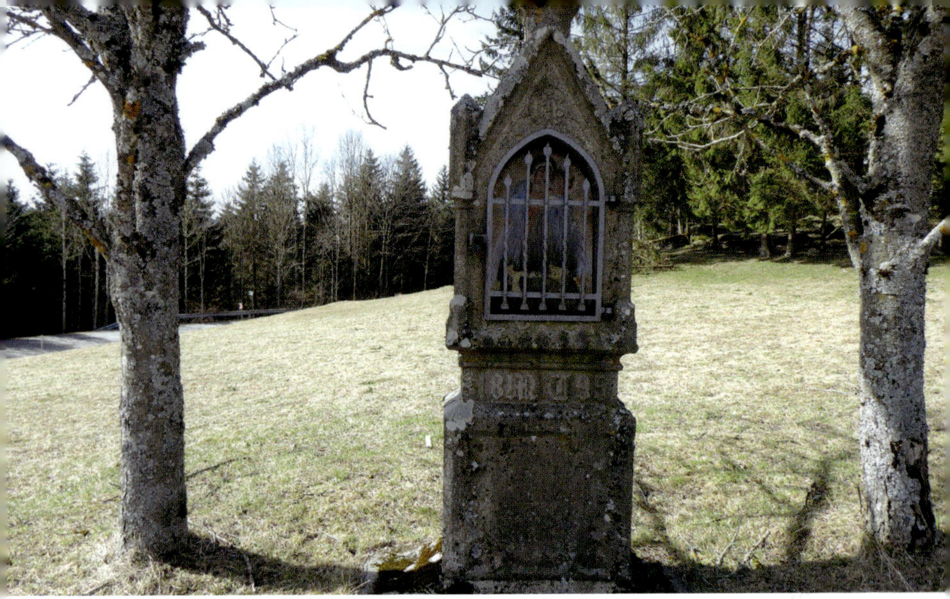

Marterl am Granitpilgerweg.

diese Region geprägt. Wer sich durch die Wälder, die sanften Hügel, die Wiesen und Felder entlang des Weges bewegt, wird den Granit immer wieder antreffen, in Tür- und Fensterstöcken, Wassergrandern, Wegkreuzen und Marterln."

Damit nicht nur Geist und Seele sich regenerieren, sondern auch der Körper, dafür sorgen 23 Gaststätten. Peter Haudum ist Wirt in Helfenberg und zählt zu den Mitinitiatoren: „Unser Shuttleservice bringt die Pilger jeden Tag zum ausgewählten Ausgangspunkt, versorgt sie mit stärkender Wanderjause und holt sie am Abend wieder ab. Nach einem Besuch in der hauseigenen Speckwerkstatt können die Gäste in der Wellnessoase genüsslich entspannen. Anschließend können sie beim gemütlichen Zusammensitzen die ersten Lernschritte beim schönsten Kartenspiel der Welt, dem Tarockieren, machen."

Das klingt jedenfalls sehr einladend, besonders wenn man den 90-Kilometer-Rundweg in vier anstatt drei Tagen bewältigt. So verbleiben pro Tag durchschnittlich etwa 22 Kilometer. Sportlich ist diese Pilgerrunde allemal. Der Blick auf das Höhendiagramm zeigt, dass immerhin fast 3 000 Höhenmeter zu überwinden sind.

Außer den spirituellen Plätzen trifft man auch auf sehenswerte kulturelle Highlights wie den historischen Marktplatz von Neufelden oder die liebevoll restaurierte Burg Piberstein.
Nach jedem Aufstieg lockt immer wieder das entspannende Plätschern eines Gewässers. Neben der namensgebenden Großen Mühl und dem Pesenbach beeindruckt uns die Steinerne Mühl, die wir nach dem Abstieg von der Maria-Rast-Kapelle überqueren.

Denken mit den Beinen

Der pensionierte Helfenberger Techniker Gerhard Kiesl hat sich als Wegewart mit großem Einsatz um die Beschilderung des Pilgerweges gekümmert und weiß: „Normalerweise ist hier kein Wasser zu sehen, sondern nur ein Gurgeln zu hören, da der Bach diesen Streckenabschnitt unter riesigen Granitsteinen beinahe unterirdisch zurücklegt." Nach starken Regenfällen rauscht allerdings das Wasser tosend hinab.
Schließlich treffen wir in St. Johann ein und werden mit einem auf einer Fahne angebrachten, treffenden Spruch begrüßt: „Eine Reise durch das Mühlviertel. Eine Reise zu sich selbst." Wir haben damit eine von vier Tagesetappen und 16 Kilometer zurückgelegt und genießen beim Keplingerwirt das von der Brauerei Hofstetten gebraute Granitbier. Nicht nur der würzige Geschmack, der vom durch den Granit gereinigten Wasser und dem Mühlviertler Hopfen herrührt, sondern auch der sinnige Spruch auf der Flasche rundet unseren Pilgertag treffend ab: „Nichts brauchen. Denken mit den Beinen. Reden. Oder auch nicht. Natur. Steine. Still. Tempo drosseln. Schrittgeschwindigkeit."

Mögliche Ausgangspunkte des Granitpilgerweges: Helfenberg, St. Martin, Kleinzell, Neufelden, Haslach, St. Johann, Niederwaldkirchen
Dauer: 4 Tage, etwa 90 Kilometer
www.granitpilgern.at

Der 16 Kilometer lange Wanderweg „Hansbergrunde J1" erschließt eine traumhafte Landschaft und ihre spannende Geschichte

Der Wind bläst uns im Mühlviertler Ort St. Johann im Bezirk Rohrbach ordentlich um die Ohren. Kein Wunder, lässt doch schon der Namenszusatz „am Wimberg" auf die ursprüngliche Bezeichnung „Windberg" für den nahegelegenen Höhenrücken schließen. Bis 1930 soll dieser Begriff gebräuchlich gewesen sein, wie der örtliche Amtsleiter Josef Hinterhölzl weiß. Um keine wetterempfindlichen Gäste aus der Stadt abzuschrecken, habe man wohl den Namen geändert.

Am Pesenbach zum Hansberg

Der Wanderweg „Hansbergrunde J1" führt uns jedoch bald zu windgeschützten lauschigen Plätzen. Zum Glück ist er exzellent markiert, denn auf dem 16 Kilometer langen Rundweg geht es durch eine abwechslungsreiche Landschaft. Vor uns schreitet ein Pärchen flotten Schrittes voran. Die beiden verringern ihr Gehtempo weder bei steileren Wiesenpassagen noch auf einem mit Ästen übersäten Waldstück. Ihre Geschwindigkeit beeindruckt. Schließlich holen wir sie ein und begleiten sie ein Wegstück. Wir staunen nicht schlecht: Der Mann ist vollkommen blind. Die Geschichte der beiden ist bemerkenswert. Christine ist Sozialarbeiterin und hatte den im gleichen Kirchenchor singenden Christoph auf Wanderungen begleitet. Dabei sind sie sich nähergekommen und ein Paar geworden. Seitdem erkunden sie mit Freude die Mühlviertler Landschaft in der Region Rohrbach. Christoph erfreut sich am Rascheln des Laubes, dem Gesang der Vögel, der guten Luft und überhaupt am Leben. Sein Lieblingssatz:

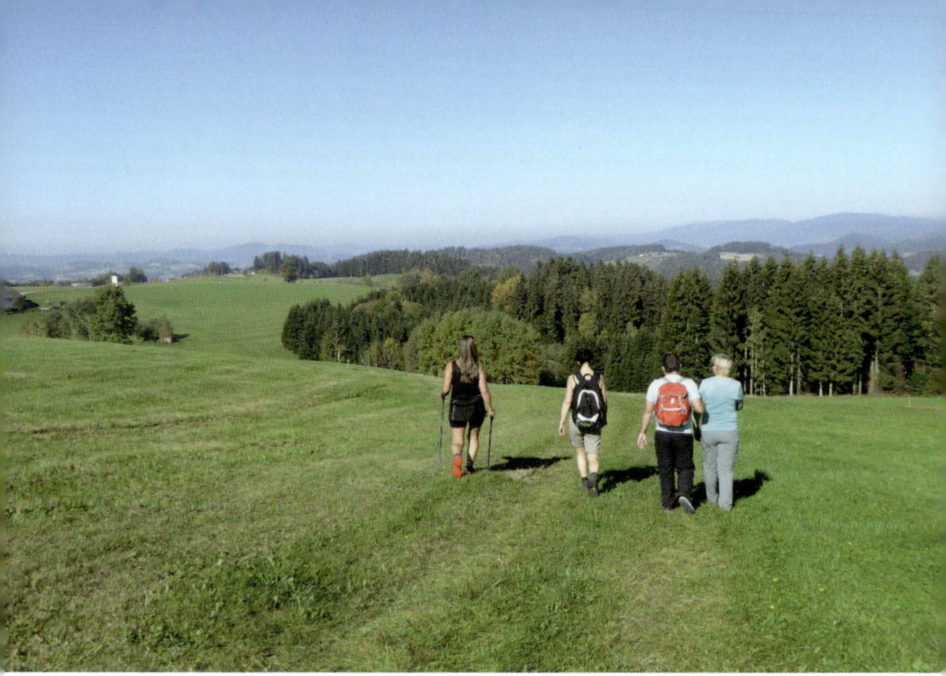

Die Ausblicke reichen über frisch gemähte Wiesen bis in die weite Ferne.

„Wie ist doch das Leben schön." Ein besonderes Erlebnis, das uns den eigenen Sehsinn wieder besonders schätzen lässt. Die Ausblicke sind wahrlich großartig. Vom Rücken des Petersbergs blicken wir über glatt gemähte Wiesen und sanfte Hang- und Waldkuppeln. Dazwischen vereinzelte Höfe und kleine Weiler. Aus der Ferne grüßt der Turm der Ruine Waxenberg herüber. Es verwundert nicht, dass dieser Rundweg auch Teil des Europäischen Fernwanderwegs E8 ist, der von der Nordsee bis zu den Karpaten führt. Ebenso ist er Teil mehrerer regionaler Wege wie des Kraft-Quelle-Baum-Weges.

Schautafeln informieren darüber, dass die Linde das Gemüt kühlt und das Herz stärkt, und dass die Zitterpappel in sich gekehrte Menschen wieder zu mehr Aktivität anregt. Auch der Granitpilgerweg führt hier vorbei. Dann geht es wieder hinunter, das Tal des Pesenbachs entlang. Bei der Sägmühle, einer von früher sieben Mühlen im Ortsgebiet, überqueren wir das

Gewässer. Es lohnt, auf der Holzbank eines nahen Rastplatzes zu sitzen und dem Murmeln des Wassers zuzuhören. Dann geht es wieder auf die Höhe, über langgestreckte, aussichtsreiche Wiesen wird die Fellner-Kapelle erreicht. Im Schatten von zwei Linden, welche beim Bau der Kapelle 1855 gepflanzt wurden, lädt wieder eine Bank zur Rast ein. Schließlich wird der höchste Punkt des Rundwegs, der 850 Meter hohe Hansberg erreicht.

Denkmal für Hans Schnopfhagen

Wer glaubt, dass sich der Name vom heiligen Johannes ableitet, liegt richtig. Der pensionierte Schuldirektor Raimund Holly kennt die Geschichte: „Der Eigentümer des im nahen St. Veit gelegenen Wasserschlosses, Baron Johann Hager, hat hier im 17. Jahrhundert zu Ehren des heiligen Johannes eine Kapelle errichtet, die dem Berg den Namen gab. Diese wurde nach einer wechselvollen Geschichte im 19. Jahrhundert vom Industriellen und Schlossbesitzer Adolf Seyrl zu einer Gaststätte ausgebaut, die sie auch heute noch ist.“ Illustre Gäste sollen sich hier eingefunden haben, darunter auch der Komponist und Heimatdichter Hans Schnopfhagen (1845–1908). Er vertonte einst den „Hoamatgsang“, die heutige oberösterreichische Landeshymne. Auf dem weiteren Rundweg passieren wir das Denkmal, das ihm zu Ehren errichtet wurde.

Ausgangspunkt: St. Johann am Wimberg
Dauer: 4 Stunden, 16 Kilometer
www.hansbergland.at

Der größte geologische Steinlehrpfad Österreichs in Plöcking zeigt 160 Natursteinexponate

Fast wie ein See wirkt die Donau in Untermühl in der Gemeinde St. Martin im Mühlkreis im Bezirk Rohrbach. Kaum zu glauben, dass dieser Fluss noch vor 50 Jahren einen um 14 Meter niedrigeren Wasserstand hatte. Die Errichtung des Kraftwerks Aschach hat die Landschaft verändert.
Hier beginnt unsere geschichtsträchtige Rundtour. Der Wanderweg 55, der „Granitweg", führt zuerst ganz beschaulich entlang der Großen Mühl. Dann taucht unvermittelt das Jugendstil-Industriegebäude des Kraftwerks Partenstein im engen Talkessel auf. Der Kraftwerksmitarbeiter Josef Gattringer bietet uns spontan eine Führung durch die Anlage an. „Als es vor knapp hundert Jahren errichtet wurde, war es das größte und modernste Speicherkraftwerks Österreichs", erzählt er. Riesige Druckrohre lassen das Wasser des einige hundert Meter höher gelegenen Stausees Neufelden durch die Turbinen schießen. Für einen Industrie-Amateur beindruckend ist die vollautomatische Steuerung: Die produzierte Menge Strom hängt ab von der Zuflussmenge und von der Nachfrage. „So kann es passieren, dass sich an warmen Sonntagen das Kraftwerk gänzlich abschaltet", berichtet Gattringer.
Der Granitweg steigt nun kräftig an und führt in die Ortschaft Ramersberg, wo ein Abstecher zur Marien-Wallfahrtskapelle lohnt. Idyllisch mitten im Wald gelegen, kommt sich der Wanderer ein bisschen wie ein Wallfahrer vor. Dieser Eindruck wird durch die Ausführungen einer angebrachten Tafel bestätigt: Danach leitet sich das Wort „Wallfahrt" von „wallen" ab, was vom Wort „wandeln" kommt, das wiederum direkt mit „wandern" zusammenhängt. So gesehen ist jeder Wanderer auch ein Wallfahrer – immer offen für außergewöhnliche Erlebnisse.

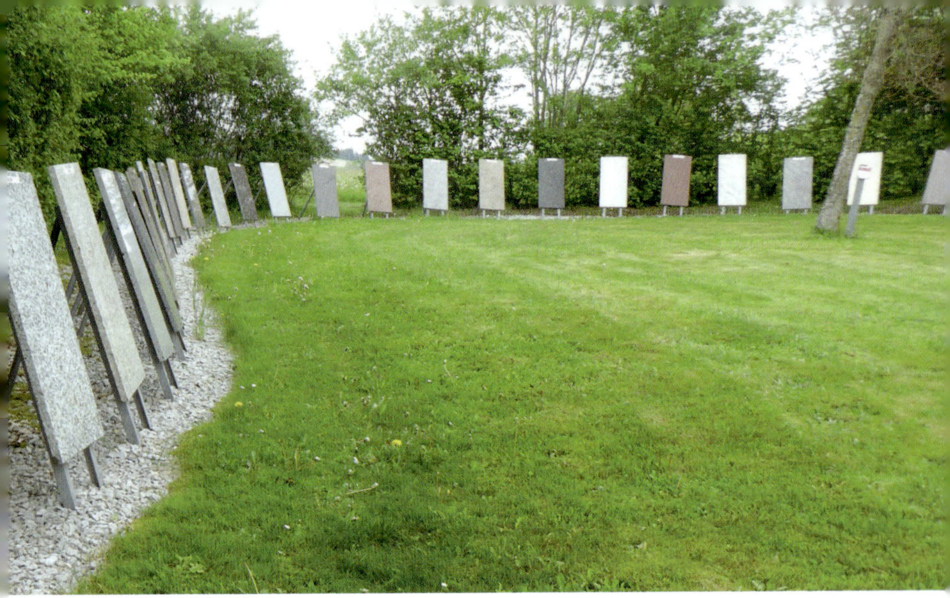

Der Steinlehrpfad Plöcking zeigt 160 Granitsorten aus aller Welt.

Kleinzell mit der Resi-Lacke

Schließlich wird über beschauliche Wiesenwege der Ort Kleinzell erreicht, wo sich der Rundweg wieder in südlicher Richtung fortsetzt. Eine Pflichtpause ist bei der Resi-Lacke einzuplanen. Der aufgelassene Granitsteinbruch ist zu einem idyllischen Badesee mutiert, eingerahmt von senkrechten Granitwänden. Im Granitort Plöcking gibt es den nächsten Halt. Über den größten geologischen Steinlehrpfad Österreichs kann man nur staunen: 160 Natursteinexponate beleuchten die steinerne Unterwelt quer über den Globus. Lehrreiche Stunden könnte man hier verbringen. Der Weg führt über das Schloss Neuhaus zurück zum Ausgangspunkt. Das letzte Wegstück, der schmale „Jagasteig", führt durch eine Art Tunnel – eingerahmt von Blumen und Bäumen – zurück nach Untermühl. Im historischen Gasthof Ernst lassen sich die vielen Eindrücke verarbeiten.

Ausgangspunkt: Untermühl
Dauer: 3,5 Stunden, 12 Kilometer
www.erlebniswelt-granit.at

Von der Pfarrkirche den Fluss entlang bis zum naturbelassenen Schwimmbad – ein Streifzug durch die Natur vor den Toren von Linz

Waren in früheren Zeiten die Jäger und Sammler unterwegs, um etwas Neues zu entdecken, so bewegen sich heute die Wanderer aus demselben Urinstinkt: Sie wollen ebenfalls etwas Bereicherndes erfahren. In Gramastetten ist dies auf perfekte Weise möglich: Der kultur- und naturhistorische Wanderweg beschert ein wahres Feuerwerk an Erlebnissen. Wir lassen uns vom eigens für diesen Weg entworfenen Markierungszeichen leiten, einer Fußsohle mit einem Auge in der Mitte.

Wir beginnen den Rundweg bei der Pfarrkirche in Gramastetten. In Begleitung des Ortschronisten und Buchautors Thomas Schwierz wird der dreistündige Spaziergang angereichert mit vielerlei Anekdoten und geschichtlichen Fakten. „Der Ortsname Gramastetten leitet sich von ‚Stätten des Grimhard' ab. Dieser war im Mittelalter ein Gefolgsmann der Herren von Wilhering. Deren Herrschaftsgebiet reichte von der Donau bis zur böhmischen Grenze und von der kleinen Rodl bis zum Haselgraben", erzählt Schwierz. Jeder kennt wohl das Stift Wilhering – dass dies mit den Bauteilen der ehemaligen herrschaftlichen Burg Gramastetten errichtet wurde, wissen jedoch nur wenige.
Der Urtlstraße abwärts folgend gelangen wir bald zur Abzweigung Richtung Kreuzweg. Der Name der Straße kommt daher, dass hier im Mittelalter unter freiem Himmel „Urteil" gesprochen wurde. Heute wohnen an diesem Ort friedlich gesinnte Bürgerinnen und Bürger, vom steinernen Beratungstisch am Gerichtsplatz ist nichts mehr zu sehen. Schon bald erreichen wir die Kalvarienbergkirche auf der Kuppe. Ein fleißiger Helfer

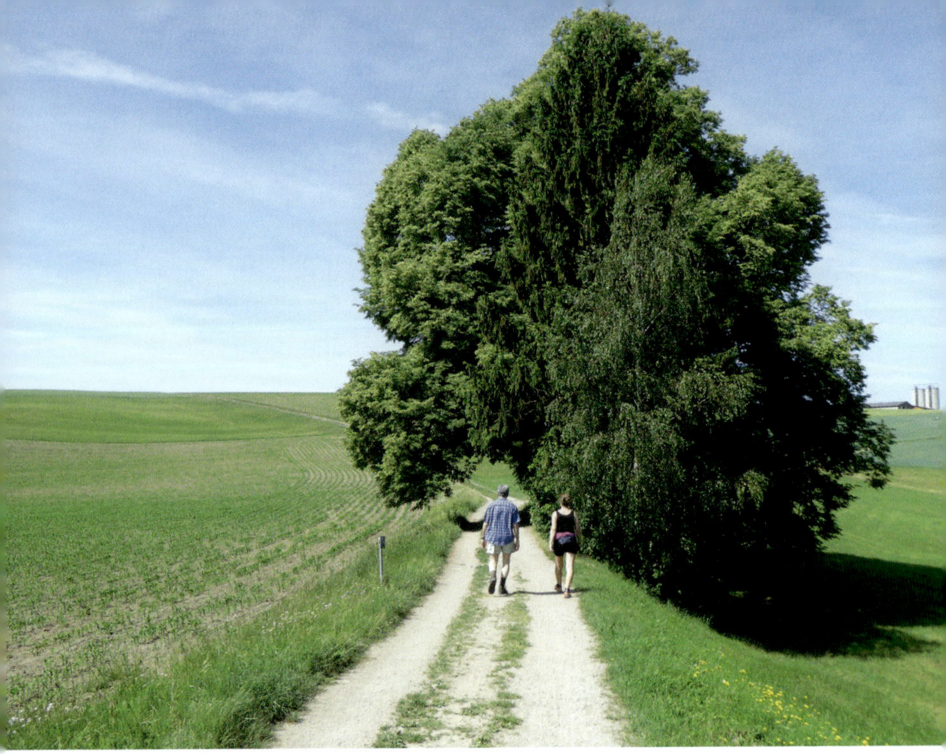

Auf der alten Linzer Straße geht es gemütlich dahin.

mäht gerade die angrenzende Wiese. Es ist Adi Lehner, der auch Obmann des örtlichen Kameradschaftsbundes ist. Er weist auf einen Gedenkstein hin, der an die Vertreibung zahlreicher Menschen aus dem Sudetenland erinnert. Viele von ihnen haben nach dem Krieg in Gramastetten eine neue Bleibe gefunden. Heute ist dieser Ort als Tauf- und Hochzeitskapelle sehr beliebt. Der Rundweg setzt sich hinter der Kirche fort und führt – immer am Höhenrücken entlang – vorbei an Bildsäulen, Gedenksteinen, einer mächtigen Linde und mehreren Bauernhöfen, allesamt seit Jahrhunderten mit der Landschaft verwachsen. Auch ein Stück der alten Linzer Straße wird begangen. Schließlich wendet sich der Weg nach der heilkräftigen Augenbründl-Quelle hinunter ins Tal der Rodl. Nach der freien Höhenluft begleitet uns nun das kühlende Plätschern des bräunlich sprudelnden Naturwassers. Eine Brücke über die Rodl wird überquert, und es geht flussaufwärts weiter. Ein besonders romantisches Wegstück liegt vor uns. Gurgelnd und sprudelnd findet das Wasser seinen Weg zwischen unzähligen Granitsteinen. Der Schöpfer dieses Psalms könnte hier gewesen sein, als er schrieb: „Ein sprudelnder Bach ist der Quell der Weisheit“, Spr 18,5. So gönnen wir uns eine ausgiebige Pause und lassen uns von der Kraft des Wassers inspirieren.

Stromerzeugung und Badespaß

Beim folgenden Abschnitt zeigt der Fluss noch ganz andere Qualitäten: Er dient der Stromerzeugung. Sichtlich verwitterte Metallrohre säumen den Weg und werden teilweise abgelöst durch einen offenen Wasserkanal. Dieser sammelt einen Teil des Rodlwassers, um es einem nahegelegenen Kraftwerk zuzuführen. Schwierz kennt dazu die Geschichte: „Bereits seit 1890 wird hier Strom gewonnen. Bis zum Jahr 1961 wurde Gramastetten von selbst erzeugtem Strom versorgt.“ Nach der Überquerung einer Fußgängerbrücke, die uns ans andere Ufer leitet, erleben wir eine besondere Überraschung.

Das Waldbad ist erreicht. Engagierte Gemeindemitglieder haben hier vor 50 Jahren mit viel persönlichem Einsatz diese Badeanlage errichtet. In der heißen Jahreszeit wird das Schleusentor geschlossen und das munter plätschernde Wasser der Rodl aufgestaut. Das Schwimmbecken bietet perfektes Badevergnügen für sportliche Wasserratten. Kinderbecken und Liegewiese auf der idyllischen Waldlichtung machen die Anlage auch für Familien einladend. Ein wunderbares Beispiel dafür, wozu Idealisten imstande sind. Experten wissen, dass sich die frühsommerliche Wassertemperatur von 16 °C wahrscheinlich der 20 °C-Marke nähern wird. Erfrischend bleibt das Waldbad also auf jeden Fall.

Weiter geht es flussabwärts. Nach wenigen Gehminuten öffnet sich der Wald und gibt den Blick auf eine steile Lichtung frei. Die einzigartige „Jahresstiege“ ist erreicht, fast schon ein Wahrzeichen von Gramastetten. Lose aufeinander geschlichtete

Granitsteine, die an die Reste einer gewaltigen Festungsmauer denken lassen, bilden eine Stiege aus 365 Natursteinen. Zählt man für jede Stufe einen Tag, hat man am Ende genau ein Jahr durchstiegen. Und man ist nach den 72 Höhenmetern Aufstieg ganz schön außer Atem. Der Errichter dieser Anlage, der Mediziner Alois Peither, hat vor 150 Jahren sein ganzes Vermögen investiert, um den Armen der Gemeinde Arbeit zu geben und Anbauflächen für Gemüse zu schaffen. Wieder ein Beispiel eines besonderen Idealismus. Nun ist die Kirchleiten erreicht und führt nach wenigen Gehminuten zurück ins Ortszentrum. Die gotische Kirche birgt vielfältige Schätze. Einzigartig ist die im prunkvollen Hochaltar integrierte Figur eines Pelikans, der sich selbst verwundet, um seine Jungen mit dem eigenen Blut zu ernähren. Ein selten dargestelltes christliches Symbol für Christus. Wir sind am Ende dieses spannenden Rundwegs. Es empfiehlt sich, noch ein Stück kulinarische Geschichte als Wegzehrung mit nach Hause zu nehmen: Eine Packung wohlschmeckender Gramastettner Krapferl, deren Geheimrezept auch schon über hundert Jahre alt ist.

Ausgangspunkt: Gramastetten, Pfarrkirche
Dauer: 3 Stunden, 9,9 Kilometer, Trittsicherheit erforderlich
www.gramastetten.ooe.gv.at; www.jahresstiege.at

Die Mühlviertler Gemeinde lockt mit einem Bauernmöbelmuseum, einem Kräuterzentrum und dem 13 Kilometer langen Bergkräuterweg

„Du musst nach Hirschbach fahren. Das Gemälde „Geburt Christi“ von Franz von Zülow stimmt richtig schön auf Weihnachten ein.“ Der Empfehlung eines Freundes folgend, fahren wir nach Hirschbach im Mühlkreis. Schon die Ankunft gestaltet sich vielversprechend: Eine überdimensionale Gießkanne mit der Aufschrift „Kräuterkraftquelle Hirschbach“ begrüßt die Gäste an der Gemeindegrenze.

Kräuterstadl als Kraftquelle

Im zentral gelegenen Kräuterstadl informiert eine Ausstellung ausführlich über die Welt der Kräuter. Schon auf alten Tontafeln der Sumerer wurden medizinische Behandlungen mit Kräutern dargestellt. Auch durch die ganze europäische Geschichte, von Hippokrates, der 230 Kräuter beschrieb, über Benedikt von Nursia, Hildegard von Bingen und Paracelsus bis heute zieht sich die Wertschätzung für diese besonderen Pflanzen. Heute vermittelt hier neben 30 unterschiedlichen Kursen ein eigener Lehrgang der Hochschule für Agrar- und Umweltpädagogik Wien zu „Wildkräuter und Arzneipflanzen“ fundiertes Wissen für Interessierte. Im Kräuterladen gibt es Tees, Säfte, Duftendes und Wohlschmeckendes wie „Dirndl-Likör“ oder „Wildbeer-Schnaps“ zu erwerben. Der Altbürgermeister von Hirschbach und Obmann des Vereins „Kräuterkraftquelle“, Stefan Wiesinger, informiert über die Idee für die Positionierung mit dem Motto „Kräuter erleben – Kraft tanken – zur Quelle finden“. Der besondere Schatz der Region, nämlich die Ursprünglichkeit und Kraft der Natur, werde

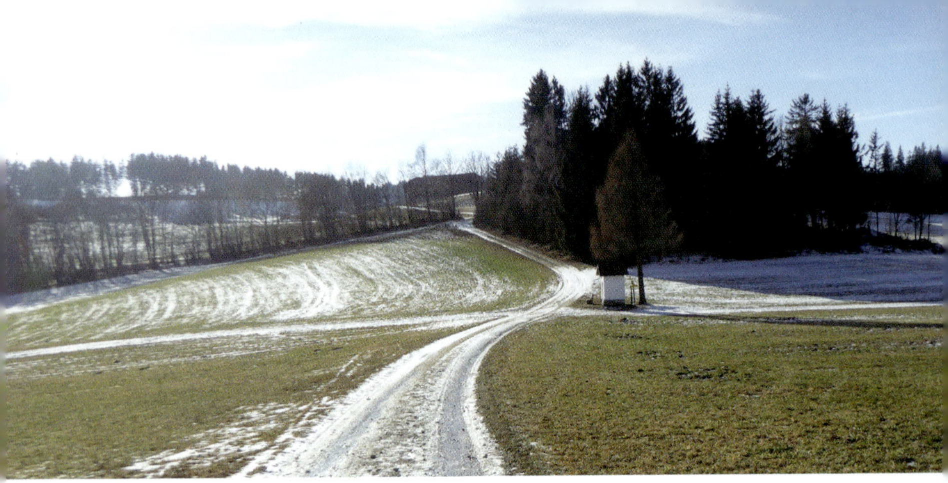

Leicht hügelig präsentiert sich die Landschaft an der Europäischen Wasserscheide.

zusammen mit mehreren Partnern „gehoben“: Neben dem traditionellen Bauernmöbel-Museum – „zur Quelle finden“ – seien der Verschönerungsverein, der 120 Kilometer an gut markierten Wanderwegen pflege, miteingebunden sowie Kräuterwirte, Bäcker, Fleischhauer, Imker, Jäger und Ortsbauernschaft.
Das sichtbare Symbol für diese Zusammenarbeit ist die Gießkanne an den Außengrenzen der Gemeinde: „Wasser gibt Kraft und Nahrung für die Menschen ebenso wie die Kräuter, die durch die spezielle Bodenbeschaffenheit im Mühlviertel besonders intensive Inhaltsstoffe haben“, so Wiesinger. In Hirschbach werden die Kräuter wirklich ganz anders geschätzt als im Grillparzer-Vers geschildert: „Ein Ochs ging auf die Wiese, wo er nach Kräften fraß. Da waren Blumen, Kräuter, es kümmerte ihn nicht weiter. Für ihn war alles Gras.“
Nach so viel Information – gewürzt mit einem kräftigen Schluck Kräuterschnaps – begeben wir uns auf eine Rundtour auf dem 13 Kilometer langen Bergkräuterweg (Markierung BWK), der neben dem Kräuterstadl beginnt. Erste Station ist die bereits 1150 urkundlich erwähnte spätgotische Pfarrkirche Mariä Himmelfahrt. Aufgrund der besonderen Lage und Größe des Gotteshauses wird Hirschbach auch „Heiligenblut des Mühlviertels“ genannt. Hier verweilen wir vor dem beeindruckenden Gemälde

von Franz von Zülow (1883–1963), einem bedeutenden österreichischen Maler, Mitglied der Wiener Secession, der jahrzehntelang in Hirschbach ein kleines Häuschen bewohnt hat. Das Bild stellt die Geburt Christi in einem Stall dar. Dahinter ist nicht Bethlehem, sondern Hirschbach zu sehen.
Der Wanderweg setzt sich mit weiteren Attraktionen fort: Durch die Kräuterpforte den Pfarrgraben entlang – hier sind Wildkräuter beschildert – geht es steil nach oben zum Kräutergarten. Über die Abrahamkapelle auf 791 Meter Höhe gelangen wir über weitläufige weiß-gefrorene Wiesen und Kräuterfelder zur Europäischen Wasserscheide zwischen Moldau und Donau, die durch einen großen Stein gekennzeichnet wird. Ein kurzer Abstecher führt zur idyllisch im Wald gelegenen Quelle der Kleinen Gusen. Nachdem diese, beginnend als mäandrierendes Mini-Bächlein, auf 30 Kilometern mehrere Orte durchquert hat, vereinigt sie sich bei Katsdorf mit der Großen Gusen und mündet schließlich bei Asten in die Donau.

Steinbloß-Bauweise

Auf dem Rückweg tauchen immer wieder Bauernhäuser in Steinbloß-Bauweise auf. Sie sind aufgrund der natürlichen Gegebenheiten im Mühlviertel entstanden, eine Gegend reich an Steinen und arm an Kalk zum Verputzen. Perfekt an die Landschaft angepasst, erfreuen sie als ursprüngliches Kulturgut Herz und Auge. Das wird im Gasthof noch gesteigert durch den kulinarischen Genuss. Der Legende nach sollen hier schon vor 300 Jahren Mehlknödel serviert worden sein. Wir wissen: „Diät ist Mord am ungegessenen Knödel“ und lassen sie uns so richtig schmecken.

Ausgangspunkt: Hirschbach, Kräuterstadl
Dauer: 3,5 Stunden für den 13 Kilometer langen Bergkräuterweg
www.muehlviertel.at/hirschbach; www.4242.at

Die landesfürstliche Stadt wurde durch Privilegien und den Salz- und Eisenhandel groß

Sobald man Freistadt durch das Linzer Tor an der alten Stadtmauer betritt, fühlt man sich in die Zeit des Mittelalters zurückversetzt. Begleitet werden wir von Kulturstadtrat Klaus Elmecker und Stadtführer Rudi Wizani. Es werden die Höllgasse und anschließend, sozusagen zum moralischen Ausgleich, die Pfarrgasse passiert. Klaus Elmecker erklärt die geschichtlichen Zusammenhänge: „Freistadt war die einzige landesfürstliche Stadt im Mühlviertel. Siedler erhielten Grund und Boden als ‚freies Eigen' – davon der Name. An einem alten Handelsweg von Böhmen bis an die Donau gelegen, war die Ansiedlung seit 1220 auch ein Bollwerk gegen Angriffe aus dem Norden. Das sogenannte Stapelrecht verpflichtete alle durchreisenden Händler, ihre Waren drei Tage zum Kauf anzubieten. Das allerdings zu Preisen, die von den Freistädtern vorgegeben wurden."

Bürger bevorzugt

Obendrein hatten die Stadtbewohner das Meilenrecht: Innerhalb einer Meile waren Handel und Gewerbe und insbesondere der Ausschank von Bier nur Freistädter Bürgern gestattet. Die Namen Eisen- und Salzgasse verraten die wichtigsten Handelsgüter. Freistadt wurde auf diese Weise eine reiche Stadt.

Auf dem Stadtplatz beginnt die spannende Rundtour. Nach dem Dreißigjährigen Krieg (1618–1648) verlor die Stadt ihre Handelsprivilegien und fiel in einen Dornröschenschlaf. So ist heute der Stadtkern mit zahlreichen Befestigungsanlagen und einer Stadtmauer weitgehend erhalten geblieben. Manchmal ist also wirtschaftliche Stagnation direkt ein Vorteil … Die auf das

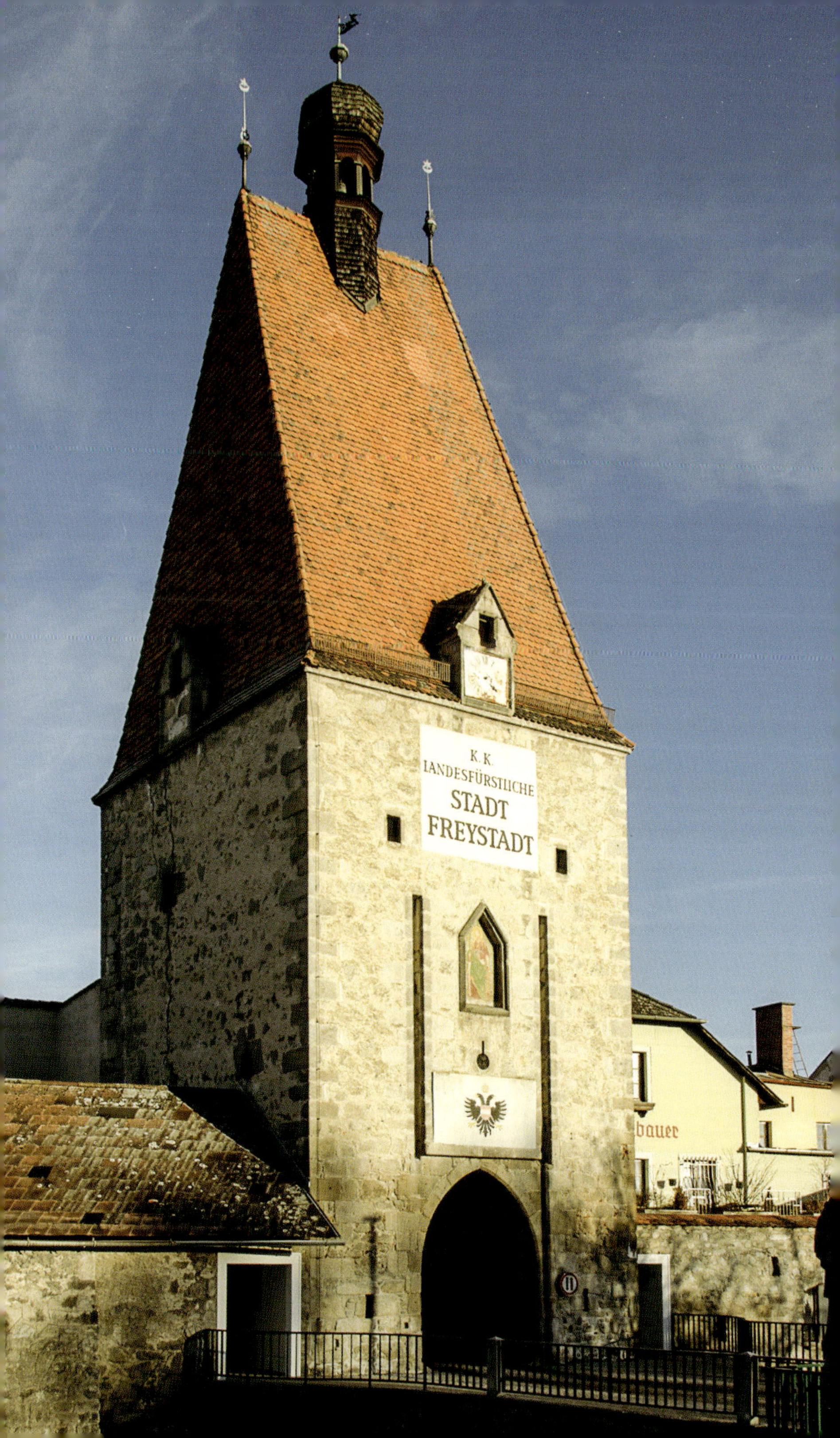
K. K.
LANDESFÜRSTLICHE
STADT
FREYSTADT

13. Jahrhundert zurückgehende Stadtpfarrkirche – wegen der besonderen Widmung an die heilige Katharina „Katharinenmünster" genannt – ist einen Besuch wert: Sie ist die einzige fünfschiffige Basilika Österreichs und nach Bränden und mehreren Umbauten ein gotisch-barockes Kulturjuwel.

Wir lassen den 67 Meter hohen Kirchturm hinter uns und begeben uns im schräg gegenüberliegenden Haus „Hauptplatz 14" in die Tiefen der Freistädter Unterwelt. Eine steile Steintreppe führt in den 700 Jahre alten Jagsch-Keller. Das Gewölbe ist beeindruckend exakt mit Granitsteinen und Mörtel aus sogenanntem unreinen Geschiebekalk gemauert und sieht immer noch wie neu aus. Einer der hallenartigen Räume erinnert an eine alte Kultstätte und gar nicht an einen Lagerraum. Immer wieder findet sich das Unendlichkeitszeichen „8" in den Granit eingearbeitet. Die mystische Atmosphäre regt zum Singen eines Kanons an: „Lobet und preiset ihr Völker …" Die Akustik des Raumes ist hervorragend. Die Töne kreisen geradezu um die Sänger. Die angenehmen Temperaturen in diesem Ambiente lassen zudem die Außenwelt vergessen.

Die Stadtwanderung geht weiter – von der Tiefe in die Höhe. Der Weg führt an mehreren prächtigen gotischen Arkaden-Innenhöfen vorbei. Kaum zu glauben, dass in einigen dieser Gewölbe-Räume Stadtbauern ihre Stallungen hatten. Dutzende Rinder wurden bis in die 1970er-Jahre hier gehalten und mit Futter von außerhalb der Stadt versorgt. Die Milch wurde an die Stadtbewohner verkauft. In der original erhaltenen Stadtschmiede beeindruckt der von einem Motor fast biblischen Alters angetriebene Federhammer.

Scheiblingturm und Zwickelbier

Dann taucht an der Stadtmauer ein Turm mit Kegeldach auf, der Scheiblingturm. Sein Name weist auf seinen Grundriss

– ähnlich einer Scheibe – hin. Eine kühne Metallstiege führt auf den neu rekonstruierten Wehrgang. Früher konnte so das ganze Gelände außerhalb der Stadtmauer eingesehen werden. Jetzt richtet sich der Blick auf den ruhigen Festungsgraben, der früher – mehrere Meter tiefer – ein kaum zu überwindendes Hindernis war. Man betritt den Turm und gelangt auf eine Plattform mit einem etwa 60 Zentimeter großen Loch. Diese kleine Öffnung soll der einzige Zugang zum sieben Meter hohen Turm-Untergeschoß gewesen sein. Klaus Elmecker lüftet das Rätsel: Es war der Stadtkotter, ein Gefängnis. Der arme Delinquent wurde mit einem Seil hinuntergelassen und bekam reichlich Gelegenheit, über seine Vergangenheit und hoffentlich auch Zukunft nachzudenken. Vielleicht dachte er auch an das alte Sprichwort: „Die Seele eines Gauners und Wasser in einem Brunnen steigen nicht ohne ein Seil empor."

Auf die „Kanalisation" als eine weitere mittelalterliche Spezialität weist Stadtführer Rudi Wizani hin. Häufig lassen sich zwischen zwei Stadthäusern kleine Türchen öffnen. Man blickt in einen Spalt zwischen den Häusern. In diesen mündeten die Toiletten. Entsorgt wurde alles in den außerhalb der Stadtmauern verlaufenden Graben. Kaum vorstellbar bei sommerlichen Temperaturen. Ganz so toll war die gute alte Zeit doch wieder nicht. So verabschieden wir uns im Freistädter Brauhaus mit einem kräftigen Zwickelbier und wissen: Wir kommen wieder, denn es gibt noch vieles zu entdecken, zum Beispiel den „Freistädter Abpfiff" in der Braucommune.

Ausgangspunkt: Freistadt, Linzer Tor
Dauer: 1,5 Stunden mit Besichtigung, 1,8 Kilometer
www.freistadt.at; www.freistaedter-bier.at

Der Grenzort war einst die Bierzentrale des Unteren Mühlviertels und liegt heute am „Grünen Band Europa“

Schon bei der Anreise nach Leopoldschlag im Bezirk Freistadt an der tschechischen Grenze weist ein Brunnen an der Kontinentalwasserscheide auf die besondere Lage des Ortes hin. Ein Abfluss des Brunnens fließt nach Norden in die Elbe, der andere nach Süden in die Donau. Eine sanfte Hochebene mit viel unberührter Natur und bewegender Geschichte erwartet uns. Über Jahrzehnte herrschte hier unmittelbar am Eisernen Vorhang stille Abgeschiedenheit. Eine sommerliche Wanderung auf dem zwölf Kilometer langen „Grenzweg L2“ führt uns zum idyllischen Grenzflüsschen Maltsch. Geradezu beschwingt plätschert das eisenbraune Wasser daher. Vom Mittelalter bis ins 19. Jahrhundert wurde darauf auch Holz nach Norden geschwemmt und nach Budweis und Prag gebracht.

Das „Grüne Band Europa“

Wir befinden uns mitten im Europaschutzgebiet am „Grünen Band Europa“, das sich von der Quelle am 1112 Meter hohen Viehberg bei Sandl bis an den Eisenhuterbach bei Leopoldschlag erstreckt. Der Naturschutzbund betreibt in Leopoldschlag das Infozentrum über das Grüne Band Europa und über das NATURA 2000-Gebiet am Grenzfluss Maltsch. Das Gewässer mit den angrenzenden Feuchtwiesen ist Lebensraum für die seltene Flussperlmuschel und zahlreiche Vogelarten, wie den Wachtelkönig oder den Neuntöter. Fröhliches Gezwitscher begleitet uns am morgentau-nassen Uferweg, umgeben von einem lebendigen Feuchtgebiet mit verlandeten Tümpeln, Schwingrasen,

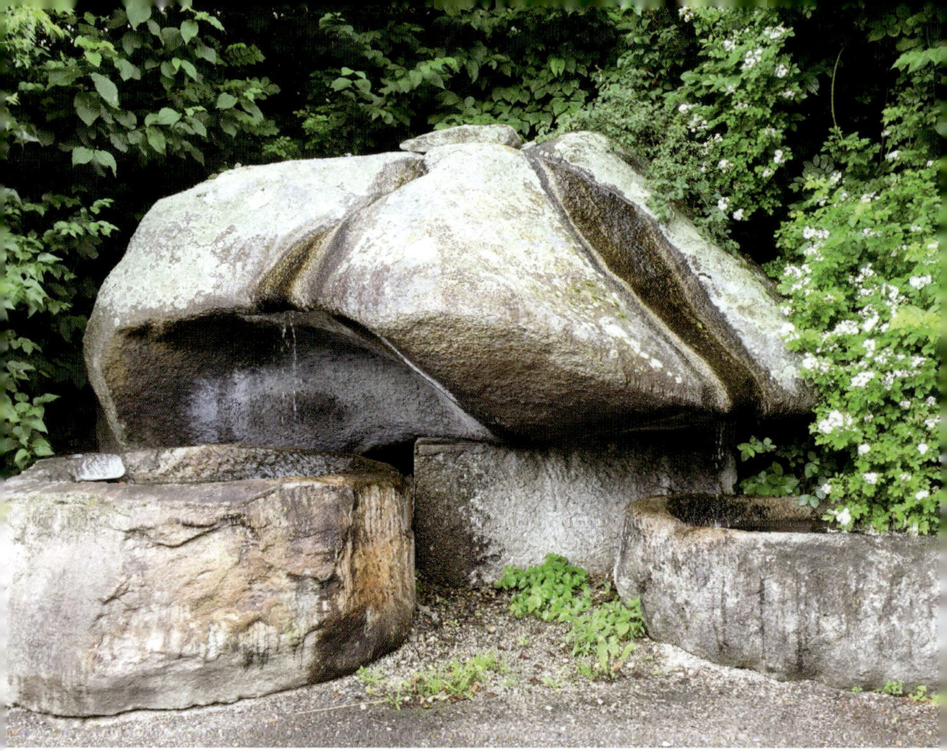

Brunnen an der Kontinentalwasserscheide in Leopoldschlag.

Wasserlilien und Torfmooren. Inmitten dieses Naturparadieses fällt es nicht leicht, sich in die Zeit nach dem letzten Weltkrieg zu versetzen. Alle jenseits der Maltsch wohnhaften Bauern mussten damals ihre Heimat verlassen und zusehen, wie ihre Häuser in der Todeszone des Eisernen Vorhangs dem Erdboden gleichgemacht wurden. Auch eigene Familienangehörige des Verfassers dieser Zeilen erlitten dieses Schicksal und berichteten immer wieder über die frühere Idylle an diesem Gewässer. Der weitere Weg führt uns entlang wogender Getreidefelder. Hier sind die Felder noch mit weithin leuchtenden Kornblumen geschmückt. Eine Pracht, die man nur mehr selten zu sehen bekommt. Durch einen lauschigen Wald geht es an den Grenzort Wullowitz, wo wir auf die Trasse der ehemaligen Pferdeeisenbahn treffen. Anstatt eines nicht finanzierbaren Wasserkanals wurde für den Salzhandel eine Eisenbahn errichtet. Die örtliche Bevölkerung war gar nicht begeistert, da viele Menschen direkt oder indirekt mit eigenen Pferdefuhrwerken am Transport beteiligt waren und um ihre Erwerbsquelle bangten. Im Jahr 1832 wurde die Strecke bis nach Linz eröffnet, der Kaiser selbst war dabei anwesend. Ein Viadukt nahe dem Weiler Eisenhut erinnert noch an das Bauwerk. Ein mit Steinmauern eingerahmter alter Hohlweg führt uns schließlich nach zweieinhalb Gehstunden wieder zurück in den Markt Leopoldschlag. Im Gasthof Marktwirt stärken wir uns mit Mühlviertler Rahmsuppe und Spätzle nach Art des Hauses. Wirt Hans Hoffelner weist auf die lange Tradition des über 500 Jahre alten Hauses hin: „Napoleon war schon Gast hier. Anton Bruckner spielte mit Leopoldschlager Musikanten auf seiner Geige bei Tanzveranstaltungen. Auch Adalbert Stifter war als Landesschulinspektor häufig zu Gast." Einer der heutigen Besucher ist der pensionierte Schuldirektor Alois Böhm. Er hat mehrere Bücher über den Ort verfasst. Er erzählt die Gründungsage, die zur Entstehung des Ortsnamens geführt hat: „Zur Zeit der ersten Besiedlung im Mittelalter waren Leopold und sein Freund jagen. Als sie von einem Bären verfolgt wurden, kletterten sie auf einen Baum. Der Bär wollte ihnen folgen, und als seine Pfote bedrohlich nahekam, schrie Leopolds Freund: Leopold – schlag zu! So schlug Leopold dem Bären die Tatze ab und der Ort hatte einen Namen." Der Bär im Gemeindewappen erinnert an diese Legende. Böhm kennt noch andere bemerkenswerte Geschichten: „Bis um das Jahr 1900 befanden sich mehrere Sensenschmieden an der Maltsch. Im Ort gab es elf Brauereien. Mit der Zunftlade der Mälzer und Bierbrauer war hier die Bierzentrale des Machlandviertels, wie das Untere Mühlviertel damals hieß."

Ausgangspunkt: Leopoldschlag, Marktplatz
Dauer: 3,5 Stunden, 12,6 Kilometer
www.leopoldschlag.at; www.greenbeltcenter.eu

Beim Tannermoor, dem größten Latschenhochmoor Österreichs, entspringen fünf Flüsse

In der Mühlviertler Marktgemeinde Liebenau befindet sich nicht nur das größte Latschenhochmoor Österreichs, sondern auch der höchste Pass des Bundeslandes, der 1 044 Meter hohe Koblbergpass. Die Temperaturen im höchstgelegenen Erholungsdorf von Oberösterreich sind ungefähr um 7 °C niedriger als im Zentralraum. Dennoch fühlt man sich als Besucher nicht wie im Gebirge, obwohl man von acht Tausendern umgeben ist: Alle diese Hügel sind höher als 1 000 Meter. Kein Wunder, dass hier gleich fünf Flüsse entspringen. Es sind dies die Schwarze und die Weiße Aist, der Kamp, die Kleine Naarn und einer der drei Quellflüsse der Großen Naarn. Sie durchqueren dann das Untere Mühl- beziehungsweise das Waldviertel – vergleichbar mit dem heiligen Berg Kailash in Tibet, in dessen Umgebung die größten Flüsse Asiens wie etwa der Ganges entspringen – naja, ein paar Nummern kleiner halt … Uns ziehen allerdings nicht diese Mugeln, sondern das einmalige, einen Quadratkilometer große Tannermoor an.

„Der Name Tannermoor hat nichts mit Tannen zu tun. Er dürfte aus dem Keltischen stammen und bedeutet ‚Feuerplatz im Moor', was auf eine befestigte Kleinsiedlung am nördlichen Moorrand hinweist", erklärt Helmut Atteneder, pensionierter Lehrer, Buchautor und exzellenter Kenner der Region. Bei unserem Besuch im Moor sind auch tatsächlich keine Tannenbäume zu sehen. Stattdessen begrüßt uns der dunkelleuchtende Rubener Teich, der von kräftigen Fichten umgeben ist. Auf einer hölzernen Plattform, die in den Teich ragt, meditieren gerade einige Fischer mit ihren Angeln.

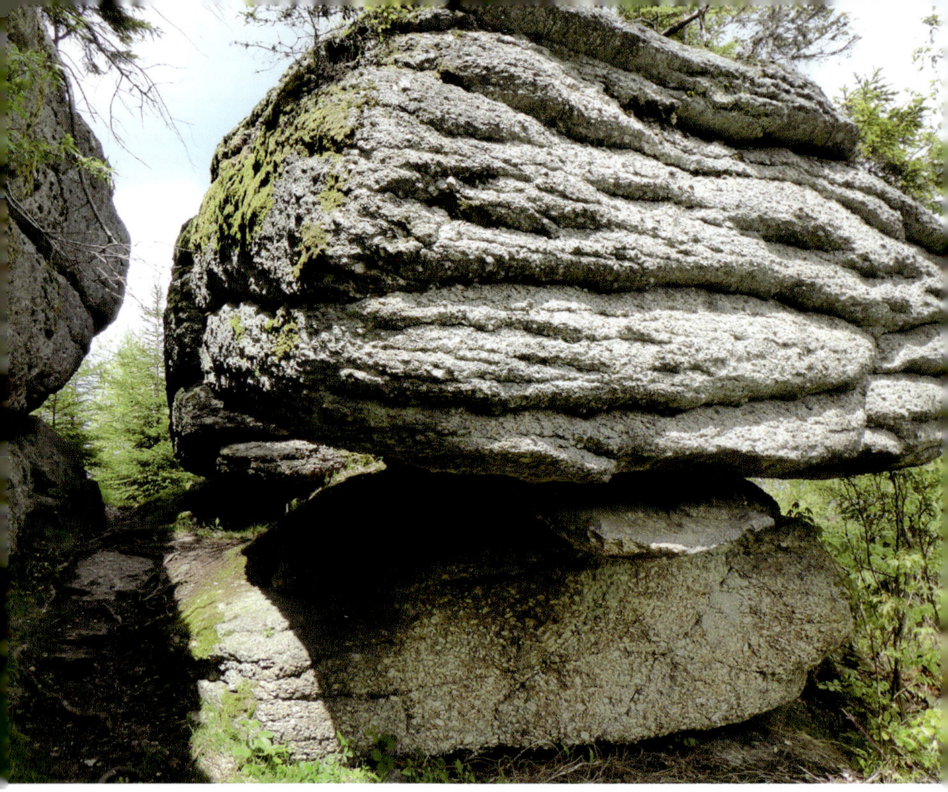

Bizarre Felsformationen am Rand des Moors.

Wir begeben uns auf die eineinhalbstündige Rundwanderung durch das Moor. Begleitet werden wir von Moorführer Martin Groß, der sich nach langen Berufsjahren in der Großstadt in diese ländliche Idylle zurückgezogen hat. Er schätzt klaren Sternenhimmel und freut sich auch über besondere Lichterscheinungen im Moor, die „Fuchtlmandl“, die in warmen Sommernächten auftauchen.

Fuchtmandl flackern bläulich

Wie ist das möglich? Der Experte lüftet das Geheimnis, das die Menschen früherer Zeit zu manch schauriger Geschichte angeregt hat: „Das Moor enthält Methangas, das bereits bei 33 °C zu fluoreszieren beginnt. Dabei entsteht ein weiß-bläuliches Flackern, das schnell wieder verschwindet.“

Bei unserem Rundgang über den weich federnden Moorboden ist nichts davon zu sehen. Stattdessen entdecken wir eine Vielzahl von Pflanzen wie Heidel-, Preisel-, Moos- und Rauschbeere. Unser Führer vergleicht dieses Moor mit einer Badewanne ohne Zu- und Abfluss. Die Moorpflanzen, aus denen das Moor in mehr als 10 000 Jahren entstanden ist, sind wahre Überlebenskünstler: „Sie ernähren sich von Regenwasser, den Pollen im Luftstaub, dem Zusammenwirken von Wurzeln und Pilzen. Oder sie mutierten wie der Sonnentau zu fleischfressenden Pflanzen." Eine bemerkenswerte Wegpassage ist die sogenannte „Kuawaumpen". Kaum sichtbar haben hier Graswurzeln die oberste Schicht des Moors so verdichtet, dass sie das Gewicht eines Menschen trägt, ohne dass er versinkt. Geradezu schwebend steigen wir vorsichtig wie auf einem Trampolin über das schwarze Dickicht hinweg. Keiner der Bäume des Moors ist höher als fünf Meter. Hier wachsen ausschließlich latschenartige Bergkiefern. Schließlich begeben wir uns wieder an die Randzone und treffen auf eine bizarre Felsenlandschaft aus Weinsberger Granit, die „Leermüllermauer". Dazu hat uns Helmut Atteneder vorweg informiert: „Hier befand sind im Mittelalter eine Holzburg. Zwischen den Flüssen Aist und Naarn bis hinauf in den hohen Nordwald erhielten bajuwarische Bauern vom Regensburger Kloster St. Emmeran das Privileg zur Errichtung sogenannter Freibauernsitze. Diese dienten zur Verteidigung. Die Bauern waren weitgehend frei, mussten jedoch Kriegsdienst leisten." Wir besteigen den Felsen, an dem heute nur mehr die Einkerbungen zu sehen sind, an denen die Holzbalken der Burg befestigt wurden, und genießen die Aussicht über die gesamte Moorlandschaft.

Ausgangspunkt: Liebenau, Parkplatz am Rubener Teich;
für Wanderer besteht die Möglichkeit, sich von Moorführern begleiten zu lassen, Informationen beim Marktgemeindeamt Liebenau.
Dauer: 1,5 Stunden, 6 Kilometer
www.liebenau.at

12 Elz bei Lasberg

Wo Granitsteine von der uralten Heilkraft des Pechöls erzählen und davon, wie es einst gewonnen wurde

Im sauber herausgeputzten Ort Elz bei Lasberg beginnt der rund zwei Kilometer lange, 2005 errichtete Rundweg zu den Pechölsteinen. Das sind flache, behauene, runde Granitsteine mit an der Oberfläche eingekerbten Rillen, die wie steinerne Blattrippen wirken. Auf diesen Steinen wurden seit Jahrhunderten Scheiter aus harzreichem Föhrenholz pyramidenförmig aufgeschichtet, mit Fichtenreisig zugedeckt, mit Rasenstücken und einer Erdschicht umkleidet und anschließend angezündet. Einige Stunden später wurde das im Holz enthaltene Öl flüssig und gelangte den Blattrippen-Rinnen folgend nach außen.

Die aufschlussreiche Informationstafel beschreibt die unterschiedlichen Arten des Öls: Das zuerst gewonnene Öl war das sogenannte „Heilsam", das mancherorts nur verschenkt, nicht verkauft werden durfte, um seine Heilkraft zu behalten. Oft wurde es mit Butter und Honig zu einer Salbe verarbeitet. Das darüber hinaus gewonnene Öl wurde mit Fett aus Schweinsdärmen vermengt und als Wagenschmiere verwendet. Im Jahr 2013 wurde das Pechölbrennen in die Liste des Immateriellen UNESCO-Weltkulturerbes aufgenommen.

Anders als für die Pechmarie im Märchen über Frau Holle war dieses Pech über Jahrhunderte für Mensch und Tier ein Glück. Über Pech wird schon im Alten Testament positiv berichtet: Beim Bau der Arche Noah soll es zum Abdichten der Fugen des Schiffes verwendet worden sein.

Bis heute wird Pechöl traditionell hergestellt und in der Volksmedizin verwendet. In meiner Kindheit wurde jedes blutende Knie mit Pechsalbe verarztet. In der Tiermedizin werden von

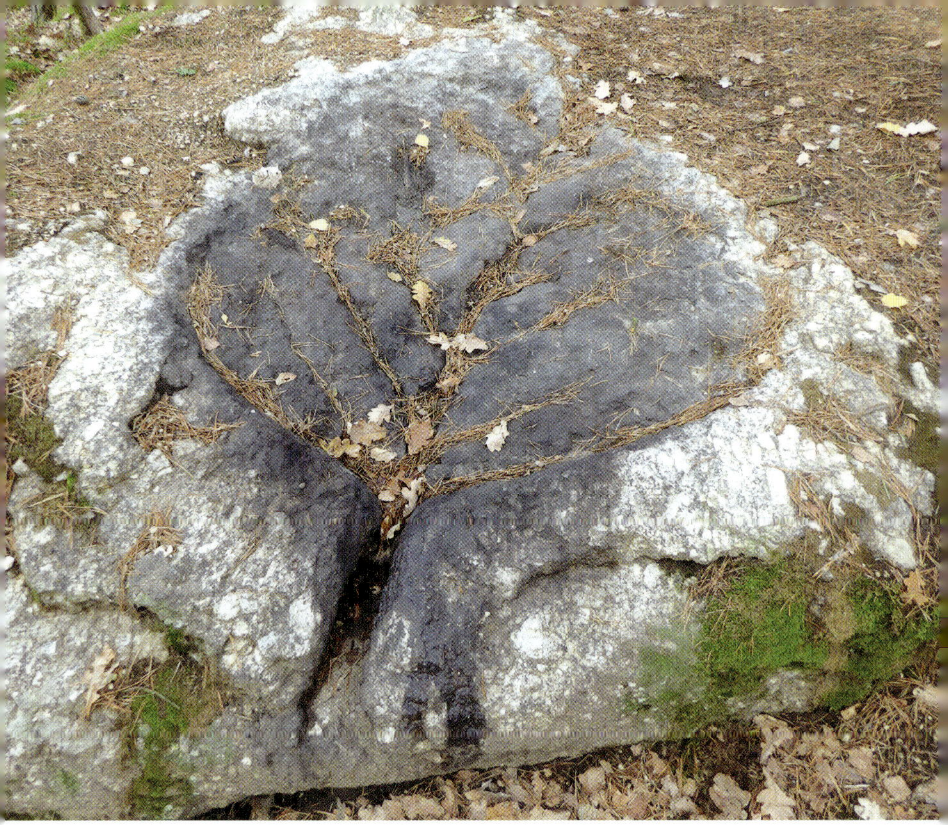

Solche besonderen Steine dienten der Pechöl-Erzeugung.

Strahlfäule befallene Pferdehufe damit behandelt. Rindern, die auf der Alm unter Larvenbefall leiden, werden die betroffenen Hautteile entfernt und die offenen Stellen mit Pechöl desinfiziert. Der Pechöl-Lieferant, „Pechlmann“ genannt, war daher im Mühlviertel immer gern gesehen. Er transportierte sein Pechöl entweder mit einer Schubkarre oder ging mit einem Fässchen Pechöl auf dem Rücken von Haus zu Haus. Adalbert Stifter hat das in seiner Novelle „Granit“ literarisch verarbeitet: „[…] Ein Mann von seltsamer Art kam mit einem glänzenden schwarzen Schubkarren […] heraufgefahren. Seine Kleider […] glänzten ebenfalls. Wenn die Sonne auf ihn schien, so sah es aus, als wäre er mit Öl eingeschmiert worden.“

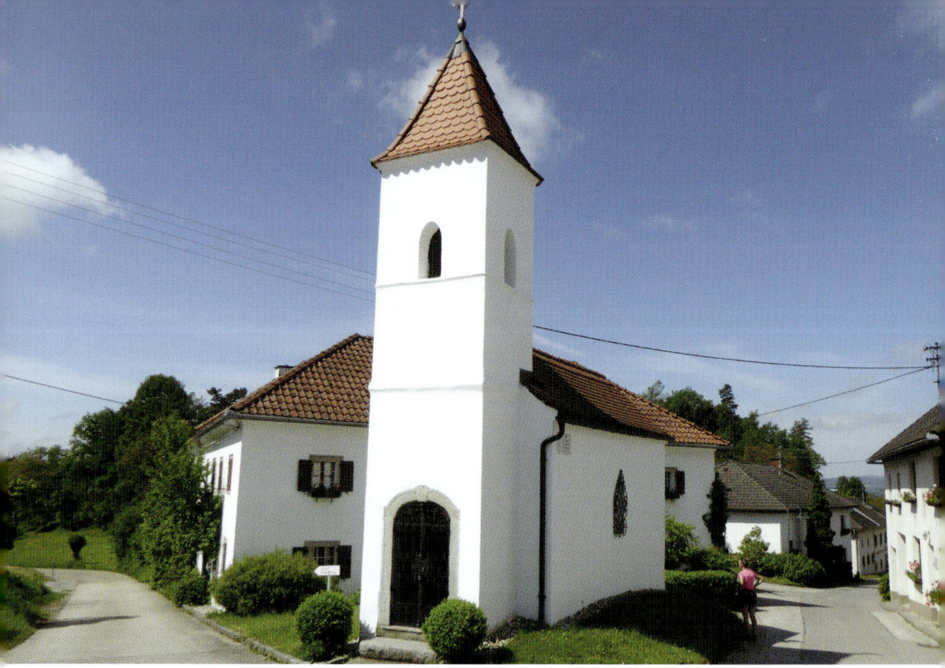

Dorfkapelle in Elz.

Inspiriert von so viel praktischer Intelligenz der einheimischen Bevölkerung von früher laben wir uns in der „Elzer Stub'n", einem in Steinbloß-Bauweise errichteten, urigen Dorfwirtshaus. Das gebackene Kalbsbries schmeckt hervorragend. Wirt Michael Just ist gebürtiger Kefermarkter und arbeitete in Top-Betrieben in Mannheim, Portugal und Wien. Neben der traditionsreichen österreichischen Küche bietet er Speisen mit allen Raffinessen an: „Jede Speise wird zu hundert Prozent selber zubereitet. So sind die Ravioli gänzlich aus eigener Produktion. Der Kaiserschmarren wird „à la minute" serviert."
Wer dieses kulinarische Kleinod kennenlernen möchte, kann jeden zweiten Freitag im Monat einen Gourmetabend in der Elzer Stub'n verbringen.

Ausgangspunkt: Elz bei Lasberg, beim Dorfgasthaus Brungraber („Sepp'n Wirt")
Dauer: 1 Stunde mit Besichtigung, 2,5 Kilometer
www.elzer-stubn.at

Sprechende Marterl erzählen tragische und heitere Geschichten

Der Wanderweg der „sprechenden Marterl" beginnt am Johannes-Platzl beim Pranger in Lasberg. An der ehemaligen Hauptverbindung zwischen dem Markt Lasberg und der Stadt Freistadt wurden diese steinernen Bildstöcke zum „Marterlweg" zusammengefasst und zum Erzählen gebracht. Auf dem 11 Kilometer langen Weg sind 23 unterschiedliche Bildstöcke zu entdecken. Auf Knopfdruck informiert dort eine Kinderstimme über Geschichte und Entstehungshintergrund der jeweiligen Flurdenkmäler. Einige von ihnen wurden als Zeichen des Andenkens, der Dankbarkeit oder der Freude auf eigene Initiative und Kosten errichtet. So haben Bauersleute, die nach langer Zeit doch noch ein Kind als Hoferben bekommen haben oder Menschen, die nach langer Krankheit geheilt wurden oder eine Seuche überwunden haben, ihren Dank ausgedrückt. Häufig erinnern diese Bildstöcke aber auch an Unglücksfälle und bisweilen an Überfälle. Manchmal soll es nämlich vorgekommen sein, dass Bauern auf dem Heimweg vom Ochsenmarkt überfallen und ausgeraubt wurden.

Der Obmann des Kulturausschusses der Gemeinde Lasberg und Verfasser des Lasberger Marterlbuches, Hermann Sandner, erzählt: „Im gesamten Mühlviertel gibt es wohl einige tausend Marterl, im Ortsgebiet von Lasberg sind es über 160. Im Jahr 2008 wurden deren Besitzer animiert, diese Kleindenkmäler mit Unterstützung der Gemeinde zu renovieren. Manche wurden so vor dem drohenden Verfall gerettet."

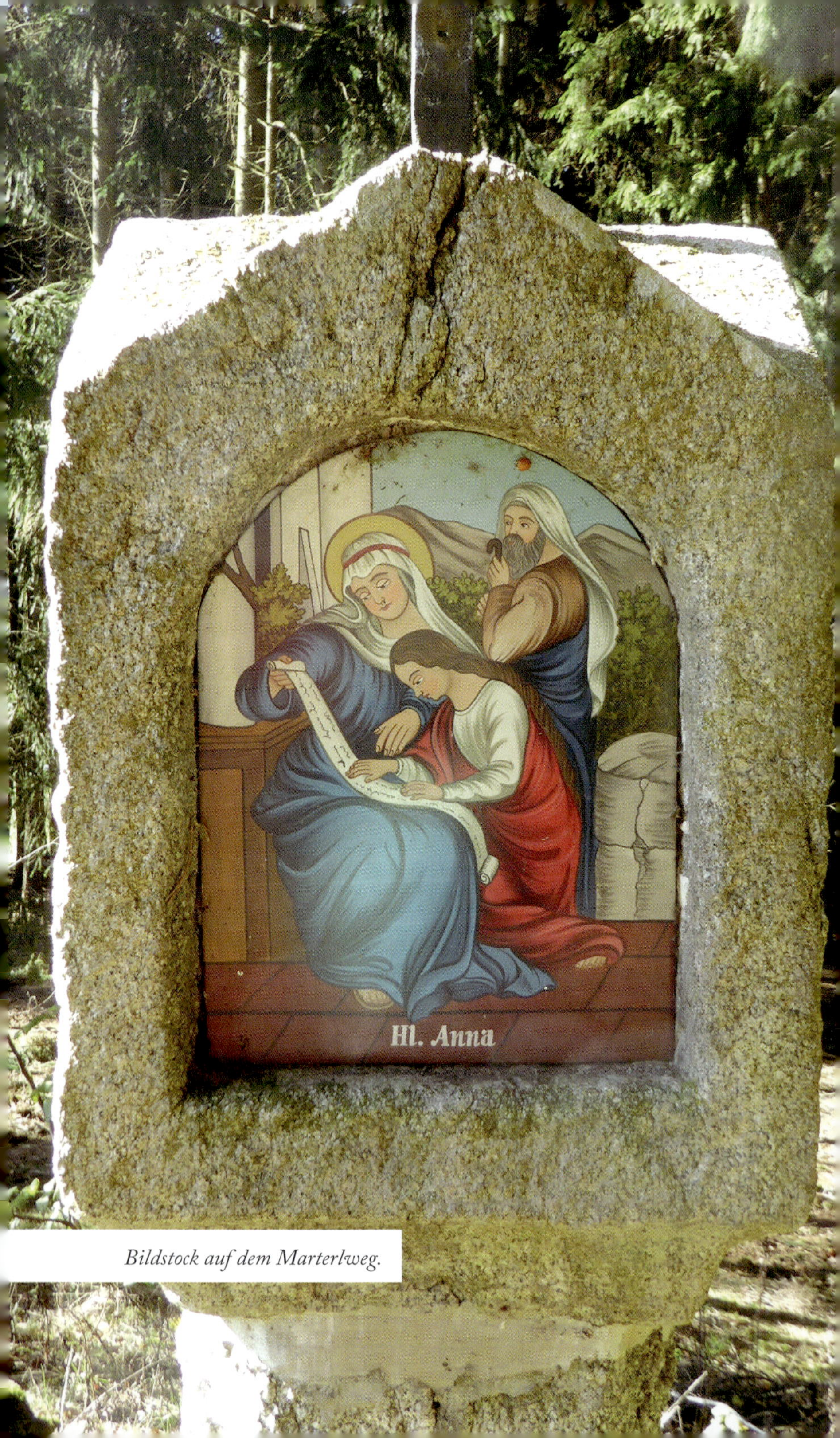

Bildstock auf dem Marterlweg.

Lebendige Tradition schafft zehn neue Bildstöcke

Interessant ist, dass seitdem bereits wieder zehn neue Bildstöcke errichtet wurden. Jahrhundertealte Traditionen können sichtlich sehr lebendig sein. Die angebrachten Verse regen teilweise zum Schmunzeln an. Zum Beispiel: „Hier schweigt Johanna Vogelsang, sie zwitscherte ihr Leben lang." Ein weiterer: „Hier liegt in süßer Ruh', erdrückt von seiner Kuh, Josef Huber. Daraus ersieht man, wie kurios man sterben kann." Ein dritter: „Ging im Wald das Fällen an, liebe Arbeit, die ich hat´ getan. Da trifft mich auch ein schneller Tod, ein stürzender Baum schlug mich gleich tot." Und noch einer: „Christ steh´ still und bet´ a bissl, hier liegt der Bauer Jakob Nissl. Zu schwer musste er büßen hier, er starb an selbstgebrautem Bier." Eines dieser Marterln ist der Gutenthaler Bildstock. Er wurde der Überlieferung nach im Jahr 1853 errichtet, als jemand an dieser Stelle durch einen Schlangenbiss zu Tode gekommen war. Er ist als ein sogenannter Breitpfeiler dreistufig gegliedert. Der Sockel zeigt ein Christusmonogramm, die Initialen L.P. und die Jahreszahl 1853, der Mittelteil die Darstellung „Pfeil durchkreuzt Ring", ein Symbol der Ewigkeit. Am Giebel ist das „Auge Gottes" angebracht und als Nischenbild die Darstellung der Dreifaltigkeit. Noch ein letzter Vers: „Hier liegt mein Weib, Gott sei's gedankt. Im Leben hat sie viel gezankt. Drum Wandrer eile fort von hier, sonst steht sie auf und zankt mit Dir."

Ausgangspunkt: Lasberg, Johannes-Platzl, gleichzeitig Pranger;
Übersichtskarte und Marterlbuch sind im Marktgemeindeamt Lasberg erhältlich.
Dauer: 3 Stunden, 10 Kilometer
www.lasberg.ooe.gv.at; www.muehlviertel.at

Weltuntergangssteine und Opferschalen – auf dem Weg zum Patron des Viehs und der Gefangenen

Es sind ganz besondere Findlingssteine, die wie Stein-Skulpturen in der Landschaft die Besucher im „granitreichen" Mühlviertel zur Marktgemeinde St. Leonhard führen. Von engagierten Bürgerinnen und Bürgern wurden mehrere vom Ortszentrum ausgehende Rundwanderwege angelegt, umsichtig gestaltet und bestens beschildert – und jeder Weg wurde mit einem eigenen Motto versehen. Einer der besonders involvierten Akteure ist der ehemalige Bankdirektor Herbert Punz, der dazu folgendes erzählt: „Wir wollten bei den neuen Wanderwegen weg vom Asphalt und auf möglichst naturnahe Routen. Wichtig war uns auch, markante Aussichtsplätze einzubinden." Wir folgen dem Opferschalenweg mit der Markierung 2. Die Häuser des Ortes bleiben hinter uns. Durch herbstrote Buchenwälder und feingeputzte Wiesen schlängelt sich der Weg durch das hügelige Gelände. Ein wenig fühlt man sich an eine Erzählung der in St. Leonhard geborenen Schriftstellerin Susi Wallner erinnert, der auf dem nahen Predigerstein eine Aussichtswarte gewidmet ist: „Durch die lichterwerdenden Stämme lugt hie und da rosiges Himmelslicht. … Der Weg steigt steil hinan, um sich hüben rasch hinunter zu senken."

Pikante olfaktorische Note

Die Landwirte nutzen die herbstlich-feuchte Jahreszeit für das Ausbringen von Gülle, was der Wanderung eine pikante olfaktorische Note verleiht. Immer wieder tauchen Bauernhöfe mit prächtigem Fleckvieh in den Freilaufställen auf. Der heilige Leonhard wird wohl heute nicht mehr so oft angerufen wie

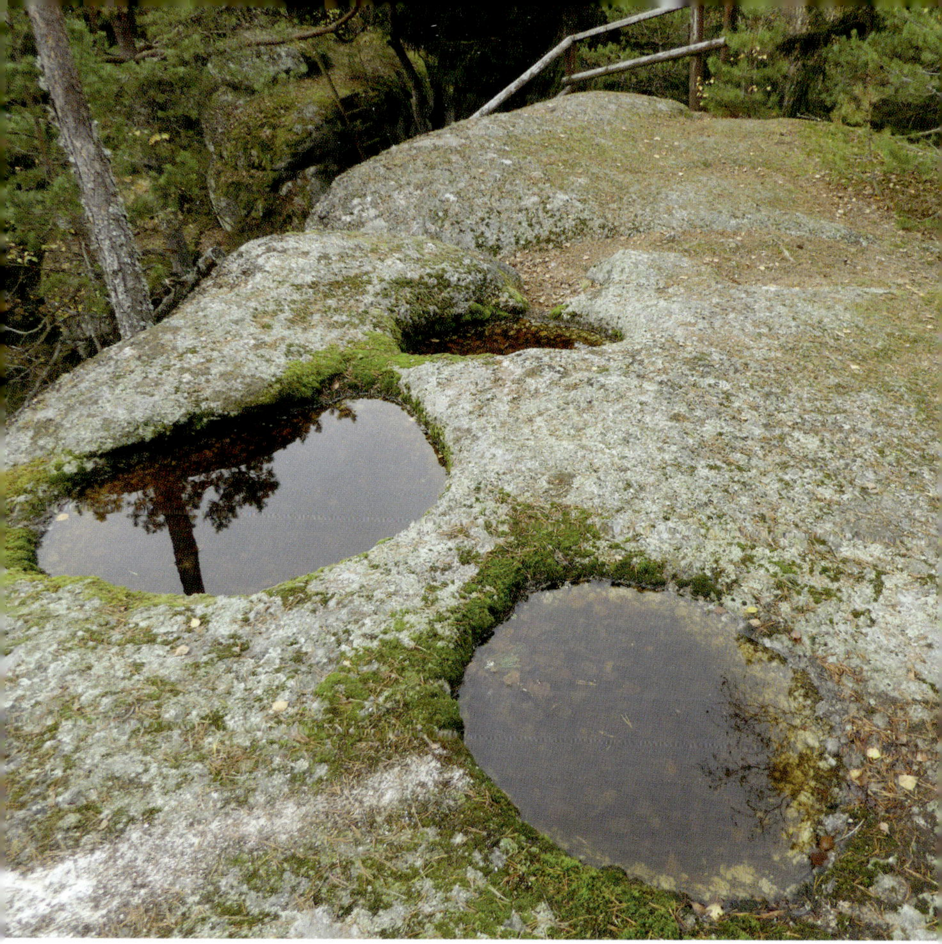

Opferschalen aus Granit bieten ein mystisches Naturschauspiel.

früher, er scheint aber immer noch als Schutzpatron der Tiere tätig zu sein: Die Kühe sind wahre Schönheiten, sichtlich gesund und völlig entspannt.

Opferschalen und Weltuntergangssteine

Schließlich erreichen wir imposante Felsblöcke, die mittels einer Leiter bestiegen werden. Mehrere 80 bis 100 Zentimeter große Vertiefungen sind zu sehen, die mit Wasser gefüllt sind. Eine Tafel klärt auf: Im Lauf von Jahrmillionen wurden durch Frostsprengungen Steinpartikel aus dem flachen Felsen

gelöst und Steinwannen herausgebildet. Diese Stellen sollen auch sichtbare Zeichen besonderer Kraftfelder sein. Ein mystisches Naturschauspiel.
Wir wechseln auf den Kulturwanderweg Nr. 5 und gelangen nach 20 Gehminuten zu den Weltuntergangssteinen. Bei diesen handelt es sich um zwei Findlinge, die sich scheinbar aufeinander zubewegen. Sollte es soweit kommen, dass die beiden zusammenstoßen, so wird – der Legende nach – die Welt untergehen. Hoffentlich stehen sie noch lange.

Schutzpatron für Vieh und Gefangene

Der Rückweg führt in die Pfarrkirche von St. Leonhard, deren Ursprünge bis ins 12. Jahrhundert zurückgehen. Immer schon war sie als Wallfahrtsort bekannt und gern besucht. Über die Jahrhunderte wurde sie ausgebaut und mit vielen Kunstschätzen bereichert. Neben dem neugotischen Flügelaltar befinden sich Glassärge mit den Skeletten der Heiligen Felix und Clemens aus römischen Katakomben. Die lebensgroße und wundertätige Statue des heiligen Leonhard gibt es seit über 200 Jahren nicht mehr. Der namensgebende Heilige, der als Adeliger im 6. Jahrhundert in Frankreich gelebt hat, ist dennoch präsent, als Schutzpatron für das Vieh, die Viehhändler und die Gefangenen.

Ausgangspunkt: St. Leonhard, Ortszentrum
Dauer: 1,5 Stunden, 4,4 Kilometer
www.stleonhard.at

Unterwegs im 700 Kilometer langen Wanderreitnetz der Mühlviertler Alm

Lang ist es her, dass die Burg Prandegg in der Gemeinde Schönau im Bezirk Freistadt ein Zentrum adeliger Grundherrschaft war und ein repräsentativer Wohnsitz sowie Verwaltungs- und Wirtschaftszentrum. Mit dem Pferd waren damals ausschließlich adelige Ritter unterwegs. Wir machen an einem strahlenden Herbstsonntag als Wanderreiter hier Rast. Nach einem zweistündigen Genussritt vom Reitpark Gstöttner in Schönau genießen wir die besondere Lage dieses Ortes. Ludwig Kriechbaumer hat vor 30 Jahren den Reitpark gegründet und seinen Hof von Rinder- auf Pferdehaltung umgestellt. Eingebettet in das 700 Kilometer lange Wanderreitnetz der Mühlviertler Alm ist er ein idealer Ausgangspunkt für einen Ausritt in die umgebende reizvolle Hügellandschaft: „Reitfreunde aus ganz Europa schätzen mittlerweile unser besonderes Ambiente. Wir haben Stammgäste aus Leipzig oder Berlin, die bereits seit mehr als 20 Jahren herkommen."

Taverne mit Pilgerkoje

Die ersten paar hundert Meter der Reitstrecke sind sogar für Reiterfahrene von einem gewissen Kribbeln begleitet. Schon John Wayne wusste: „Mut ist, wenn man Angst hat, sich aber trotzdem in den Sattel schwingt." Mehr als eineinhalb Meter über dem Boden ist man als Reiter schon recht froh, einen trittsicheren und verlässlichen vierbeinigen Partner zu haben. Aber unsere Wallache Branco und Arthur sind Routiniers und wissen genau, welche Gangart dem Gelände entspricht. Rasch haben wir uns mit ihnen angefreundet. Sicher tragen sie uns auf bestens markierten Wiesen- und Waldwegen durch die Landschaft.

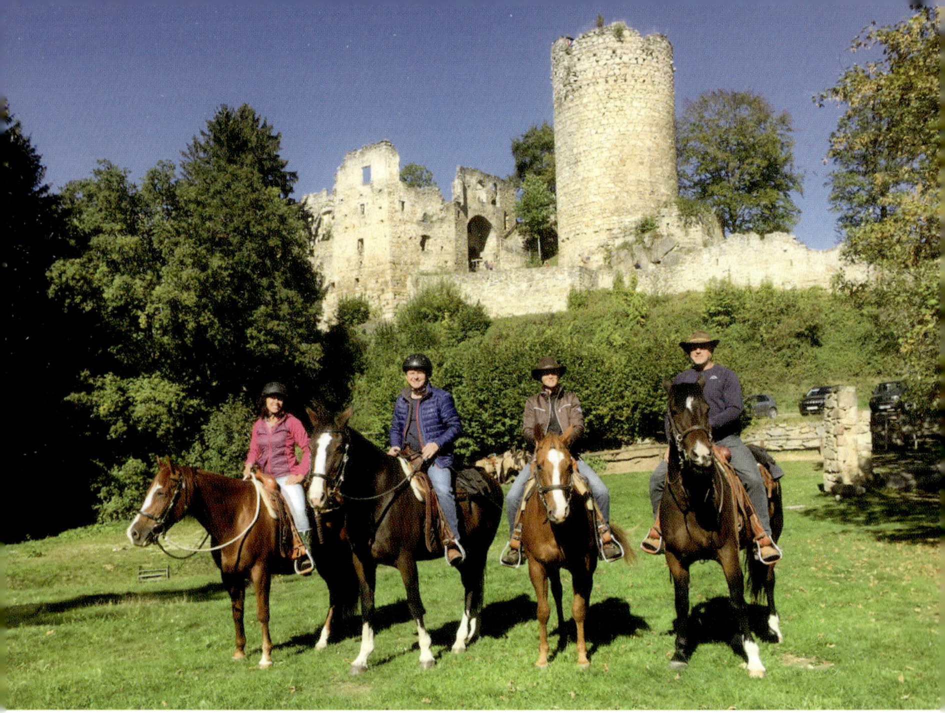

Heutzutage sind Wanderreiter statt adeliger Ritter unterwegs.

So bewegen wir uns im harmonischen Einklang mit den Tieren in sanftem Trab oder spritzigem Galopp weiter. Wir befolgen das alte Sprichwort: „Bergab leite mich, bergauf schone mich, in der Ebene brauche mich, sagt das Pferd." Der Duft von Harz und Tannennadeln in der Luft begleitet uns, es öffnen sich helle Lichtungen im dunklen Grün des dichten Waldes und wir passieren murmelnde Bäche, alte gewaltige Steine, stille Moore und Wiesen und Felder. Immer wieder ergeben sich Ausblicke weit in die Region und darüber hinaus bis in die Alpen.

Schließlich erreichen wir die auf einem Höhenrücken im Waldaisttal gelegene zweitgrößte Burgruine Oberösterreichs. Unsere Tiere lassen wir unterhalb der Burg grasen. Die Burgtaverne ist voller Gäste, die in der Herbstsonne den einmaligen Ausblick genießen. Wirt Franz Leitner hat vor zehn Jahren die Taverne als Ruine übernommen und zu einem gastronomischen

Gustostückerl ausgebaut. Sein Credo: „Ob hungrig, durstig, müde oder einfach lebenslustig und voller Tatendrang: Hier direkt unterhalb der Ruine Prandegg findet jeder, wonach er sucht." Neben Tauf- und Hochzeitsfeiernden finden Johannesweg-Pilger Unterkunft in gemütlichen Pilgerkojen aus Holz.

Bauernbrot und Burgverein

Zur Begrüßung drückt uns der Wirt ein ofenfrisches Brotweckerl in die Hand. An den Wochenenden bäckt er in einem historischen „Backhäusl" köstliches Bauernbrot. Während unsere Pferde auf der Wiese grasen, verzehren wir – immer mit Blick auf die mächtige Burganlage – mit Genuss ein Kotelett. Burgführer Berthold Moser erzählt Wissenswertes über den Bau: „Ab dem 12. Jahrhundert wechselten mehrmals die Besitzer, die aus bedeutenden Rittergeschlechtern stammten. Von 1534 bis 1631 gehörte sie den mächtigen Jörgern und wurde in den Urkunden als ‚stark und wohlversehen' beschrieben. Die nachfolgenden Scherffenberger und Salburger ließen Prandegg unbewohnt. So verfiel die Burg rasch und wurde schon 1786 als Ruine bezeichnet. 1823 ging sie in den Besitz der Herzöge von Sachsen-Coburg über und blieb es bis heute. Seit 1996 arbeitet der Burgverein Prandegg mit vielen freiwilligen Helfern an der Erhaltung der Burg." Danach können wir auf den 26 Meter hohen Rundturm steigen und die Aussicht über das Mühlviertel bis zum Großen Priel und zum Ötscher genießen.

Ausgangspunkt: Schönau, Reitpark Gstöttner
Reitdauer: 3 Stunden, 13 Kilometer, Reiterfahrung vorausgesetzt
www.prandegg.com; www.reitpark-Gstoettner.at; www.pferdereich.at

Mystische Höhlensysteme, heilbringende Quellen

Ein geheimnisvoller Erdstall unter dem Wirtshaus weckt den Durst nach heilkräftigem Wasser aus dem „Hedwigsbründl".

Manchmal verbergen sich Kulturgüter gut versteckt unter der Erde. Steht man in Bad Zell vor dem „Gasthaus Populorum – zum feuchten Eck", so ahnt man nicht, welch besondere Baulichkeit sich hier unter der Erde verbirgt. Helene Populorum, die Seniorchefin, führt uns durch das Haus, vorbei an der Kegelbahn und öffnet eine knarrende Tür, die zu einem unterirdischen Stollen führt. Mehrere Lampen geben den Blick frei auf aus dem Granit gehauene Gänge und Höhlen. Der Erdstallforscher Josef Weichenberger schreibt dazu: „Der Erdstall, als künstlich von Menschenhand angelegte unterirdische Anlage, ist ein Phänomen, das im deutschsprachigen Raum vor allem in Bayern, Oberösterreich und Niederösterreich verbreitet ist." Die Erdställe sind im Zuge der mittelalterlichen Besiedelung vor gut 1 000 Jahren entstanden. Über 360 Höhlen sind in Oberösterreich nachgewiesen, 24 gibt es noch. Man fragt sich, was wohl ihre Funktion war. Die Forscher geben keine eindeutige Antwort darauf. Helene Populorum vermutet, dass sie höchstwahrscheinlich als Zufluchtsorte und Verstecke dienten. Recht gemütlich ist es da unten jedenfalls nicht, eher kalt und gruselig, wenn auch erstaunlich trocken.

Jungbrunnen Hedwigsbründl

Wir verlassen das Höhlensystem und begeben uns an einen Ort, der eine bedeutende Rolle für Bad Zell hat, die „Cella" mit dem Hedwigsbründl. Das Gebäude mit einem prächtigen Gewölbe wurde von mittelalterlichen Mönchen erbaut und war Unterkunft und Kapelle gleichermaßen. Der Legende nach soll die

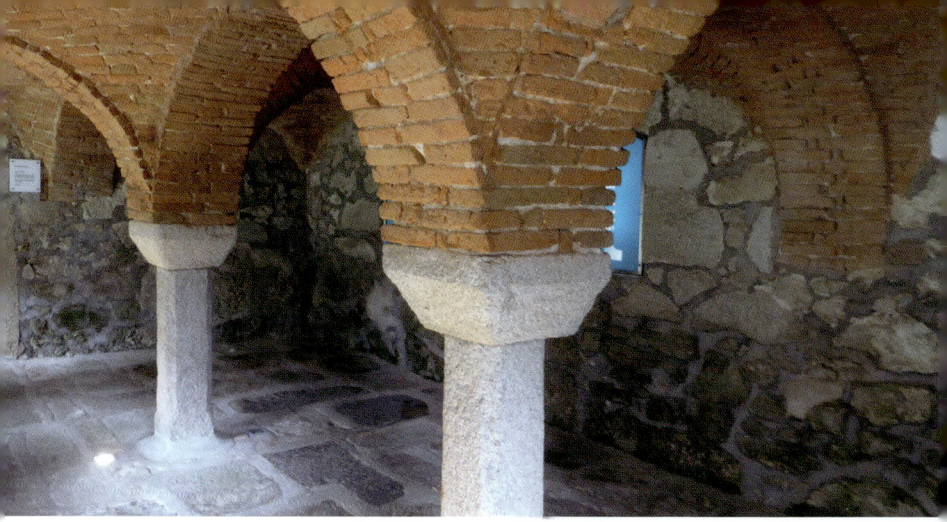

Imposantes Gewölbe in der Cella des Hedwigsbründls.

heilige Hedwig während einer Pilgerfahrt hier Rast gemacht haben. An dieser Stelle entsprang daraufhin die Quelle, die bis heute den Namen der Heiligen trägt. Beim Betreten des Gewölbes aus Steinpfeilern fühlt man sich an die meditative Atmosphäre einer Krypta erinnert. Wir halten eine Zeit lang inne und gelangen anschließend zur Hedwigskapelle. Das radonhältige Heilwasser sprudelt in einen achteckigen Grander aus der Barockzeit. Mehrere Heiligungssuchende füllen gerade ihre Glasflaschen mit dem wertvollen Nass. Dieses war auch die Basis für den erfolgreichen Kurbetrieb der Gegenwart. Auch wir stärken uns mit dem heilkräftigen Wasser und verlassen die Cella, der Bad Zell den Namen verdankt. Einen Blick werfen wir noch auf das hinter der Cella befindliche, vorchristliche Quellheiligtum. Der schlichte Steintrog erinnert daran, dass dieser Ort schon vor Jahrtausenden mit dem Heilwasser verbunden war.

Ausgangspunkt: Bad Zell, Ortszentrum
Dauer: 2 Stunden mit Besichtigung, 1,5 Kilometer
www.badzell.at

Ein Kirchendach ist die Wasserscheide zwischen den Flüssen Aist und Naarn

Weithin sichtbar liegt der Ort Allerheiligen auf einem der zahlreichen Hügel des Unteren Mühlviertels. Seine Wallfahrtskirche ist ein besonderer Blickfang und hat eine legendenhafte Geschichte. Der örtliche Heimatkundler Roland Huber weiß, was sich um das Jahr 1490 ereignet haben soll. Etwa zu der Zeit, in der Kolumbus Amerika entdeckte, ging es einem Bauern in der Gegend des heutigen Allerheiligen sehr schlecht, so Huber: „Er war an der Pest erkrankt und hatte nur mehr einen letzten Wunsch. Seine Verwandten sollten seinen Leichnam auf einen Karren legen, Rinder vorspannen und sie frei ziehen lassen. An der Stelle, an der die Rinder aus freien Stücken stehen bleiben würden, sollten sie ihn begraben und zu Ehren der Königin „aller Heiligen" eine Hütte zum Gebet errichten." So geschah es auch. Zu der aus dem Holz einer riesigen Föhre erbauten kleinen Kapelle pilgerten bald viele Menschen – vor allem Kranke, die sich Genesung von ihrem Leiden erhofften und dabei so viel Geld spendeten, dass schon im Jahre 1492 mit dem Bau der heutigen Kirche begonnen werden konnte. Gut möglich, dass die Zugtiere am Gipfel des Hügels die Kraft verlassen hatte.

Wir genießen jedenfalls die besondere Aussichtslage dieses Platzes und steigen auf den Kirchturm, der „Schneckenturm" genannt wird. Die 62 Granitstufen winden sich freischwebend nach oben – ohne tragende Spindel in der Mitte. Zum Glück sind sie bei der Errichtung fest in der Außenmauer verankert worden. So hat man als Besucher bei der Besteigung das Gefühl, in die Höhe zu schweben. Wir genießen von oben die phänomenale Aussicht vom Ötscher bis hin zu den Bergen Salzburgs. Da die Kirche exakt an der Wasserscheide zwischen zwei

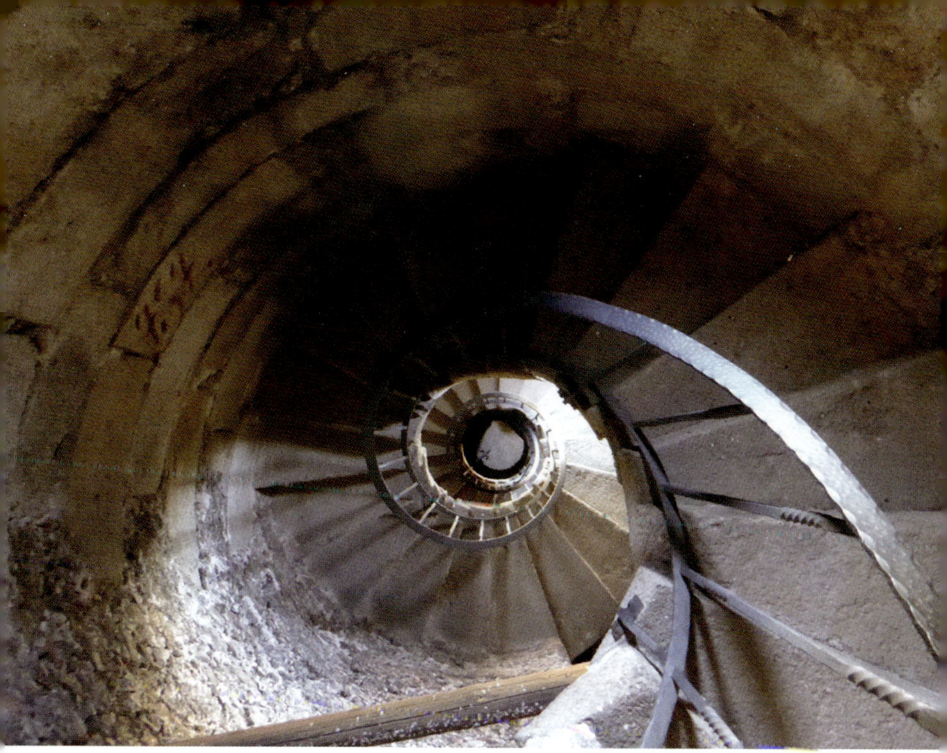

Abenteuerliche Stufen im Schneckenturm.

Flüssen liegt, fließt der Regen an der Nordseite des Kirchendaches zur Aist und an der Südseite zur Naarn ab. Pfarrer Konrad Hörmanseder freut sich jedes Jahr auf das Patrozinium der Pfarre zum Fest Allerheiligen am 1. November: „Nicht weniger als alle Heiligen sind die Schutzpatrone der Gemeinde." Diesen Namenstag feiert der ganze Ort mit Kirtag und Volksfest.

Steine wie Wollsäcke

Nach so viel Kultur verspricht der dreistündige „Naarntal-Rundweg" genau den richtigen Ausgleich. In der reich gegliederten Kulturlandschaft wechseln sanfte Geländeformen mit auffälligen Granitformationen. Die üppige Natur legt im Herbst auf den Wanderweg einen Teppich aus Eicheln, Bucheckern und buntem Laub. Der Weg windet sich in eines der schönsten Flusstäler des Mühlviertels hinab. Wild donnert das muntere Gewässer der Naarn zwischen gewaltigen Granitfelsen hindurch. Wenig später plätschert es wieder ganz gemächlich und fast lautlos dahin.

Ein mächtiger Stein hat sich mit knallgelben Flechten geschmückt. Immer wieder tauchen riesige aufgeschichtete Felsblöcke auf, sogenannte Wollsackverwitterungen. Die Steine sehen wie aufeinandergeschichtete Matratzen oder eben wie an den Kanten abgerundete Wollsäcke aus. Schließlich erreichen wir das außergewöhnliche Felsgebilde des Falkensteins. Markante Granitblöcke sind so übereinandergeschichtet, dass sie einen 100 Meter hohen Turm bilden. Die überhängenden Gesteinsschichten erinnern an das Gesicht eines Falken und überwölben zum Teil die vorbeiführende Straße.

Die Sage berichtet, dass dieser Stein einst vom Teufel errichtet wurde. Dessen Plan war es, die Enge des Naarntals beim Falkenstein auszunützen, um das Tal abzusperren und mit Steinen zu

Verwunschene Steine begleiten die Wanderer auf dem Naarntal-Rundweg.

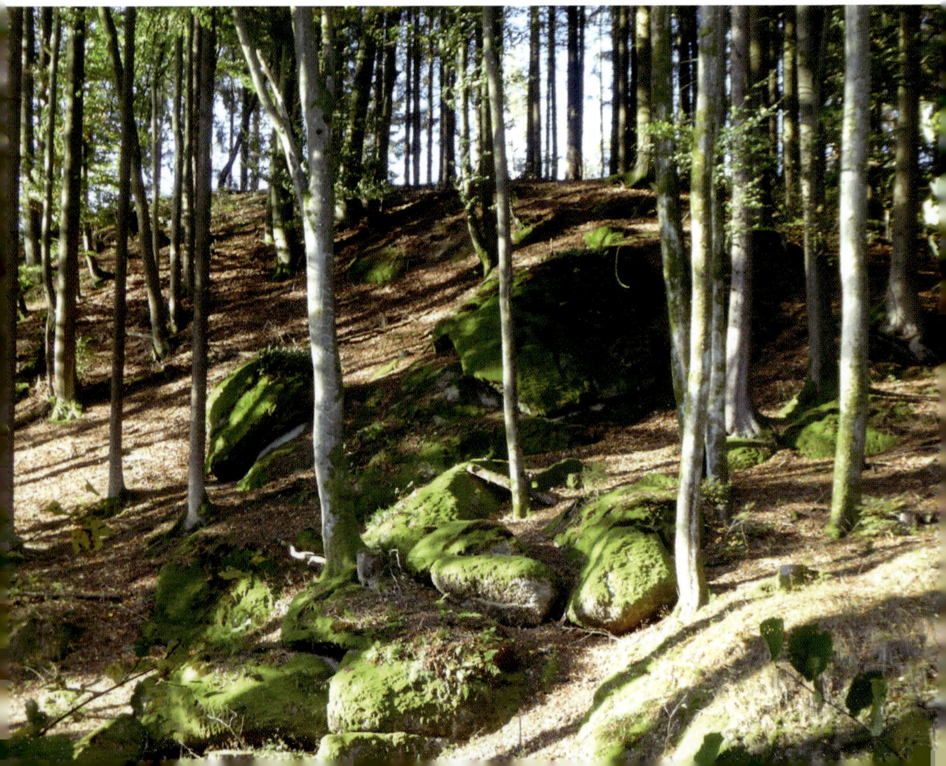

vermauern. Anschließend sollten die christlichen Bewohner von Allerheiligen ertränkt werden. Den mächtigen Falkenstein hatte der Satan bereits aufgetürmt, da wurde er in seinem Vorhaben gestört. Ein Kreuz auf dem Berggipfel hatte ihm die Weiterarbeit verleidet. So blieb der Falkenstein als Teufelswerk stehen.

Mittler zwischen Diesseits und Jenseits

Wer diese teuflische Geschichte nicht glauben mag, kann unschwer das Gesicht eines Falken erkennen. Die markant hervorstehende Hakennase erinnert frappant an den Raubvogel. Mit etwas Fantasie kann man sich den hakenförmig nach unten gebogenen Schnabel vorstellen, an dessen Vorderteil sich eine Zacke befindet, der sogenannte Falkenzahn. Diese Ausformung unterstützt in der Natur den Biss des Falken in den Nacken des Beutetiers, durch den dieses getötet wird.

Beim weiteren Weg, aus dem Naarntal aufsteigend wieder zum Ausgangspunkt, begegnet uns immer wieder der stolze Beutegreifer, in der Luft schwebend über unseren Köpfen. Wir erinnern uns an die vielfältigen Rollen der Falken in der Mythologie vieler Völker. Bei den Ägyptern existierten mehrere falkengestaltige Gottheiten wie etwa Horus (Himmel) und Re (Sonne). In der nordischen Mythologie trägt die Göttin Freya ein Falkengewand, mit dem sie wie ein Falke durch die Lüfte gleiten oder sich gar in einen solchen verwandeln kann. Bei den Kelten zählte der Falke als Übermittler zwischen Diesseits und Jenseits. So freuen wir uns, in Gesellschaft dieses edlen Tiers auf dem nach ihm benannten Weg die weitere Rundwanderung abzuschließen.

Ausgangspunkt: Allerheiligen, Ortszentrum
Dauer: 3 Stunden, 10,5 Kilometer
www.allerheiligen.ooe.gv.at

Wer die „Bucklweh Luck'n" durchklettert, wird von Kreuzweh geheilt

Nie mehr Rückenschmerzen. Die „Bucklweh Luck'n", auch „Blasenstein" genannt, soll es möglich machen. Die zwei markanten, fünf Meter hohen Granitsteine befinden sich direkt im Ortszentrum der Mühlviertler Gemeinde St. Thomas im Bezirk Freistadt.

Es ist herausfordernd, durch die schmale Spalte zwischen diesen zwei mächtigen Felsblöcken durchzukriechen, welche die „Bucklweh Luck'n" bilden. Diese Tradition dürfte bis in die Urgeschichte zurückreichen. Der magisch denkende Mensch glaubte damals, dass er beim Durchkriechen seine Krankheiten und auch seine Sünden abstreift. Der Legende nach wohnte tief unter den Steinen ein Ungeheuer, das vom Apostel Thomas persönlich eingesperrt wurde. Bisweilen stöhnte das Untier unter der Last und stieß heißen Dampf aus. Die moderne Wissenschaft bestätigt jedenfalls, dass hier eine starke Radonstrahlung aus den Tiefen des Granits austritt.

In der Nähe des Blasensteins befindet sich die oberste Station des Schmetterlingsweges. Die Duftstoffe an dem erhöht liegenden Landschaftspunkt locken die Schwalbenschwanz-Männchen zur Gipfelbalz. Die stärksten Männchen vertreiben ihre Konkurrenten durch gezielte Flugmanöver. Vielleicht haben sie auch die Muße, die prächtige Aussicht zu genießen. Wir tun das jedenfalls ausgiebig. Der Blick reicht jenseits der Mühlviertler Hügel vom Ötscher über Priel und Dachstein bis zum Traunstein.

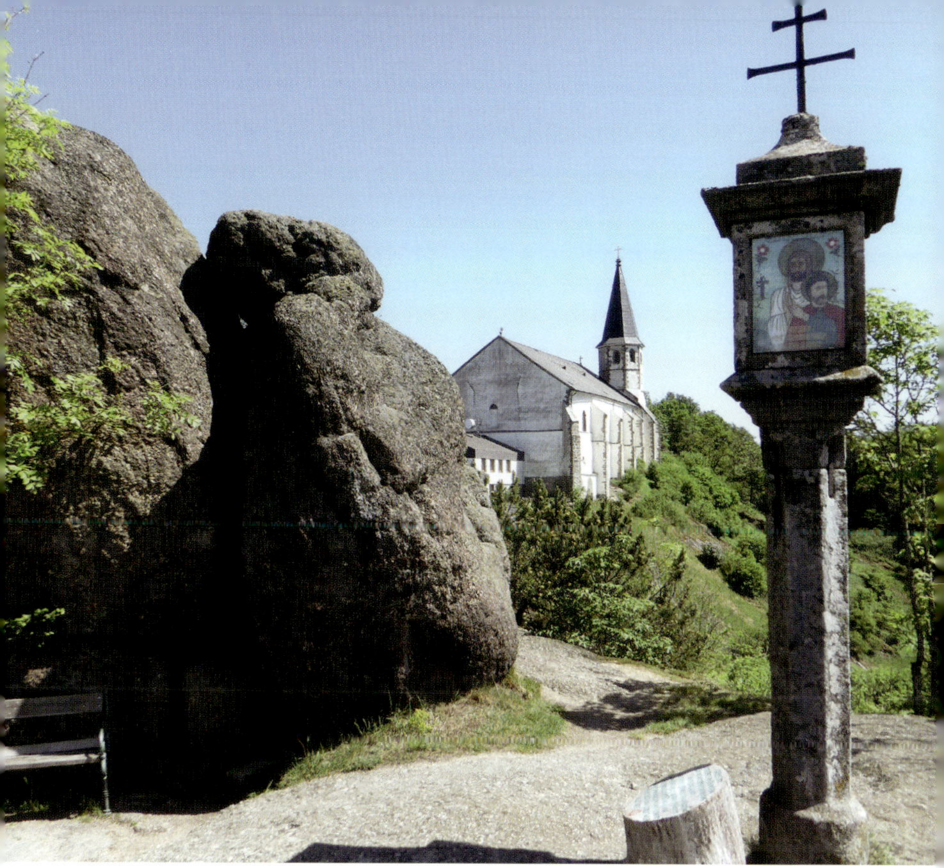

„Bucklweh Luck'n" oder Blasenstein in St. Thomas.

Schlittenkufen aus der Brennluck'n

Dann aber geht's hinunter in die reizvolle Mühlviertler Landschaft. Aus mehreren Rundwanderwegen wählen wir den neun Kilometer langen S4. Vom 723 Meter hoch gelegenen Ortszentrum verläuft der Weg in nördlicher Richtung talwärts. Ein kleiner Abstecher führt zum markanten Felsgebilde „Hoanl", ein Ausdruck für einen kleinen Hain. Gewaltige Felsblöcke haben einen höhlenartigen Unterstand gebildet. Im letzten Krieg fanden die Menschen hier Unterschlupf. Ein mystischer Ort, der auch von der Zunft der Wagner genutzt wurde: Holz wurde in einem Brennkessel erhitzt und dann zu Schlittenkufen gebogen. Daher rührt auch der Name „Brennluck'n" für diesen Ort.

Vorbei an dem zwölf Meter hohen Heimkehrerkreuz, das die Überlebenden des Krieges zur Erinnerung an die zahlreichen Gefallenen errichtet haben, führt der Weg zu einem Bauernhof. Friedlich weiden schwarze Alpakas. Die entspannten Tiere haben sich hier sichtlich gut eingelebt. Auf ihrer Weide ragen immer wieder Stellen mit blankem Granit aus dem Boden. Vielleicht fühlen sie sich dadurch an ihre Urheimat Peru erinnert. Auf Wald- und Wiesenwegen geht es fast 250 Höhenmeter hinunter bis zum Käfermühlbach, um sich in einem großen Bogen wieder dem Ausgangspunkt zu nähern. Der weithin sichtbare Kirchturm von St. Thomas gibt eine gute Orientierung. Ein sanft geschwungener Wiesenweg führt zu einem eingezäunten Wasserbecken. Hier gibt es Interessantes zu erfahren. Besitzer Hans Auer beobachtet gerade seine Fische, die er in dem früheren Löschteich züchtet. Täglich füttert er einen 140 Zentimeter langen Stör, der sich gut versteckt in der Tiefe aufhält. Das finnische Sprichwort empfiehlt den Menschen ein analoges Verhalten: „Suche das Gute wie der Fisch die Tiefe." Im Frühsommer werden zudem über 1 000 junge Rotfedern den Teich bevölkern. Eine perfekte Nutzung dieses Gewässers. Anschließend wird auf gemächlichen Anstiegen wieder der Ausgangspunkt im hoch gelegenen St. Thomas erreicht. Woher wohl die Bezeichnung Blasenstein stammt? Regina Hürner, die Obfrau des Tourismusverbands, kennt die Geschichte: „An diesem exponierten Felsen befand sich im Mittelalter eine Burg, von deren Besitzer der Name des Felsens herrührt"

Ausgangspunkt: St. Thomas, Ortszentrum, Weg S4
Dauer: 2,5 Stunden, 9 Kilometer
www.st-thomas.at

Wo in Oberösterreich die Sonne aufgeht, kommt das Landeswappen her

Die Waldhausener haben es gut: Sie können als erste Oberösterreicher am Morgen die Sonne begrüßen. Wir nähern uns dem am Südostrand des Mühlviertels gelegenen Ort etwas später – bereits bei strahlendem Sonnenschein. Die Luft in dem reizvollen Talkessel zwischen bewaldeten Bergkuppen ist herbstlich kühl und klar. Ein besonderer Anziehungspunkt ist die frühbarocke Stiftkirche. Wie sich Natur und Kultur bestens verbinden lassen, weiß die örtliche Tourismusexpertin Martha Waidhofer. Sie empfiehlt den „Rundblickweg". Nomen est omen. Der vierstündige Rundweg verdient seinen Namen zu Recht und bietet fantastische Ausblicke.

Eine Allee aus 100-jährigen majestätischen Linden führt uns zum Schlossberg und stimmt uns auf den kulturellen Höhepunkt des Ausflugs ein: das Stiftsgelände mit der frühbarocken Stiftskirche. Pfarrer Karl Michael Wögerer hat sich seit über 40 Jahren für die Erhaltung dieses Kulturgutes eingesetzt: „Es handelt sich um eine Stiftung des 12. Jahrhunderts durch Otto II. von Machland für die Augustiner Chorherren. Der Name *Silva Domus*, das Haus im Walde, wurde namensgebend für den Ort. Nach schrecklichen Zerstörungen durch die Hussiten erlebte das Kloster nach der Pestepidemie und dem Dreißigjährigen Krieg eine Glanzzeit. Als erste Klosterkirche in Oberösterreich wurde sie in barockem Stil ausgebaut. Leider ging es bereits 100 Jahre später steil bergab. Unter Kaiser Leopold II. wurde das Kloster aufgelöst und in den Folgejahren großteils abgerissen. Durch den besonderen Einsatz der Bevölkerung blieb wenigstens die Kirche erhalten."

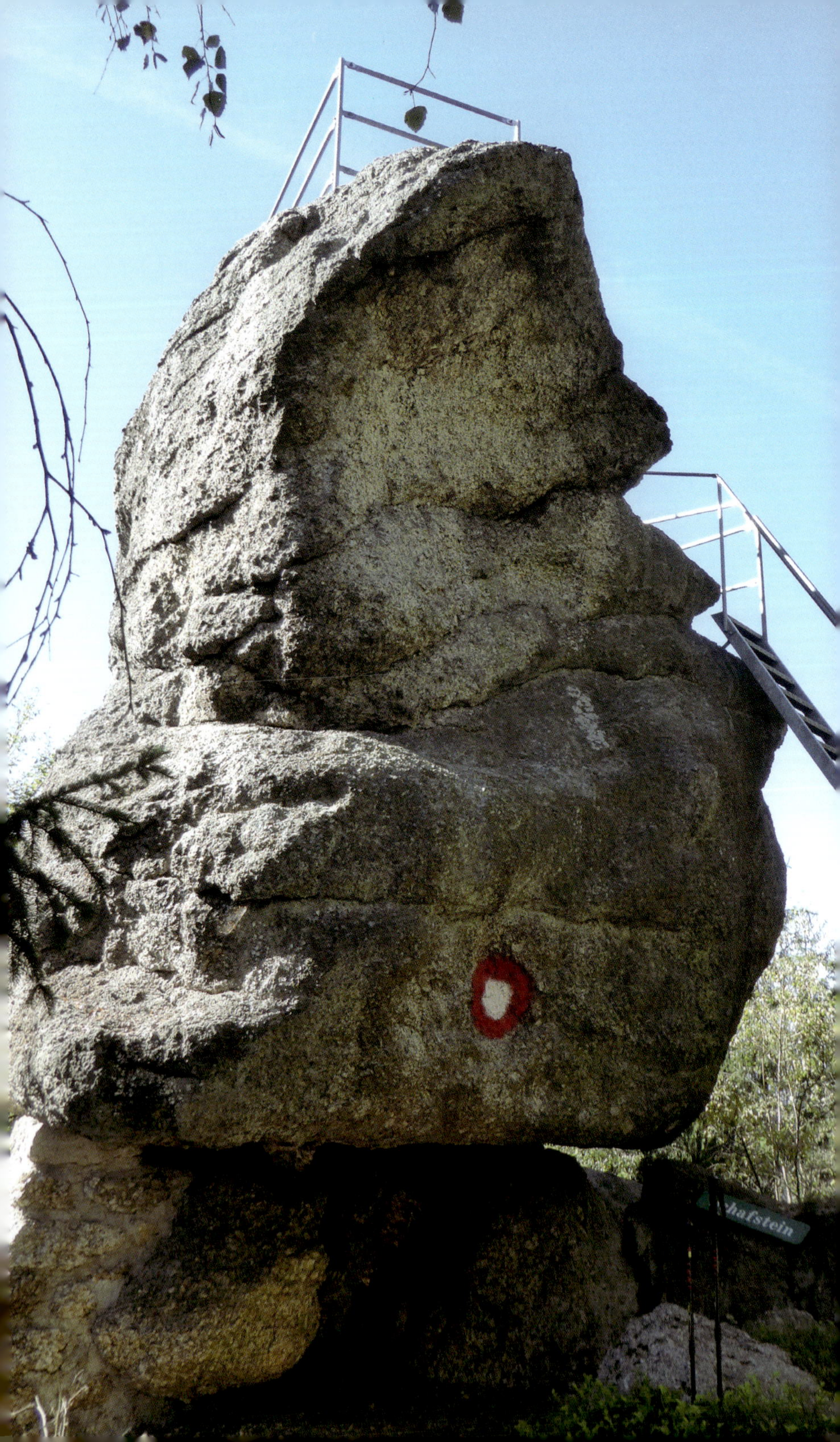
hafstein

600 Engel und glückliche Hühner

Heute erstrahlt sie wieder im ursprünglichen Glanz. 600 Engel und 300 Fresken schmücken die einschiffige Tonnenkirche in barocker Pracht. Sichtlich davon inspiriert ist ein junges Brautpaar, das gerade den Kirchenraum für die bevorstehende Hochzeitszeremonie schmückt. Für das Land Oberösterreich gibt es ein spezielles Erbe des Adelsgeschlechts der Machländer: Deren Wappen wurde Vorbild des Wappens für das „Land ob der Enns“ und schließlich für Oberösterreich.

Entlang des idyllischen Badesees weiter wandernd blicken wir zurück auf die prächtige Anlage. Dann geht es hinein in die Mühlviertler Landschaft. Wir passieren ein älteres landwirtschaftliches Gehöft und machen Bekanntschaft mit althergebrachter bäuerlicher Lebensweise: Die Altbäuerin mäht gerade mit ihrer Sense den Winterraps. Zwei Ziegen und eine Kuh werden ihn zum Fressen bekommen. Auf dem von steilen Hängen umgebenen Hof gibt es noch zwei Schweine, eine Katze und mehrere glückliche Hühner auf dem Misthaufen. Gemeinsam mit den Erzeugnissen ihres Gemüsegartens ist die Bäuerin weitgehend Selbstversorgerin. Durch diese nachhaltige Bewirtschaftung erzeugt sie auch kaum Müll. Eine nachhaltige Lebensweise, die nachfolgenden Generationen zum wohl nicht erreichbaren Vorbild werden kann.

Bizarre Felsen und weite Ausblicke ins Donautal.

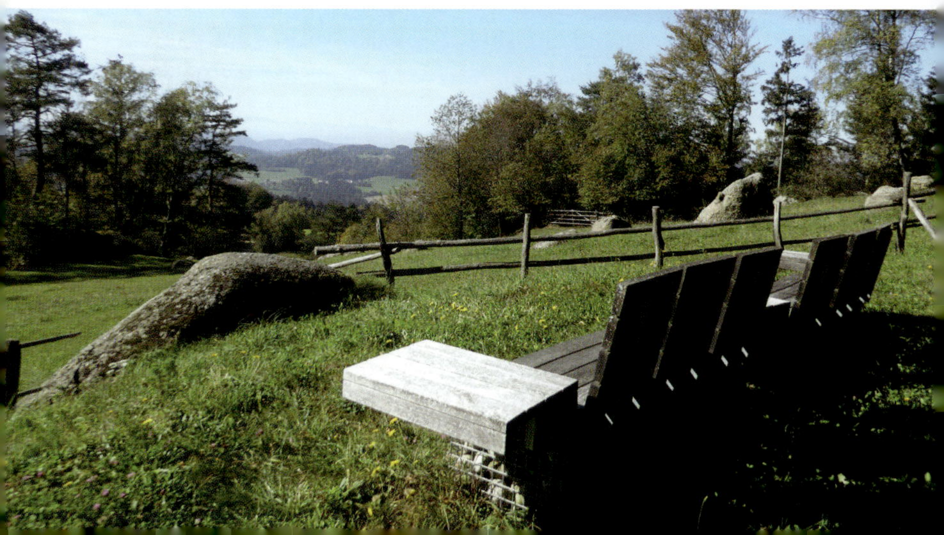

Schwingende Steine

Dann tauchen wir in eine einmalige Ansammlung von Granitformationen ein. Geradezu eine Burg aus Granitblöcken ist die „Falkenmauer". Man kann sie nur über mehrere Leitern besteigen. Großartig ist der Blick in das nahe Yspertal. Kurios ist das Naturdenkmal „Schwingender Stein": Auf zwei Steinblöcken, die nur durch eine kleine Spalte getrennt sind, sitzt kegelförmig ein mächtiger, etwa 19 Kubikmeter großer Stein. Der Schwerpunkt dieses 35 Tonnen schweren Blocks ist so raffiniert gelagert, dass er in eine schwingende Bewegung versetzt werden kann. Als kleiner Mensch kann man sich da wie ein starker Riese fühlen.

Immer wieder tauchen bizarre Felsformationen auf. Tatsächlich scheint aus so manchem Felsblock ein verwunschener Riese aus dem Waldboden hervorzublicken. Geradezu mystisch geht es dann in der Einsiedlerhöhle am höchsten Punkt des sogenannten Steinbergs zu. Sie diente einst als Behausung eines frommen Eremiten. Natürlich ist sie auch aus mächtigen Steinblöcken gebildet. Wenn man hier verweilt, kann man die Kraft dieses Ortes spüren. Eine vor dem Höhleneingang aufgestellte Sitzgruppe lädt zum längeren Verweilen ein.

Schon nähern wir uns dem nächsten Naturdenkmal, dem Schafstein. Eine solide Metallleiter führt auf den Gipfel des gigantischen freistehenden Felsklotzes. Wieder gibt es einen herrlichen Rundblick über die hügelige Landschaft. Schließlich erreichen wir den letzten markanten Punkt der Rundwanderung, die Heimkehrerkreuz-Aussichtswarte. Wir besteigen die kühne Metallkonstruktion und genießen hoch über den Baumwipfeln den Ausblick über das nahe Donautal bis hin zu den Alpenketten Niederösterreichs und des Salzkammergutes.

Ausgangspunkt: Waldhausen, Ortszentrum
Dauer: 4 Stunden, 13,5 Kilometer
www.waldhausen.at

Auf den Spuren Anton Bruckners durch die Wolfsschlucht

Wie schön ist es doch, die Welt von oben zu betrachten: In der Region Strudengau kann dies wunderbar erlebt werden. Vom Donauufer in Grein geht es 200 Höhenmeter dem Donausteig folgend in nördlicher Richtung bergauf. Nach fünf Kilometern wird die Jausenstation Speckalm im Bad Kreuzner Ortsteil Lehen erreicht. Die Worte „Sau-guat" stehen auf ihrem Dach geschrieben. Ein besonderer Duft liegt in der Luft. Ein Blick auf den Hang hinter der Speckalm klärt auf: Eine stattliche Schweineherde genießt die wärmende Sonne.

Hier beginnt eine eineinhalbstündige, spannende Rundtour. Wir folgen der „Kreuzner Donaublickrunde" bis zur Wolfsschlucht. Dort verdichtet sich der Kampbach in der hügeligen Mühlviertler Landschaft zu einer wildromantischen Klamm. Der Sage nach soll sich ein Mönch durch einen waghalsigen Sprung über die Schlucht vor einem Wolf gerettet haben – daher der Name. Zwischen riesigen, wie von Titanenhand aufgetürmten Urgesteinsfelsen bahnt sich ein Bach seinen Weg. Immer wieder sammelt sich das Wasser in Gumpen. Im 19. Jahrhundert funktionierte man diese Wasserbecken zu einer „Heilklamm" um. Hier wurden die ersten Kuranwendungen der Kaltwasser-Heilanstalt Bad Kreuzen durchgeführt. Dem gut ausgebauten Steig folgend, trifft man auf das „Wiener Wellen-Bad" und die „Anton-Bruckner-Zuflucht": Auf einer lauschigen Bank sitzend soll hier der Komponist während eines Kuraufenthaltes in Bad Kreuzen seine Nerven beruhigt haben – begleitet vom Tosen und Rauschen des Wasserfalls. Weiter oben tauchen die „Neptungrotte", „Damen- und Herren-Bad", die „Herzogsquelle" und der riesige

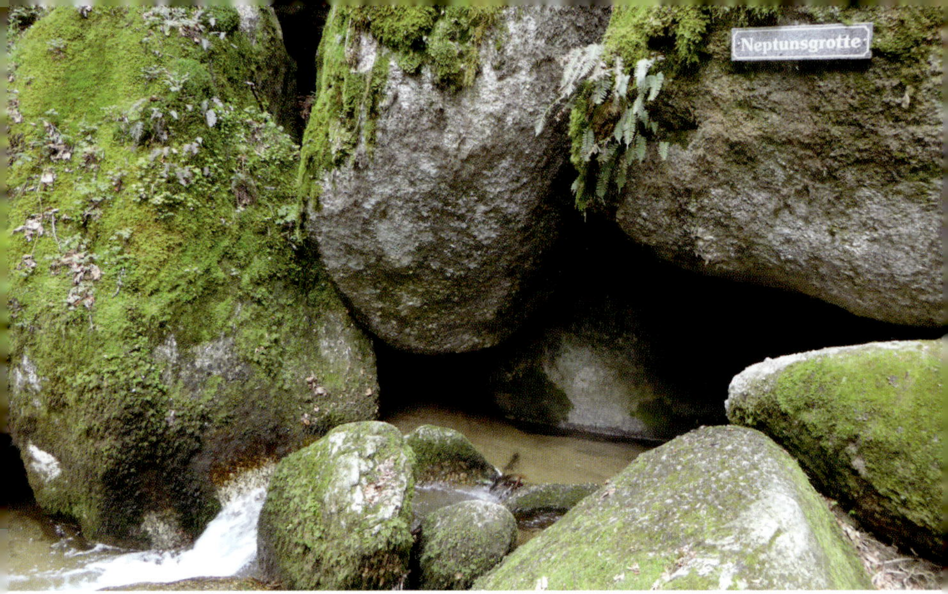

Felsriesen in der Wolfsschlucht.

moosüberzogene „Herkulesfels“ auf und bieten ein imposantes Schauspiel, das zum Staunen und Innehalten einlädt.

Schließlich wird die Burg Kreuzen erreicht. Sie zählte einst zu den größten Doppelburgen des Landes und kann auf eine mehr als tausendjährige Vergangenheit zurückblicken. Vom Aussichtsplateau des Burgfrieds reicht der Panoramablick vom Donautal des Strudengaus bis hin zu den Alpen. „Wer Schlucht und Abgrund überwindet, hat den besten Überblick“: An diesem Ort kann man die Aussage des spätmittelalterlichen Theologen und Philosophen Meister Eckehart sehr gut nachvollziehen. Zurück geht es über den Speckalmweg wieder zum Ausgangspunkt. Die Jause mit köstlichem Schinken von glücklichen Schweinen – dazu erfrischender einheimischer Most – schmeckt vorzüglich: Alles in Bioqualität, wie die Speckalm-Chefin Erika Gaßner betont.

Ausgangspunkt: Grein, an der Donau
Dauer: 3 Stunden, 9,8 Kilometer
www.grein.at; www.burg-kreuzen.at; www.speck-alm.at

Die kleinste Stadt Oberösterreichs beherbergt das älteste deutschsprachige Theater und das älteste Wohnschloss Österreichs

Wir begeben uns vom historischen Stadtplatz der einwohnermäßig kleinsten Stadt Oberösterreichs auf den Wanderweg 1 und steigen dem gemütlichen Serpentinenweg folgend immer hoher aus dem Donautal hinauf. Rasch sind 250 Höhenmeter bewältigt und wir befinden uns bei der Gobelbergwarte. Über seine 100 Stufen besteigen wir den 21 Meter hohen Aussichtsturm. Drei schräg nach oben verlaufende, sich kreuzende Stützen tragen ihn und sollen an die den Ort umgebenden Bäume erinnern. 2019 wurde die bereits seit 1894 bestehende Warte auf dem 484 Meter hohen Gobel, dem Hausberg, der Stadt, gänzlich neu gestaltet. „Um diese Stützen schlank und filigran zu halten, werden sie mit dünnen Seilabspannungen verbunden. Dadurch wird die Konstruktion des Bauwerks stabil gehalten“, so der Greiner Architekt Oliver Schörgi, der an der Planung beteiligt war.
Oben angekommen, genießen wir die Rundumsicht: Im Norden auf das Hügelland des Mühlviertels, im Süden auf die Ostalpen vom Ötscher bis zum Höllengebirge, im Westen auf das Machland mit Donautal, im Osten auf Grein und den Strudengau. Direkt unter uns thronen auf der sogenannten Bockmauer, einem mächtigen Granitblock, bizarre Figuren aus Metall. Sie stellen Burggestalten wie Hofnarr, Drache oder Burgfräulein dar und weisen darauf hin, dass Grein von mehreren Burgen umgeben ist. Alle scheinen sich tanzend ihres Lebens zu erfreuen und regen zum Nachdenken an. Der in Chile aufgewachsene und in Österreich lebende Bildhauer Miguel Horn hat diesen Ort zum Staunen gestaltet.

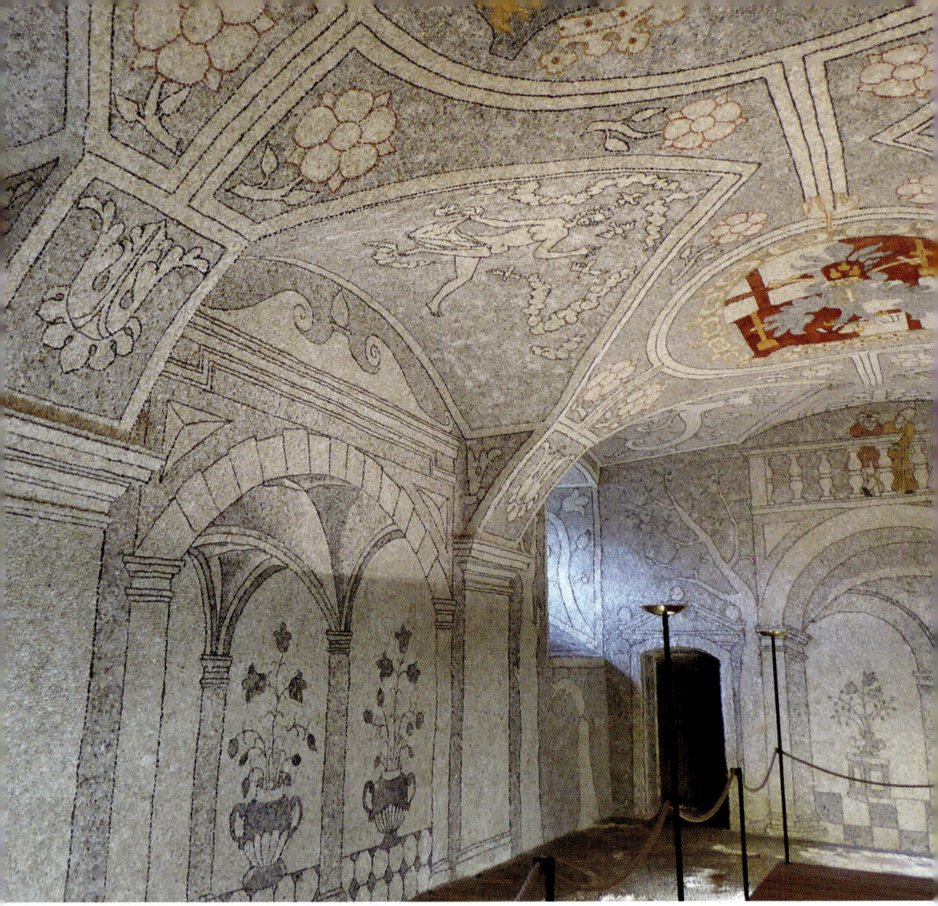

Sala Terrena von Schloss Greinburg mit Mosaik aus Donaukieseln.

Die 90-minütige Rundwanderung führt uns auf dem Wanderweg 2 wieder ins Zentrum. Wer heute das Städtchen Grein besucht, ahnt nicht, dass die ruhig dahinfließende Donau in früherer Zeit ein äußerst gefährlicher Strom war. Bürgermeister Rainer Barth weiß: „Die Bewohner der Stadt machten aus der Not eine Tugend. Sie wurden Meister in der Kunst, Schiffe durch die gefährlichen Stromschnellen des Strudengaus zu manövrieren. Dadurch wurden sie wohlhabend, was man an den spätmittelalterlichen prunkvollen Bürgerhäusern am Stadtplatz erkennen kann. Sie pflegten aber auch Kunst und Kultur."

Kulturtempel mit Plumpsklo

Ein treffliches Zeugnis dafür ist das historische Stadttheater aus dem Jahr 1791. Stadtführerin Karin Holzweber kennt die Besonderheiten dieses Ortes: „Das Stadttheater ist das älteste weltliche Theater im deutschsprachigen Raum und eine Sehenswürdigkeit von europäischer Bedeutung." Kurios sind die „Sperrsitze", die nur der Platzbesitzer mit einem Schlüssel öffnen konnte. Wenn man durch den seit über 200 Jahren bespielten Kulturtempel geht, der über die ganze Zeit baulich unverändert blieb, kann man förmlich die Theaterluft riechen. Jedenfalls aber nicht mehr die Düfte, die dem an den Zuschauerraum angeschlossenen Plumpsklo entströmten. Nur ein Vorhang trennte „geschäftige" Theaterbesucher von den übrigen Kulturfreunden, die auf den anderen 167 Sitzen derweil ausharrten. So verlassen wir diesen Ort mit der Hoffnung, dass auch nach der geplanten Renovierung die Atmosphäre dieses Theaters erhalten bleibt.

Ein weiteres Ziel lockt uns an: Das über der Donau thronende Schloss Greinburg. Niemand würde diesem prächtigen Gemäuer das stattliche Alter von mehr als 500 Jahren ansehen. Erbaut wurde die Anlage exakt im Jahr der Entdeckung Amerikas 1492. Kunsthistorikerin Kerstin Swoboda führt uns durch Österreichs ältestes Wohnschloss und bringt dazu erhellende geschichtliche Details: „Kaiser Friedrich III. erlaubte den Brüdern Heinrich und Siegmund Prüschenk Ende des 15. Jahrhunderts, hier ein Schloss zu errichten und Mautgebühren von den durchreisenden Händlern einzuheben. 1621 baute Graf Helfrich von Meggau das Schloss im Renaissance-Stil aus." Seit dem Jahr 1822 ist es der österreichische Hauptsitz des herzoglichen Hauses Sachsen-Coburg und Gotha.

Diamantgewölbe im Schloss Greinburg

Der Innenhof mit seinen Arkaden gehört zu den schönsten und größten seiner Art in Österreich. Begleitet vom entspannenden

Plätschern eines Brunnens verweilen wir und genießen die harmonische Pracht. Die weitere Führung bringt uns in das sogenannte Diamantgewölbe. Die kundige Führerin dazu: „Der Name kommt von der einzigartigen Deckenstruktur, die mit diamantförmigen Ornamenten bedeckt ist. Dieses architektonische Meisterwerk erzeugt ein faszinierendes Spiel aus Licht und Schatten und erfreut überdies durch eine besondere Akustik." Obwohl musikalische Dilettanten, stimmen wir hier spontan einen Kanon an und erfreuen uns an einem durch die Wunderkraft dieses Raumes verfeinerten Klangs. Die exzellente Akustik dieses Raumes glättet alle stimmlichen Unreinheiten. Erfrischt betreten wir ein weiteres Highlight des Schlosses, die „Sala Terrena". Swoboda dazu: „Dieser Saal erhielt seinen Namen aufgrund des Mosaiks aus Donaukieseln, die die gesamte Fläche der Wände und des Deckengewölbes überziehen. Er ist einzigartig in Österreich." Weiter geht es in den imposanten Rittersaal mit 30 Meter Länge, 16 Meter Breite und 14 Meter Höhe. Mehrere hundert Musikfreunde können in diesem Ambiente bei den Donau-Festwochen Musik in höchster Qualität erleben. So genießen wir den exzellenten Ausblick auf die Donau und beenden unsere Führung im Arkadenhof.

Ausgangspunkt: Grein, Stadtplatz
Dauer: 1,5 Stunden, 4,8 Kilometer für Rundwanderung zum Gobelberg
www.grein.ooe.gv.at; www.schloss-greinburg.at

Ein Schauplatz der Weltliteratur mitten im Mühlviertel beeindruckt mit Wasserfall und „Wollsackfelsen"

Nahe dem Strudengau-Ort Klam ist das Kulturzentrum Sturmmühle Ausgangs- und Endpunkt eines besonderen Oberösterreich-Genusses. Das markante Eingangstor in die Schlucht verspricht Vielfältiges: Drachenloch, Rabenstein und Steinerne Tür. Zunächst lädt der tosende Wasserfall, über den ein Holzsteg führt, zu einer ersten Rast. Gleich danach folgt der wie von Riesenhand aufgestellte Felsenturm. Weiter geht es den Klambach entlang. Früher hat dieser auf knapp zwei Kilometern Länge fünf Mühlen angetrieben. Den gegenüber der historischen Hammerschmiede hoch aufragenden Wollsackfelsen beschrieb der schwedische Dichter August Strindberg (1849–1912) in seinem Werk „Inferno" als „Türkenkopf". Der Volksmund nannte ihn später Leostein – nach der markanten Nase von Papst Leo II. Das Naturgebilde zeichnet sich durch das Zusammentreffen verschiedener magnetischer Gesteine aus. Strindberg hat die etwa zwei Kilometer lange Klamschlucht in seinen literarischen Werken wie „Inferno", „Kloster" und „Einsam" verewigt.

Thomas Bernhard auf dem gräflichen Balkon

Schließlich erreichen wir nach halbstündiger Wanderung die Burg Clam. Die Ursprünge der mächtigen Wehranlage gehen auf das 12. Jahrhundert zurück. Finstere Raubritter kontrollierten von hier aus das nahe Machland. Seit 550 Jahren ist es im Besitz von ein- und derselben Familie, der gräflichen Familie Clam, die auch heute noch hier wohnt. Die kundige Burg-Führerin Renate Löttner weist auf die Einzigartigkeit dieses Bauwerks hin: „Es handelt sich um eine bewohnte, voll möblierte mittelalterliche Festung. Die zahlreichen Kunstschätze sind an

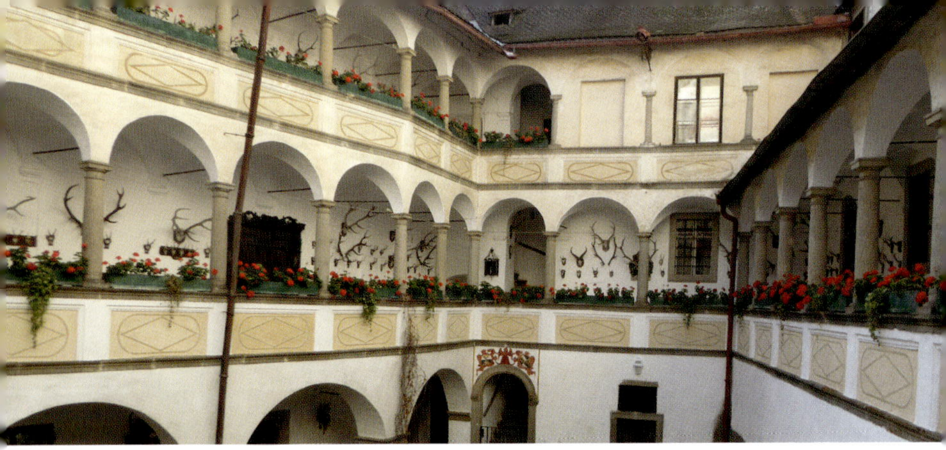

Renaissance-Innenhof der Burg Clam.

ihrem historisch angestammten Platz zu bewundern. Keine Brände oder Kriege haben sie zerstört."
Es stimmt. Kaum sonstwo in der Welt gibt es Vergleichbares: Der dreistöckige Renaissance-Arkadenhof, die gotische Burgkapelle, eine eigene Burgapotheke, das gräfliche Wohnzimmer mit dem Balkon, auf dem sich Thomas Bernhard als gern gesehener Gast immer wieder dichterisch inspirieren ließ, die mittelalterliche Bibliothek, die historischen Schlafräume, die auch gemietet werden können. Und schließlich das Musikzimmer, in dem zu Mozarts Zeiten Musik gespielt wurde – vielleicht das Vorbild für die vielen musikalischen Veranstaltungen, die heute auf der Burg Clam stattfinden. Schließlich gibt es auch einen mittelalterlichen Adventmarkt, der die Burg belebt.
Durch eine mächtige Eichenallee geht es schließlich auf dem „Voralpenblickrunde"-Weg in die Ortschaft Mühlberg. Der Blick richtet sich auf die fern am Horizont liegende Kirche von Allerheiligen. Dem Wegweiser Richtung Baumgartenberg folgend, wird rasch die Sturmmühle erreicht. Natur und Kultur sind bei diesem einstündigen Rundweg eine einmalige Symbiose eingegangen.

Ausgangspunkt: Sturmmühle bei Klam
Dauer: 1,5 Stunden, 4,2 Kilometer
www.klam.at; www.burgclam.com

Auf den Spuren der Mühlsteinhauer und zu Besuch im größten Erdstall des Mühlviertels

Ganz ruhig liegt das nördlich des Perger Stadtzentrums auf einer Anhöhe gelegene ehemalige Gelände eines Steinbruchs. Nichts ist mehr zu hören vom lauten Klopfen der Mühlsteinhauer, die hier über Jahrhunderte den Sandstein für die Mühlen aus den Felsen herausgehauen haben. Der ehemalige Schuldirektor und Obmann des Perger Heimat- und Museumsvereins, Franz Moser, öffnet die eiserne Türe, die den Weg zu dem ehemaligen Steinbruch freigibt. Der Rohling eines herausgehauenen Mühlsteines und mehrere nur noch leicht angearbeitete Steine sind zu sehen.

30 Millionen Jahre alt

Moser beschreibt die weitere Verarbeitung: „Zur Feinbearbeitung wurden die Rohlinge zu den Steinmetzen gebracht. Diese formten saubere Flächen sowie die für die Zerkleinerung des Getreides erforderlichen Mahlbahnen." Als Laie fragt man sich: Was zeichnet den Perger Sandstein denn besonders aus? Moser weiß: „Es handelt sich um einen sehr harten, körnigen Sandstein, verkittet durch Kalkspat. Dieses Sedimentgestein ist in der Tertiärzeit vor etwa 30 Millionen Jahren entstanden und eignet sich hervorragend für Mühlsteine."

Privileg für das Handwerk

Wie wichtig diese Tradition war, zeigt, dass Kaiser Rudolf II. den Perger Mühlsteinbrechern im Jahr 1582 ihre Handwerksordnung in einer „Privilegium-Urkunde" bestätigen ließ. So verdankte der Markt Perg vor allem dieser Industrie seine Blütezeit. Jahrhundertelang wurden jährlich mehrere tausend Mühlsteine produziert und zum Großteil auf Donauschiffen weitertransportiert und in ganz Mitteleuropa vertrieben. Die Zunft der Perger Mühlsteinbrecher-Meister umfasste im 18. Jahrhundert zur Zeit von Maria Theresia 40 Bürger samt ihren Gehilfen. Dass diese wohlhabend waren, zeigt der Perger Spruch: „Die Mühlsteinbrecher können mit den Dukaten in der Tasche klimpern." Auch die 80 Mühlen an der den Ort durchfließenden, 60 Kilometer langen Naarn waren Kunden. Die „Privilegierte Mühlstein Handelskompanie" betrieb zudem zehn Lagerstätten an der Donau zwischen Linz und Fischamend. Erst im 19. Jahrhundert begann infolge technologischer Veränderungen und verbesserter Transportwege der Niedergang der Mühlsteinindustrie. Der letzte Mühlstein wurde 1930 in diesem Steinbruch gehauen. Neben der bereits seit 20 000 Jahren nachgewiesenen Verwendung von Mühlsteinen zum Mahlen von Getreide gab es ganz andere grausame Einsätze. So wurde der heilige Florian mit einem Mühlstein ertränkt. Nachweislich aber nicht mit einem aus Perg …

Unterirdisches Gangsystem

So denken wir voller Respekt an die großartige handwerkliche Leistung, die hier in früherer Zeit erbracht wurde und verlassen den in winterlicher Ruhe liegenden Ort. Wir gehen dem P4-Naturfreundeweg, den wir bereits vom Ortszentrum hierher gegangen sind, wieder zurück und zweigen bei der Markierung „Erdstall Radgöbluckn" ab. Ein wahrlich mystischer Ort erwartet uns: der größte Erdstall im Mühlviertel. Die Bezeichnung Erdstall ist etwas irreführend. Das unterirdische Höhlensystem wurde nicht in die Erde gegraben, sondern aus dem Sandstein herausgehauen. Auch haben diese Höhlen nichts mit einem Stall zu tun. Die Kombination aus „Erde" und „Stall" bedeutet vielmehr „Stelle" oder „Raum unter der Erde". Über 100 Meter folgen wir einem stark verzweigten Gangsystem, das wahrscheinlich um das Jahr 1000 angelegt und immer wieder

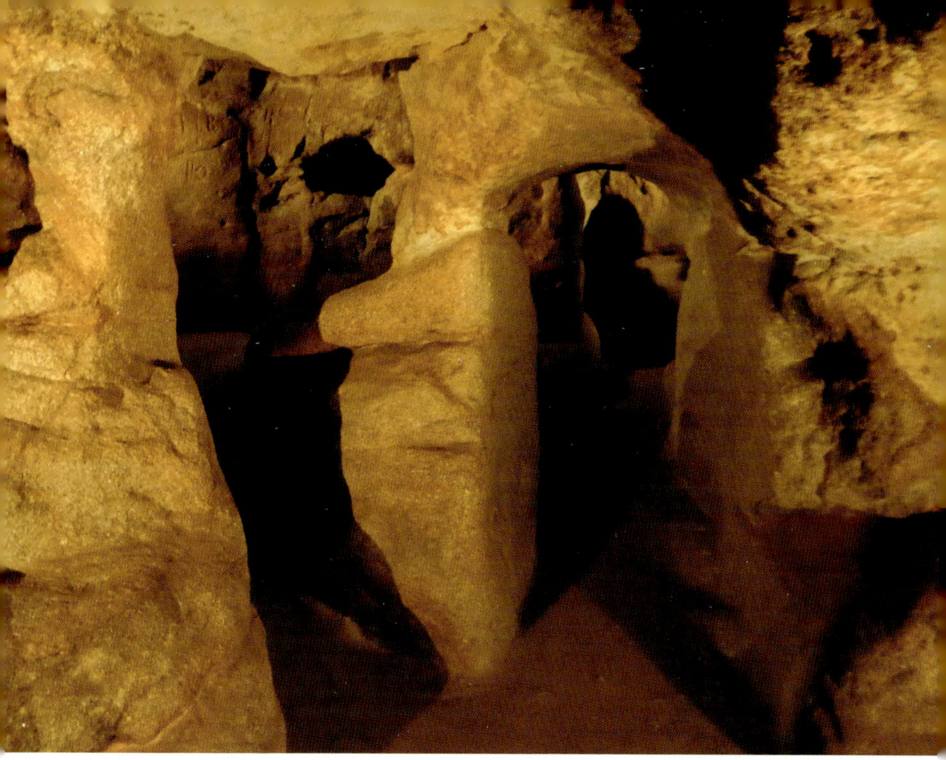

Der Erdstall, ein unterirdisches Höhlensystem.

erweitert wurde. Mehrere größere Kammern werden durchquert. Hier haben – so vermuten die Forscher – die Menschen aus der ganzen Region im Mittelalter Schutz gesucht. Bizarre Felsformationen erinnern an alte Märchenfilme. Die zur Winterszeit warm empfundene Temperatur von zehn Grad bleibt das ganze Jahr über konstant. Auch wenn es hier drinnen trocken und auch gut durchlüftet ist, freuen wir uns nach dem Rückweg wieder über das Tageslicht und genießen den Blick auf das Perger Stadtzentrum mit der markanten Wehrkirche.

Ausgangspunkt: Perg, Stadtplatz
Dauer: 1 Stunde, 3 Kilometer
Besichtigung mit Führung nach telefonischer Voranmeldung
unter Tel. 0650 5427786 oder 07262 52387
www.perg.at

24 Naarn

Der sieben Kilometer lange Aulehrpfad entführt in die Welt des Wassers und seiner Gewächse

Es ist schon ein außergewöhnliches Gefühl, wie der biblische Jonas im Bauch eines Riesenfisches zu wandeln. Das und noch andere besondere Erlebnisse lassen sich auf dem Aulehrpfad in Naarn im Bezirk Perg erleben. Ein Fisch, das Wappentier der Gemeinde, dient als Wegweiser des rund sieben Kilometer langen Rundweges, der 2016 neu gestaltet wurde.

Vom zentralen Marktplatz geht es durch die Pfarrgasse zur ersten Station, einem imposanten Insektenhotel. Auf einer malerischen Brücke wird der Aist-Mühlbach überquert. Es riecht nach Wasser und Frühling. Der Duft von frischem Bärlauch begleitet uns auch entlang der malerischen Brandl-Lacke. Immer wieder informieren Schautafeln über die Besonderheiten der Region Machland, zu Themen wie Fischerei, Jagd oder Tierwelt. Durch die weitläufige Aulandschaft geht es in Richtung Donau. Der neu errichtete hölzerne Aussichtsturm bietet ein prächtiges Panorama auf Machland, Donau und die Voralpen. Beim Blick durch ein dort angebrachtes Fernrohr erfahren wir, dass die Donau durch mehr Länder fließt als alle anderen Flüsse auf der Welt – es sind zehn. Besonders beeindruckt aber der Blick hinunter auf die Fischtreppe, eine der größten in Europa. Das in weiten Mäandern sanft ansteigend angelegte Bachbett ermöglicht es den Wasserlebewesen, den Donaudamm zu überwinden und in den Fluss zu gelangen. Dann wird es höchste Zeit, den Riesenfisch „Doni" zu besuchen. Zwölf Meter lang und drei Tonnen schwer ist die Metallkonstruktion, ein Wahrzeichen des Aulehrpfades. In diesem Fischbauch hat man jedenfalls viel mehr Platz als der bedauernswerte biblische Jonas einst im Walfisch. Und man steigt auch leicht wieder heraus, um den Rundweg fortzusetzen. Auf

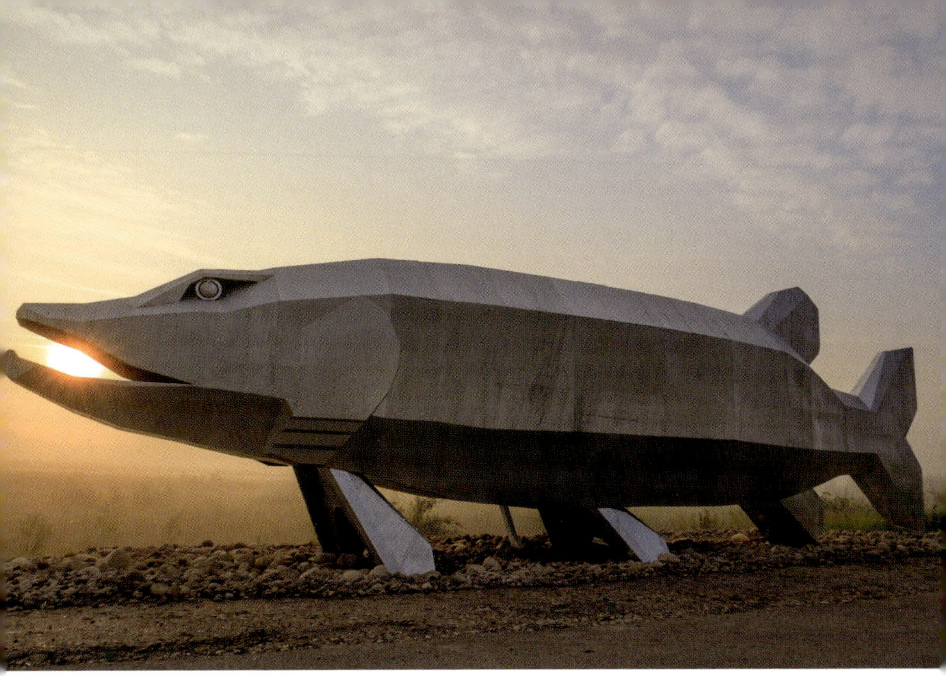

Das Wahrzeichen des Aulehrpfades, der Riesenfisch „Doni".

dem breiten Damm geht es nach Au an der Donau. Die Schiffer- und Flößerkapelle erinnert an die Verbundenheit des Ortes mit dem Wasser. Zu Zeiten der Monarchie war hier der größte Holzumschlagplatz des Riesenreiches. Heute wecken Yachthafen und naher Campingplatz Hoffnung auf den nächsten Sommer. Dem Fisch-Wegweiser folgend wird schließlich eine weitere Station, der Kraftplatz, erreicht, eine mächtige Linde aus dem 16. Jahrhundert. Wie ein wahrer Ruhepol breitet sie ihre weiten Arme aus. Laut Experten kann der Baum bis zu 1000 Jahre alt werden. So wünschen wir ihr ein langes Leben und stärken unser eigenes – wieder zurück am Ausgangspunkt – bei einem zünftigen Mahl im Gasthof zur Post.

Ausgangspunkt: Naarn, Gemeindeamt
Dauer: 2 Stunden, 7 Kilometer
www.aulehrpfad.at

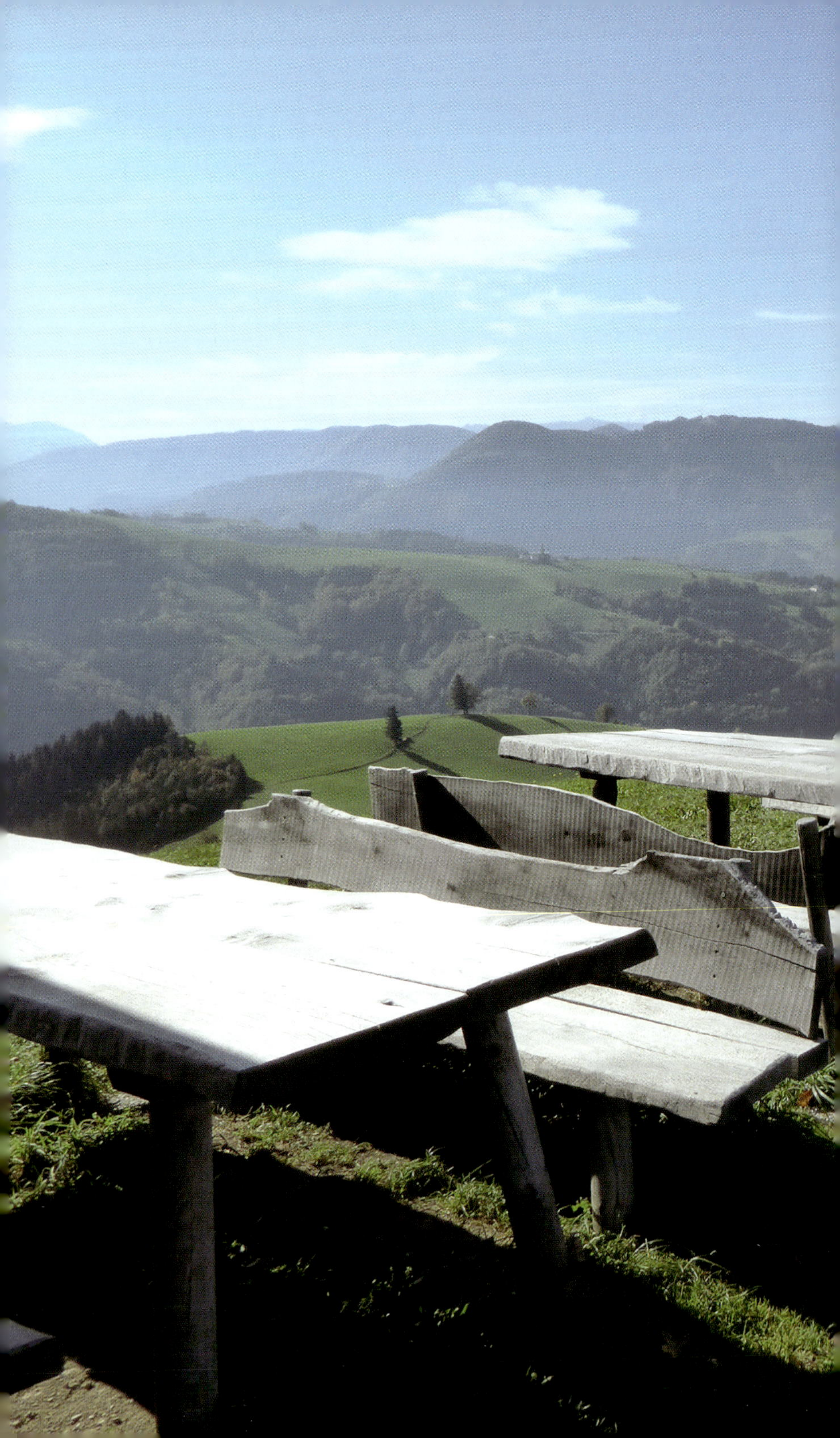

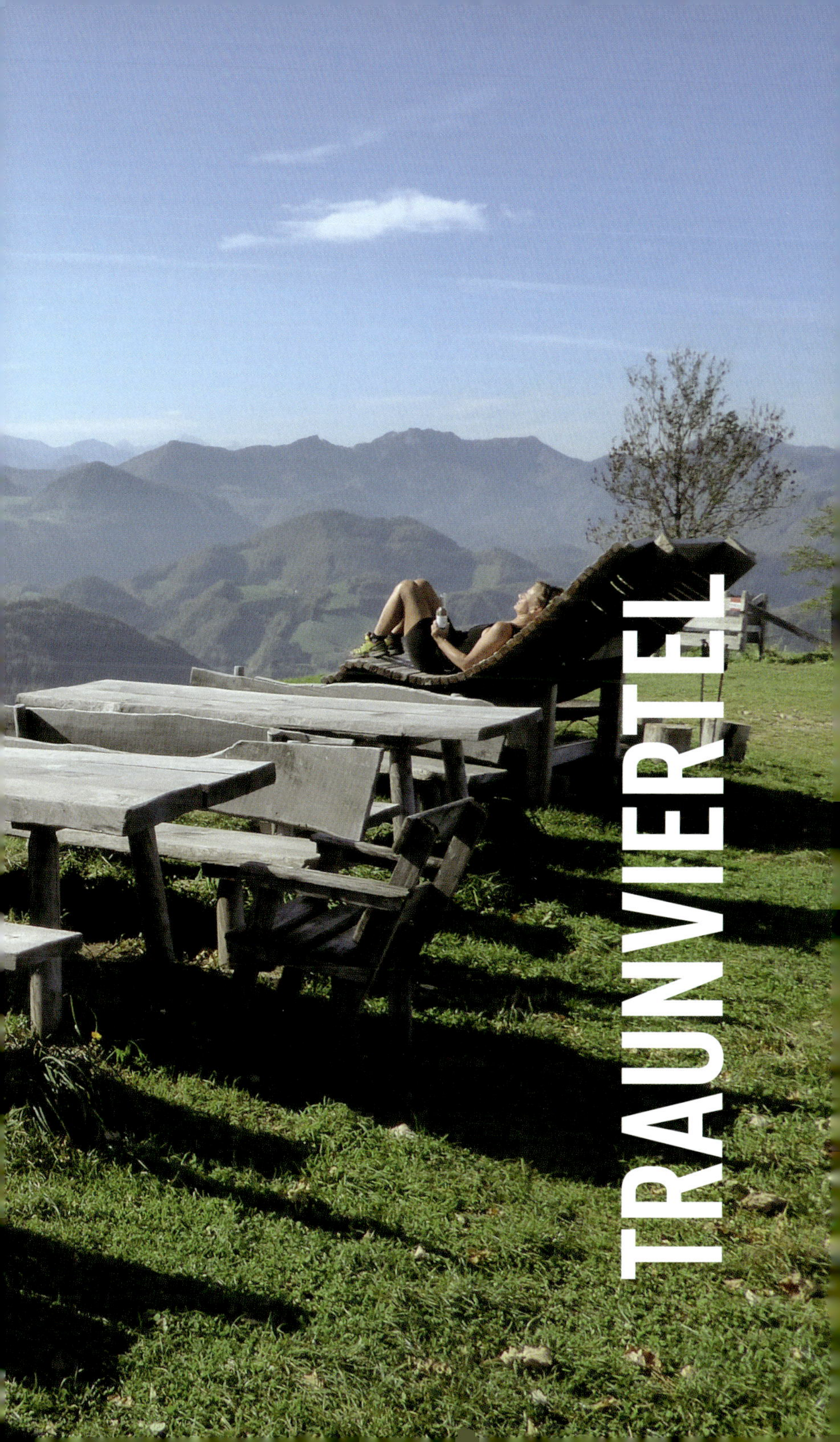

TRAUNVIERTEL

Mittelalterliche Fresken machen den Besuch der Filialkirche Stadlkirchen zu einem einmaligen Erlebnis

Vor dreißig Jahren wäre ein Besuch in Dietach noch ganz anders verlaufen. Da begannen engagierte Kunstfreunde gerade erst, die mittelalterlichen Fresken in der Filialkirche Stadlkirchen freizulegen. Heute ist diese besondere kulturgeschichtliche Sehenswürdigkeit in ihrer ganzen Schönheit sichtbar. Die Lokalhistorikerin Heike Kuttner wohnt gleich neben der Kirche und ist über die an der Kirchentür angebrachte Telefonnummer erreichbar. Sie bewahrt den Schlüssel zur Kirche und erläutert die bunte Bilderlandschaft aus mehreren Jahrhunderten: „Die Schutzmantelmadonna zählt zu den besterhaltenen Wandmalereien aus der Mitte des 14. Jahrhunderts in Oberösterreich. Sie breitet ihren Hermelinmantel über eine große Schar von Menschen aus. Daneben steigt Margarete unversehrt aus dem Bauch eines Drachens. Alles persönliche Auftragswerke von Mitgliedern des Geschlechts der Stadler, auf die der Name des Ortes zurückgeht.

Nach der Zerstörung durch die Türken im 16. Jahrhundert kam ein weiterer Ausbau der Kirche im Renaissancestil und später der Neugotik dazu. Einmalige Kunst auf kleinstem Raum. Ein letzter Blick fällt noch auf die Reste des ehemaligen Schlosses von Stadlkirchen. „Bereits im Mittelalter gab es hier fließendes Wasser in Küche, Bad und in den Stallungen“, weiß Kuttner. Das Wasserschloss wurde zur Gänze abgetragen und der umgebende Teich zugeschüttet. Erhalten sind die Schlosskirche, der Meierhof und Teile der ehemaligen Taverne, in welcher sich heute eine Gaststätte befindet.

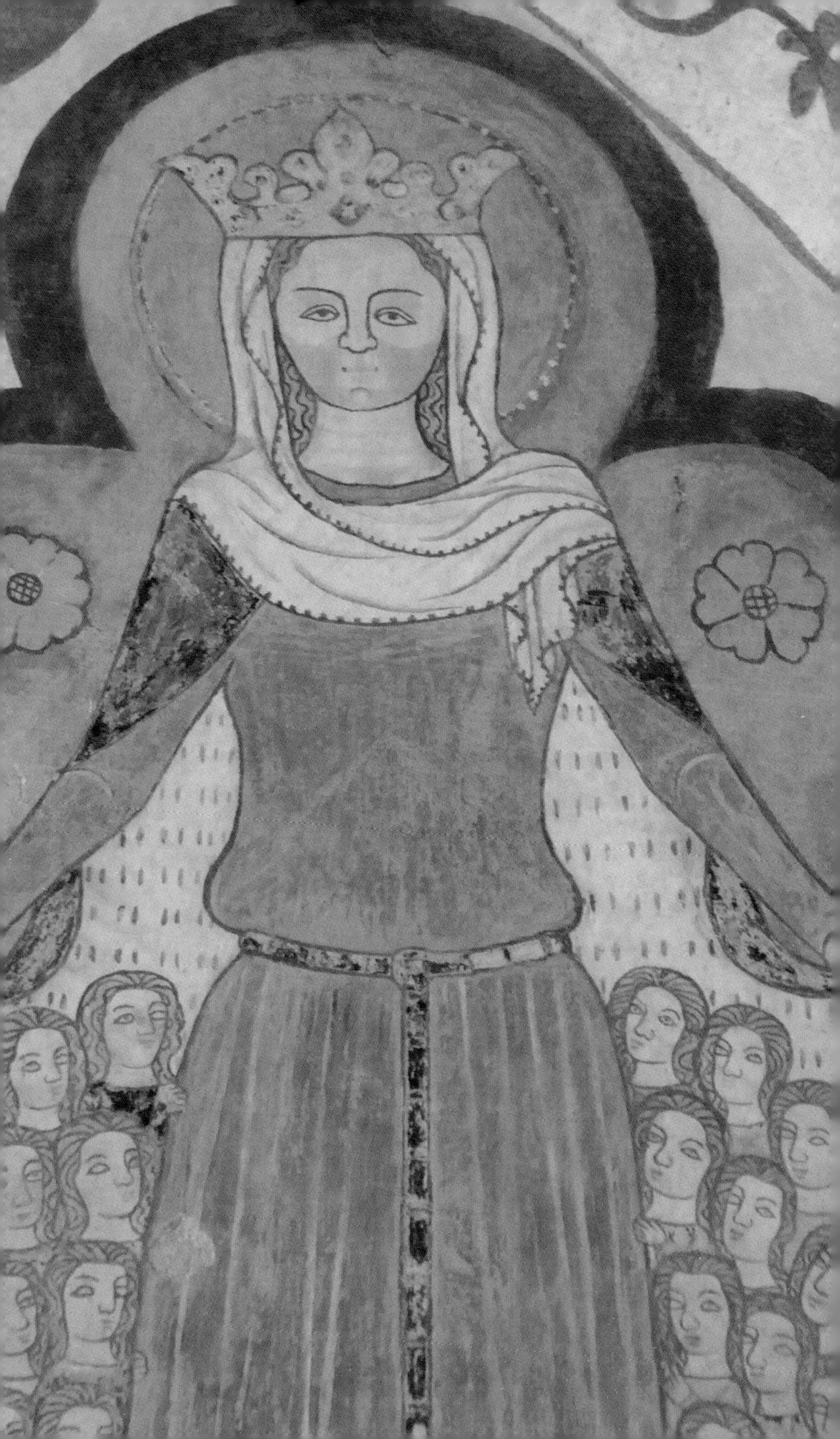

Dann wenden wir uns Richtung Osten zur Ortschaft Aigen und treffen nach 15 Gehminuten beim Aigener Kreuz auf den Johann Gerstmayr-Rundweg. Dieser ist benannt nach dem ersten Bürgermeister der nach dem Zweiten Weltkrieg gegründeten Gemeinde. Wir folgen der Markierung durch weitläufige winterliche Felder und durchqueren den Panholz-Wald. Im Weiler Thann angekommen, bietet sich beim gleichnamigen Wirt eine Rast an. Beschaulich führt dann der alte Thannerweg vorbei an Kapellen und Wegkreuzen in südlicher Richtung. Bei schönem Wetter öffnet sich ein herrlicher Panoramablick in die Voralpen. Über den Pfarrberg geht es schließlich fünfzig Höhenmeter hinunter in das Ortszentrum von Dietach. Bürgermeister Johannes Kampenhuber kennt die lange Geschichte des Ortes: „Bereits im Jahr 777 wurde der Name als ‚Todicha' in den Stifterbriefen des Klosters Kremsmünster urkundlich erwähnt." Munter tummeln sich die Forellen im eisigen Pfarrteich – unbeeindruckt vom nahen, 36 Meter hohen gotischen Kirchturm. Wir folgen dem Rundweg und passieren ein bereits 1660 als „Häusl bei der Kirche" urkundlich erwähntes Gebäude. Bald wird wieder ein Wiesenweg erreicht, der sanft ansteigend auf den Ortsteil Heuberg und beim Aigner Kreuz wieder zum Ausgangspunkt führt. Reiche Geschichte und dynamische Gegenwart haben sich bei dieser Zweistunden-Wanderung trefflich verbunden.

Ausgangspunkt: Stadlkirchen, Kirche
Dauer: 2 Stunden (mit Besichtigung), 5,5 Kilometer
www.dietach.at

Das Steyrer Kripperl war sozusagen der YouTube-Kanal des 14. Jahrhunderts

Gut angeschnallt in einem stabilen Sitz geht es auf Schienen über drei Etagen bis in das Dachgeschoß des historischen Bürgerspitals von Steyr, Sitz des ersten österreichischen Weihnachtsmuseums. Mitarbeiter Peter Breslmayr hat den Startknopf gedrückt und erzählt: „Die Bahn diente früher als Geisterbahn in Italien und wurde vor 20 Jahren hier in Steyr installiert und technisch verfeinert. Jeder einzelne der fünf Sessel ist mit einem eigenen Elektromotor angetrieben. Das ist einmalig in Österreich." Sein Kollege Helmut Muhr erklärt die geschichtlichen Hintergründe: „Das Bürgerspital war im Mittelalter das Alters- und Pflegeheim von Steyr und eine wichtige Versorgungsstation für Bedürftige." Wir gleiten mit der Bahn vorbei an 28 Wohnungen der damaligen Bewohner. Nach einer gemütlichen Runde durch das Erdgeschoß mit von Puppen dargestellten Weihnachtstraditionen aus Österreich saust die Bahn im sportlichen Tempo in den ersten Stock, wo internationale Weihnachtsbräuche dargestellt sind. Hier sieht man, wie beispielsweise in China Weihnachten gefeiert wird. Schließlich geht es durch den Sternenhimmel hinauf in die Engelswerkstatt im Dachgeschoß. Dort wird eifrig gesungen, getanzt, gebacken und Weihnachtspakete werden geschnürt. Reizend, wie die unzähligen putzigen Engerl beschäftigt sind. Als Besucher wird man geradezu animiert, sich aktiver an der Festvorbereitung zu beteiligen.

Dann geht es weiter zu einer weiteren Kuriosität des Hauses, einer Sammlung von unglaublichen 14 000 Stück Weihnachtsschmuck. Die gebürtige Steyrerin Elfriede Kreuzberger hat die Schätze zusammengetragen, dies bereits in vierter Generation. So kann man sehen, dass der Christbaum zu Beginn

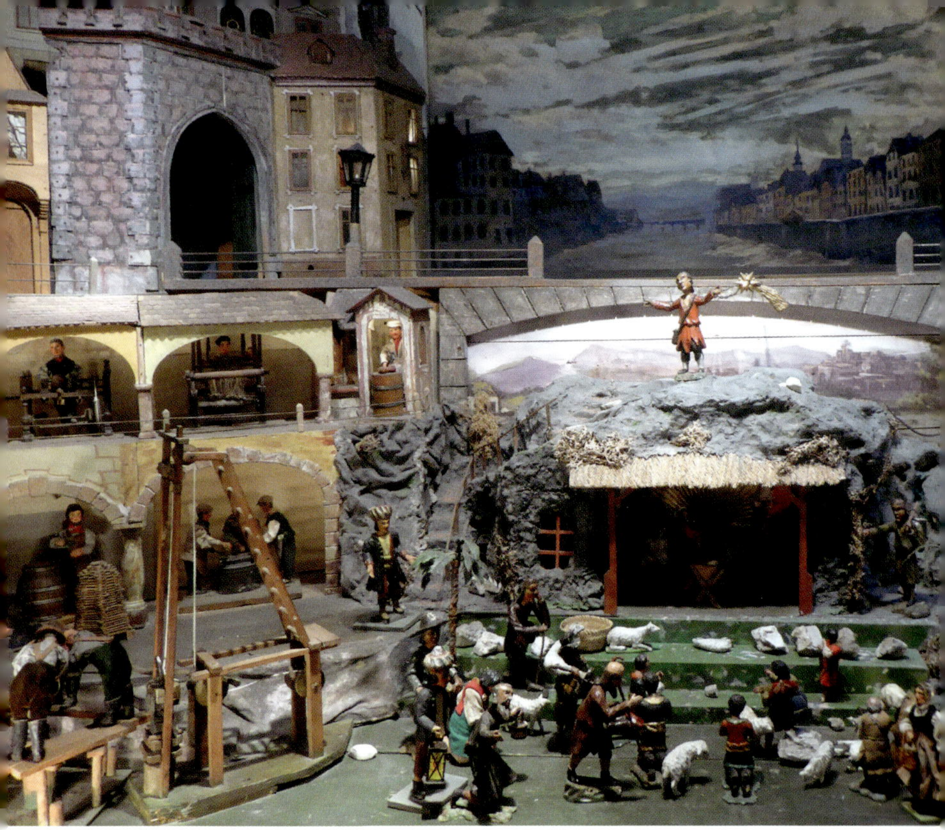

450 Figuren beleben das Steyrer Kripperl.

des 19. Jahrhunderts nicht am Boden stand, sondern an einem kräftigen Haken vom Plafond baumelte. Neben allen nur denkbaren Varianten an Glas-, Gold- und Silberkugeln schockieren die zur Zeit des Deutschen Kaisers Wilhelm II. gebräuchlichen Nachbildungen von Bomben als Christbaumschmuck.

In Begleitung des Obmanns des Heimatpflege-Vereins Steyr, Wolfgang Hack, verlassen wir den geschichtsträchtigen Ort, überqueren die Brücke über die Steyr und erreichen am Stadtplatz die Schaudruckerei Greis. Wenige wissen noch, dass der Buchhändler Joseph Greis im Jahr 1827 in Steyr erstmals das Lied „Stille Nacht" gedruckt hat. Mit der historischen Handhebelpresse wird vor dem staunenden Publikum eine professionell gedruckte Replik des Erstdrucks aus der Maschine gezaubert.

Beeindruckend, den in alten Lettern geschriebenen Text auf dem speziell gefertigten, handgeschöpften Papier in Händen zu halten.

Steyrer Kripperl

Mit Wolfgang Hack über den Stadtplatz zu schlendern, ist ein Vergnügen. Er stammt aus einer Familie, die seit 600 Jahren hier beheimatet ist und kennt jeden Winkel und so manche Geschichte „hinter den Haustüren". So richtig spannend wird es daher hinter der Tür des „Innerberger Stadels". In dem imposanten Haus am Grünmarkt wurden im Mittelalter die Lebensmittel für die Versorgung der Arbeiter am steirischen Erzberg gelagert. Heute ist hier das „Steyrer Kripperl" beheimatet. Wir betreten den mit prächtigem Stuck verzierten Vorraum. Hack öffnet den Vorhang des historischen Theaters, das seit 100 Jahren hier bespielt wird. 450 aus Holz geschnitzte Figuren werden von sechs bis acht Puppenspielern für religiöse und lustige, lose aneinandergereihte Volksszenen eingesetzt. „Sozusagen der YouTube-Kanal des Mittelalters. Die eigentliche Geburtsszene des Kripperls stammt von den Vorläufern der geistlichen Weihnachtspiele des 14. Jahrhunderts. Es bildet allerdings nur einen kleinen Teil des Programms, dessen Thematik sich von Joseph in Ägypten oder König David über Wildbretschützen, Bergknappen bis hin zum sogenannten Bäckernazl erstreckt. Als eines der letzten bespielten Stabpuppentheater im deutschen Sprachraum wurde es 2018 von der UNESO zum Immateriellen Kulturerbe ernannt.

Ausgangspunkt: Steyr, Bürgerspital, Michaelerplatz 1
Dauer: 2 Stunden (inkl. Weihnachtsbahn)
www.steyr.at; www.christbaumschmuck.expert

27 Garsten

Der Barockmaler „Kremser Schmidt" hat die berühmten Fastentücher mit Motiven aus der Leidensgeschichte Jesu gestaltet

Warum ist Garsten gerade in den Wochen vor Ostern einen Besuch wert? Natürlich hat es mit der prunkvollen Stiftskirche zu tun, einem Juwel des Hochbarock. Eingebettet ist sie in das Ensemble der bereits vor über 1 000 Jahren errichteten Benediktinerabtei. Heute kaum vorstellbar: Von hier aus wurde der gesamte Bereich des Ennstals bis Weyer und des Steyrtals bis Molln kultiviert und christianisiert. Durch Josef II. wurde das Kloster 1787 aufgelöst, heute dient es als Gefängnis für Straftäter, die langjährige Haftstrafen zu verbüßen haben.

Beim Eintritt in die im 17. Jahrhundert von der Baumeisterfamilie Carlone errichtete Stiftskirche beeindruckt eine Besonderheit, die es nur wenige Wochen im Jahr zu sehen gibt: Ein Teil der barocken Pracht ist mit sogenannten Fastenbehängen bedeckt. Pfarrassistent Stefan Grandy erklärt: „Fastentücher entstanden um das Jahr 1000 und dienten im Mittelalter zur Verhüllung des gesamten Altarraumes." Der strahlende Glanz von Altar, Kreuzen, Reliquienschreinen und Bildern sollte in der ernsten Fastenzeit nicht zu sehen sein. Es war also auch ein Fasten für die Augen. In manchen Gegenden Europas wurden solche Tücher auch als „Hungertuch" bezeichnet. Der Begriff „am Hungertuch nagen" erinnert noch daran. Später steht der belehrende Aspekt im Vordergrund. Die Bilder sollten der Bevölkerung, die im Mittelalter bis auf wenige Ausnahmen nicht lesen konnte, die Heilsgeschichte Jesu erzählen. Die Fastentücher in Garsten zeigen Bilder von einer besonderen künstlerischen Qualität. Kein Geringerer als Johann Martin Schmidt (1718–1801), auch „Kremser Schmidt" genannt, hat sie mit Motiven aus der Leidensgeschichte Jesu

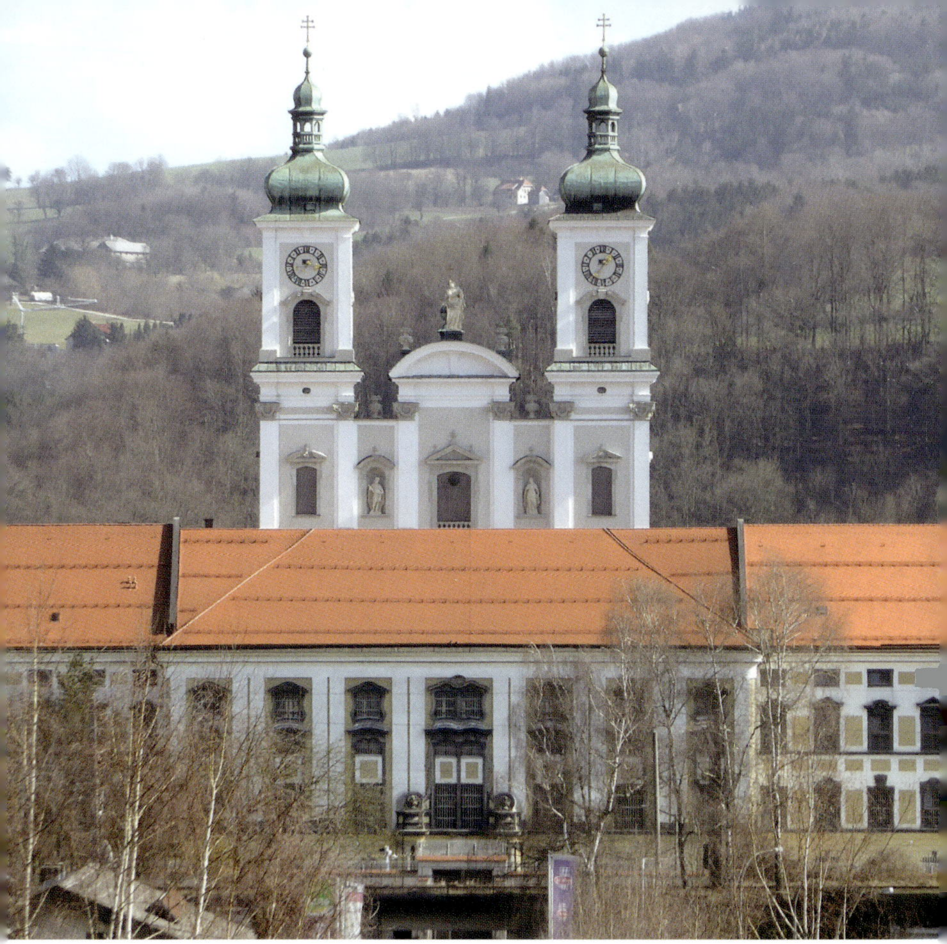

Das ehemalige Kloster Garsten ist heute ein Gefängnis.

gestaltet. In dunklen Farben gehalten regen sie zu einer meditativen Betrachtung und zum Innehalten an.

Vom „Hungertuch“ zum Teufelsbach

Nach so viel „himmlischer“ Bereicherung lädt der Teufelsbach zu einer Wanderung ein – ein Gewässer, das seinem Namen so gar nicht gerecht wird. Das idyllische Bächlein liegt am gut markierten Steininger-Rundwanderweg, der bei der Klosterstraße startet. Der Weg führt den Friedhof entlang und leitet den Friedhofsberg hinauf. Nach rund einem Kilometer hat man

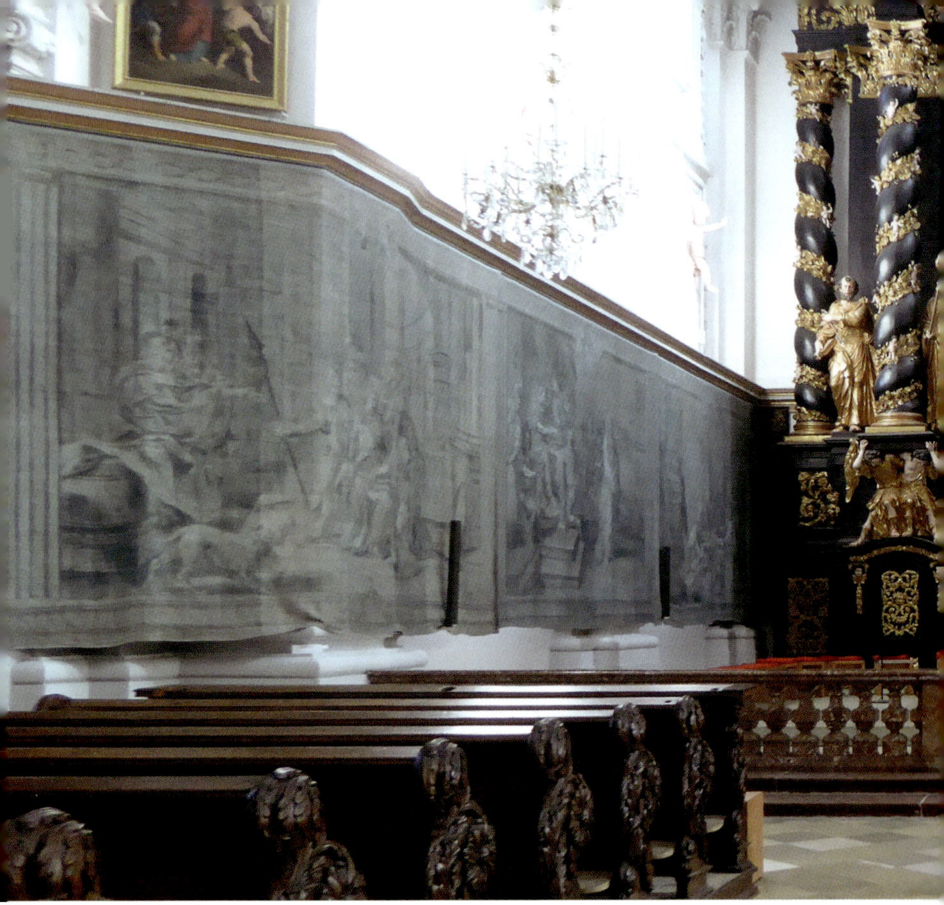

den Teufelsbach erreicht. Lieblich schlängelt er sich durch die Landschaft. Begleitet wird er von größeren Ansammlungen von Frühlingknotenblumen, Gänseblümchen, Buschwindröschen, den ersten zartgrünen Bärlauch-Blättern und den gelben Köpfen des Huflattichs. Wie sagte schon der Dichter Adalbert Stifter: „Das Beste steht nicht immer in den Büchern, sondern in der Natur.“ Es geht über mehrere Holzbrücken, bis man schließlich den Garstener Teich erreicht. Der frühere Fisch-Spender für die Garstener Klostergemeinschaft wird derzeit privat genutzt. In dieser Idylle möchte man gerne ein Fisch sein. Der Rückweg führt über die Ortschaft Herrenweide. Von einem vor Kurzem

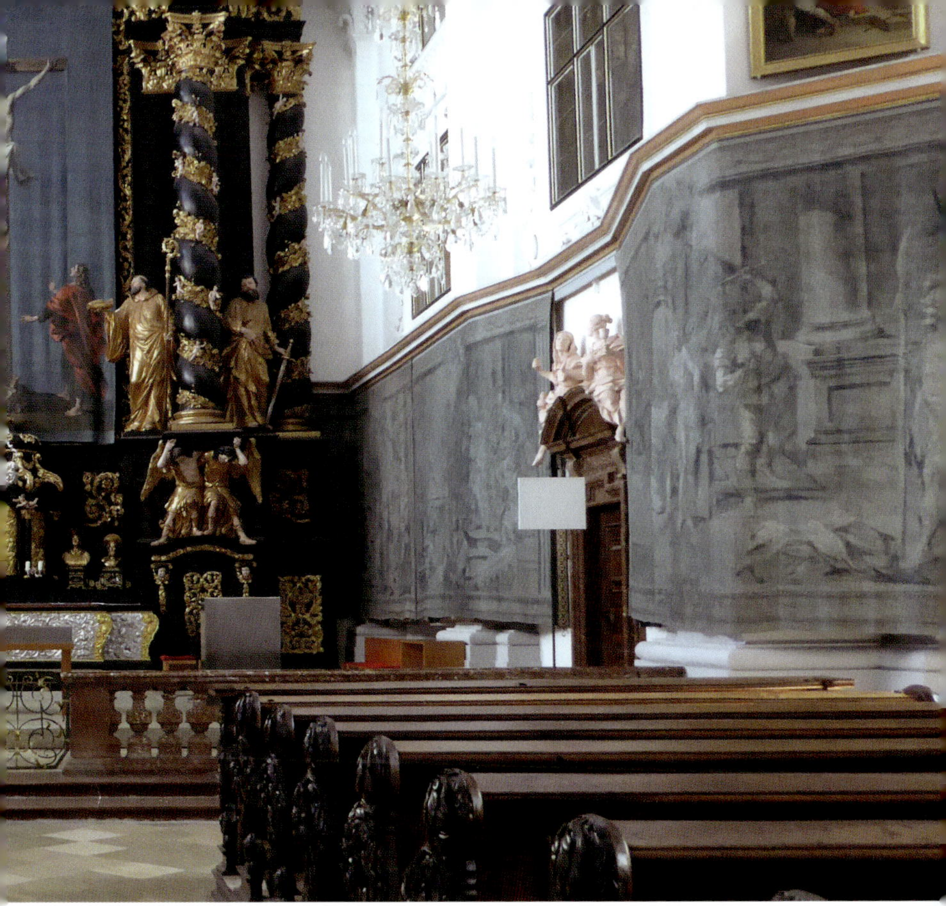

Die Fastentücher stammen vom Barockmaler „Kremser Schmidt".

geschlägerten Waldstück strömt frischer Holzduft in die Nase. Das folgende Straßenstück wird vorbildlich mit einem Krötenzaun abgegrenzt. Schließlich mündet der Weg wieder in den Teufelsbach und führt zum Ausgangspunkt zurück. Vielleicht täuschen die Sinne, aber man hat das Gefühl, dass die Vegetation in den vergangenen Stunden wieder etwas grüner geworden ist.

Ausgangspunkt für Wanderung: Stiftskirche, Klosterstraße
Dauer: 2,5 Stunden mit Besichtigung, 5,6 Kilometer
www.garsten.at

Bereits vor 5 000 Jahren siedelten im Ennstal Ackerbauern, Fischer und Jäger – auf den Spuren der Steinzeitmenschen

Gemächlich nähern wir uns vom Ennstal kommend dem stillen Bergort Laussa im Bezirk Steyr-Land. Schon vor 5 000 Jahren siedelten hier Menschen als Ackerbauern, Fischer und Jäger. Im Gemeindeamt sieht man die Fundstücke, die man im uralten Kulturboden entdeckt hat: Steinbeile, bearbeitete Geweihstücke und verzierte Keramik können wir hier bestaunen. Da Metall noch nicht bekannt war, fertigte der Mensch aus Stein und Knochen Werkzeuge und Waffen und formte Töpfe aus Ton. Einer der Fundorte, die Rebensteiner Mauer, liegt an einem idyllischen Wanderweg und kann besichtigt werden. Bürgermeister Josef Gsöllpointner kennt die Besonderheit dieses Platzes: „Es handelt sich um Rauhwackefelsen, die bis zu 60 Meter hoch sind und eine Länge von rund einem Kilometer aufweisen. Sie erheben sich klippenartig aus der die Umgebung prägenden Flyschzone. In den Höhlen dieser Felsen siedelten die Steinzeitmenschen."

Vom Stodergraben zur Rebensteiner Mauer

So begeben wir uns durch den westlich des Ortes gelegenen Stodergraben auf den Sonnberg zum Parkplatz Wolfsgruber Au. Was nun folgt, ist eine regelrechte Genusswanderung. Der mit Gras bewachsene Höhenrücken mit der Markierung „Europäischer Weitwanderweg E4" bietet mit seinen 800 Metern Höhe permanenten Ausblick in die Umgebung: Zur Rechten auf die bewaldeten Hügel von Schwarzberg und Damberg, zur Linken auf das Tote Gebirge bis zum Traunstein. Tief unten im Tal blitzt die Kirche von Laussa herauf, fast etwas verloren zwischen so vielen steil aufragenden Felsgebirgen.

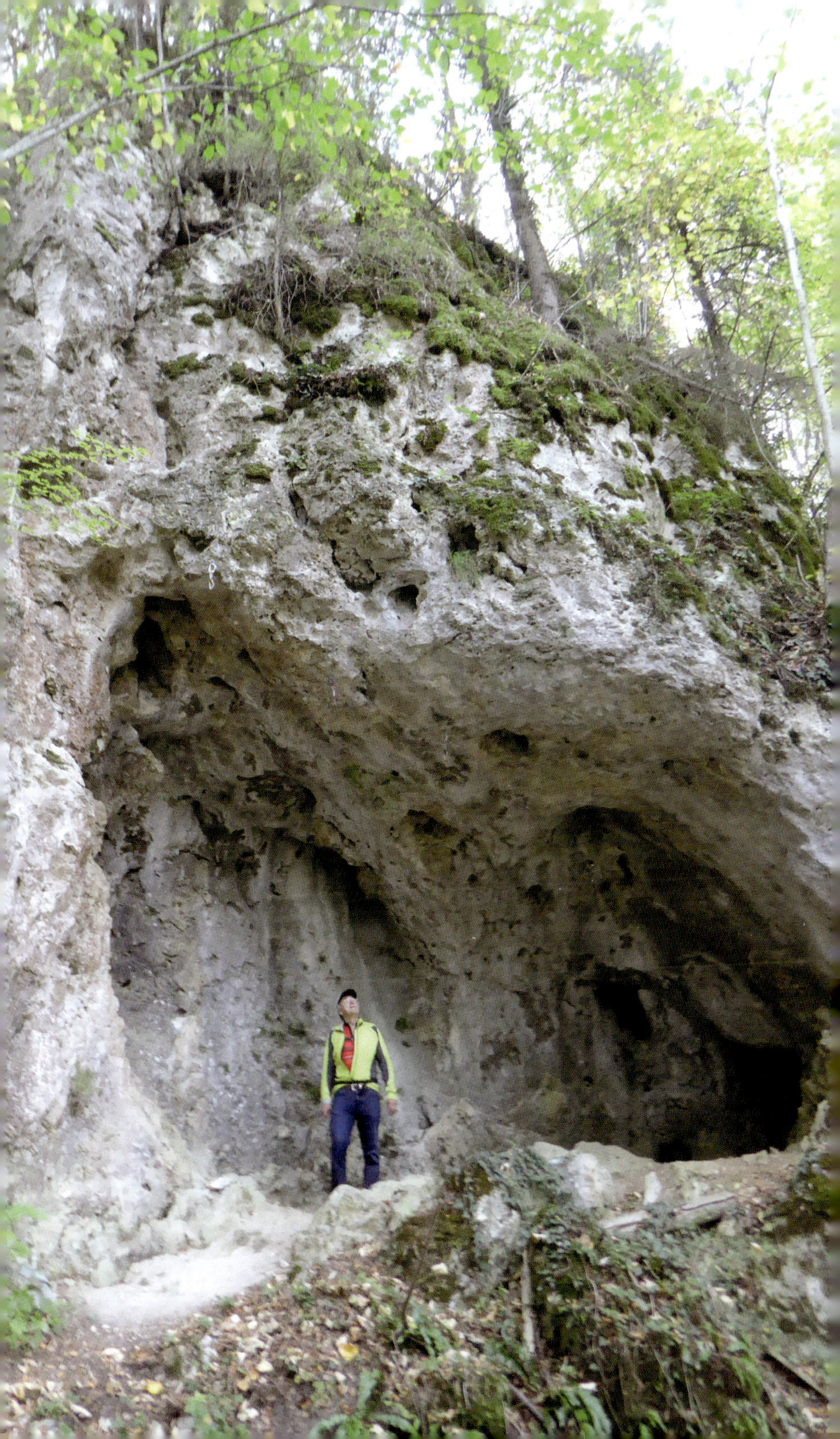

So kann man gut nachvollziehen, dass sich der Ortsname vom mittelhochdeutschen Wort „Luze“ ableitet, das „Versteck“ bedeutet. In früherer Zeit konnte man hier wohl gut untertauchen.
Der „Höhwärts“-Bauer Hermann Ahrer mäht neben dem Weg die vier Hektar große Wiese am Gipfel des Sonnbergs. Nur fünf Stunden später wird das Gras zu Siloballen gepresst werden, um die 30 Stück Vieh seines Biohofs zu verpflegen. Er ist äußerst zufrieden über sein Leben als Landwirt: „Nicht um viel Geld würde ich einen anderen Beruf ergreifen. Ich habe hier inmitten dieser schönen und intakten Landschaft ein erfülltes Leben.“ Es tut gut, solche Zufriedenheit zu spüren.
Dann lädt die Losbichler Hütte zu einer Rast ein. Sie hat wohl den schönsten Platz, den man sich vorstellen kann. Auf der sanften Wiesenkuppe gelegen, bietet sie einen fantastischen Rundumblick. Mit einem gespritzten Birnenmost aus dem Selbstbedienungsautomaten lässt es sich herrlich auf der Liegebank entspannen.
Schließlich erreichen wir die Rebensteiner Mauer. In der Höhle des riesigen Felsens entdecken wir keine Spuren von Steinzeitmenschen, wohl aber verraten Kletterhaken die heutige Nutzung. Aus der Höhle heraus in die senkrechte Wand eine Kletterroute zu finden, das überlassen wir lieber den Profis und setzen den Weg in Richtung Schönleitner-Höhe fort. Das mystische Platzerl mit Gipfelkreuz und Liegebank nutzen wir für eine Rast, ehe wir die letzten Meter zum Berggasthof Pranzl-Kleinschönleiten absteigen. Wirtin Karin stärkt uns mit einem Cordon Bleu und organisiert auch den Rücktransport zum Ausgangspunkt unserer Wanderung.

Ausgangspunkt: Laussa, Parkplatz Wolfsgruber Au
Dauer: 3 Stunden, 9 Kilometer, 130 Höhenmeter im Aufstieg
www.laussa.at; www.gasthaus-kleinschoenleiten.at
taxi-kaltenberger@aon.at, Tel. 0664 316 80 01

Von der früheren Grenze zwischen der amerikanischen und russischen Besatzungszone geht es auf dem Mariazeller Weg zum Freithofberg

Wer nach Maria Neustift entlang des Ramingbaches von Steyr kommend anreist, fühlt sich bei der Ankunft an alte Heimatfilme erinnert. Rund um die steinerne Wallfahrtskirche von Maria Neustift gruppieren sich ein paar Häuser, mehrere Gasthöfe und eine historisch anmutende Gemischtwarenhandlung. Pure Idylle, wie es scheint. Der örtliche Amtsleiter Ferdinand Henöckl erinnert an ganz andere Zeiten: „Nach dem Zweiten Weltkrieg verlief die Grenze zwischen der amerikanischen und russischen Zone durch den Ort. Mein Großvater wurde von den Russen als Bürgermeister eingesetzt. Daneben gab es auch einen Bürgermeister der Amerikaner." Schließlich haben sich die Russen hinter den Ramingbach zurückgezogen, der auch heute noch die Grenze zu Niederösterreich bildet.

Heute herrscht im landwirtschaftlich geprägten Ort eine friedliche Atmosphäre. Die auf der Anhöhe zwischen dem Ramingtal und dem Ennstal gelegene Nationalpark-Gemeinde lädt zum Verweilen ein und wirbt mit den Worten: „Wer hier ankommt, taucht ein in eine Welt, die Kraft gibt. Kraft für den Körper, Kraft für die Seele." Spirituelle Ermunterungen gibt es jedenfalls in Fülle. 120 Bildstöcke sind über das Ortsgebiet verteilt. Alle paar Meter befindet sich ein Marterl oder eine Kapelle. Diese religiöse Tradition soll in Zukunft noch ausgebaut werden. „Wir wollen ein Wallfahrts-Dreieck zwischen Maria Neustift, Maria Taferl und Mariazell errichten", erläutert Henöckl.

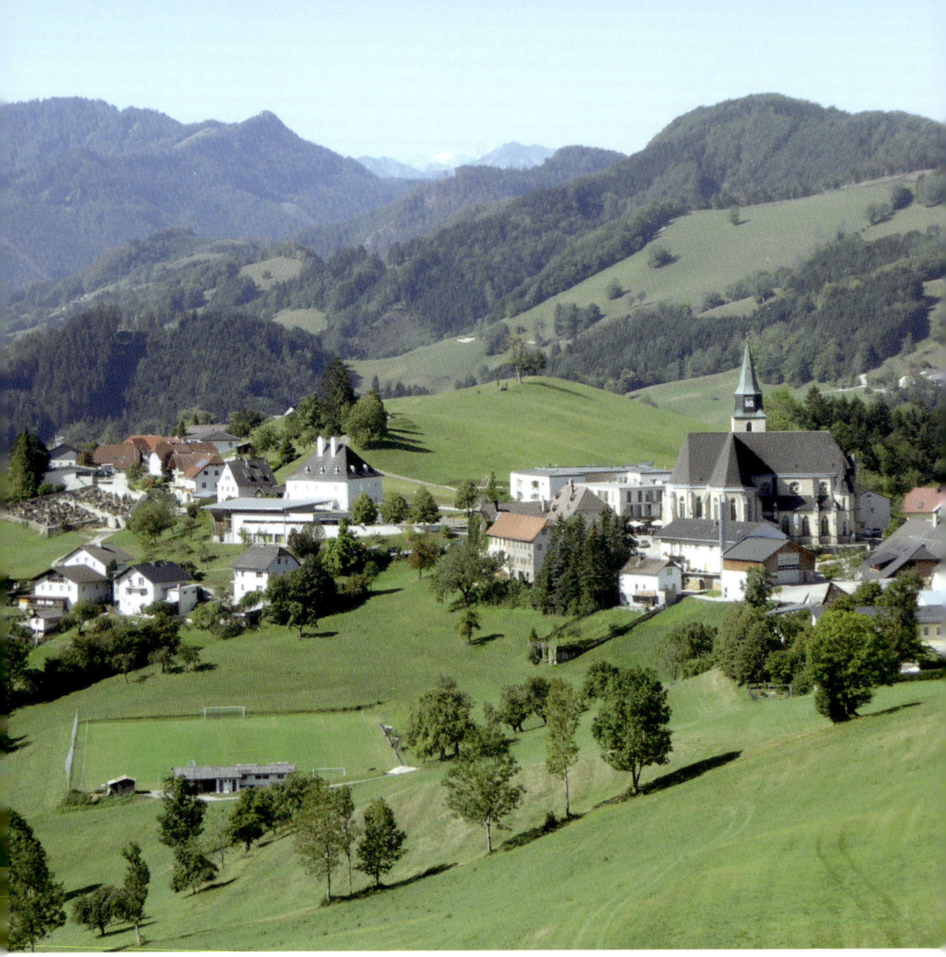

Blick auf Maria Neustift.

Kampf der Ritter in der Bilderbuchidylle

Also begeben wir uns hinein in die Bilderbuchlandschaft. Aus dem breiten Angebot wählen wir den Weg E 31a aus, den Panoramaweg Freithofberg. Er führt uns zunächst entlang des Mariazeller Wegs an mehreren Bauernhöfen vorbei. Beim Blick in die vielfältig gegliederte Landschaft eröffnet sich ein Farbenspiel aus Grüntönen. Dominiert wird es vom hellen Farbton der Wiesen. Dazwischen dunkle Tupfen, die Baumreihen und Wälder anzeigen. Aufgrund der Höhenlage gibt es keine Getreidefelder, dafür zahlreiche Rinder, die weiden. Der Blick geht von den schützenden, bis auf 1 100 Meter ansteigenden Bergen zum langgestreckten Sengsengebirgs-Massiv. Dahinter leuchten – schon schneebedeckt – Warscheneck und Großer Priel.

Schließlich wird die Hochfläche des Freithofberges auf 895 Metern erreicht. Ein großzügiger Holztisch neben zwei „Lederhosen-Blumenträgern" vor einer idyllischen Almhütte lädt uns ein, Platz zu nehmen. Almwirtin Gitti serviert eine köstliche Almjause, alles aus eigener Produktion, inklusive Brot und würziger Wurst. Sie kennt die Besonderheit dieses Ortes: „Ursprünglich war hier eine heidnische Kult- und Begräbnisstätte. Die Sage berichtet, dass im Mittelalter ein Kampf zwischen zwei Rittern stattgefunden hat. Als Ritter Oswald zu unterliegen drohte, rettete ihn und seine Kämpfer ein plötzlich auftauchender Nebel, der es ihnen ermöglichte, zu entkommen. Zum Dank für diese Rettung wollte Oswald eine Kirche auf dem Freithofberg errichten. Scharen von Raben trugen allerdings die Späne des gefällten Holzes von der Baustelle an einen anderen Platz weiter hinunter ins heutige Maria Neustift. Obwohl es Sommer war, waren die Späne mit lichtem weißem Schnee bedeckt. Man sah darin ein Zeichen des Himmels und errichtete dort schließlich die Kirche." Treffenderweise nannte man sie „Maria Schnee zu Neustift". Zeitweilig soll es der bedeutendste Marienwallfahrtsort im Land ob der Enns gewesen sein. Zum Abschied vom Freithofberg serviert uns Gitti noch eine besondere Delikatesse, einen hauseigenen Heuschnaps. Frisch gestärkt verlassen wir diesen idyllischen Ort, der Bodenständigkeit und Naturnähe ausstrahlt.

Ausgangspunkt: Maria Neustift, Freithofberg
Dauer: 3 Stunden, 10 Kilometer, 350 Höhenmeter
www.maria-neustift.at

Was taten Frauen im Mittelalter, wenn sie einen guten Mann suchten? Eine Wallfahrt zum „Manderbeten" auf den Heiligenstein bei Gaflenz half da immer

Eine Begehung des „heiligen Steins" bringt Licht in die Geschichte des legendenumwobenen Hügels. Der Amtsleiter von Gaflenz, Heinz Glaser, weist den richtigen Weg. Direkt beim Gemeindeamt des idyllischen Örtchens im äußersten Südosten von Oberösterreich starten wir in Richtung Süden. Wir wählen die Markierung „Kreuzweg E06" für den einstündigen Aufstieg. Schon von Weitem ist die Kirche St. Sebald sichtbar. Durch lichten Buchenwald geht es bergauf. Die Schneerosen haben ihre Blüten in feste Samenkapseln umgewandelt. Wolfsmilch und Waldmeister bringen Farbe ins kräftige Frühsommergrün der Bäume. Entlang mehrerer Kreuzwegstationen geht es nach oben auf die Kuppe dieses Kultplatzes. Eine betagte Buche scheint besonders angetan von der Energie dieses Ortes. Sie hat sich kreisförmig eingerollt, um dann wieder nach oben weiterzuwachsen.

Einzige Sebalduskirche Österreichs

Schließlich wird die Wallfahrtskirche erreicht. Die spätgotische Kirche ist ein kunstgeschichtliches Juwel und die einzige Sebalduskirche in Österreich. Gleich dahinter erhebt sich der „heilige Stein": Ein gewaltiger Riss hat ihn zweigeteilt. Wer sich auf der gastlichen Bank niederlässt, spürt förmlich die Energie dieses Kraftplatzes. Engagierte Bürger von Gaflenz haben neben der Bank auch ein Hütterl errichtet, wo gekühlte Getränke erhältlich sind. Mit einem köstlichen Mostspritzer gestärkt, richtet sich der Blick in die Ferne auf die Hügel um den Almkogel. Von Mai bis Oktober ist auch die Jausenstation im Mesnerhäusl nahe der Kirche geöffnet.

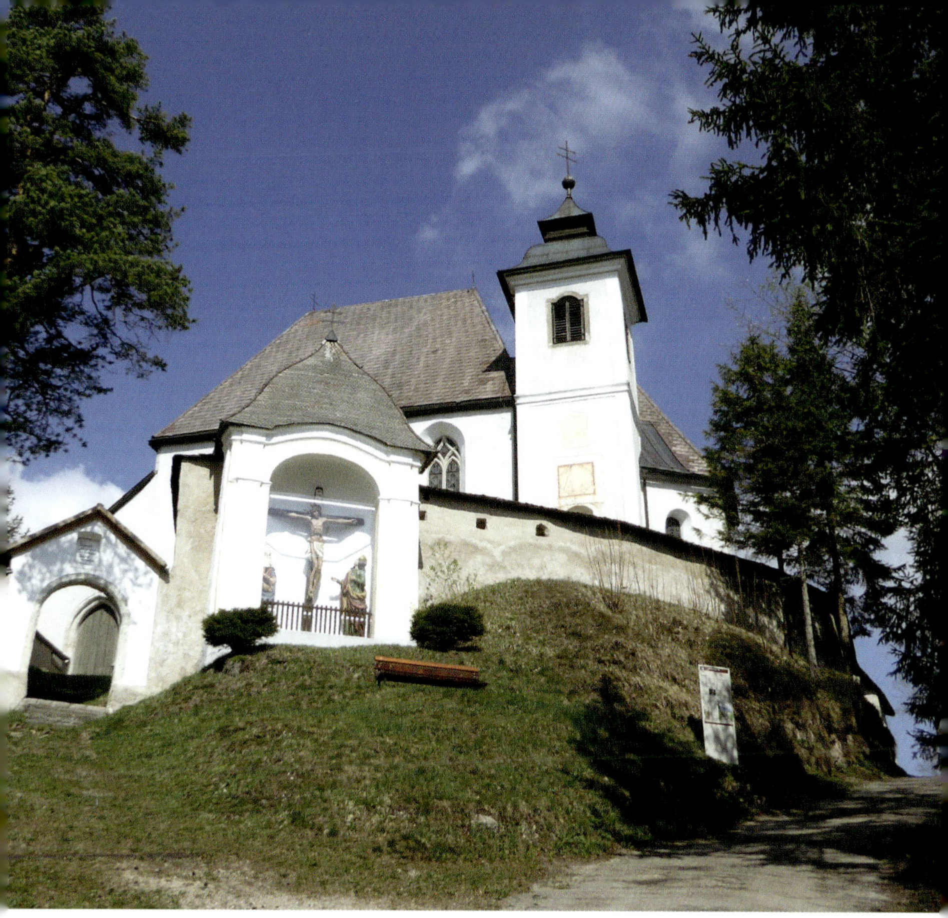

Wallfahrtskirche St. Sebald am heiligen Stein.

Reger Handel mit Nürnberger Kaufleuten

Seit urdenklichen Zeiten bereits ein Kultplatz, wurde der Ort christianisiert und schließlich dem Sebaldus geweiht. Der Stadtheilige von Nürnberg soll ein Adeliger aus Franken gewesen sein. Eine Legende macht ihn auch zu einem dänischen Prinzen, der gleich nach der Hochzeit mit einer französischen Prinzessin diese verlassen hatte und nach Rom gepilgert war. Fünfzehn Jahre soll er dann als Einsiedler auf diesem Felsen verbracht und in dieser Zeit viele Wunder bewirkt haben. Wahrscheinlich geht dieser Kontakt auf die engen Handelsbeziehungen zwischen Nürnberger Kaufleuten und den Hammerherren von Gaflenz zurück. So entwickelte sich ein reger Wallfahrtsbrauch, der seit über 600 Jahren besteht. Besonders ledige Frauen versuchten, durch das „Manderbeten" mit Hilfe des heiligen Sebald einen Mann zu finden. Parship war damals noch nicht erfunden. Dass sich dieser Brauch so lange Zeit behauptet hat, deutet auf eine stattliche Erfolgsquote hin. In der bäuerlichen Bevölkerung wird Sebaldus zudem als Vieh- und Wetterpatron verehrt.

Geradezu mystisch ist die Stimmung in der etwas unterhalb gelegenen Sebaldgrotte. Um die unter einer Felsnische liegende steinerne Figur des Heiligen rankt sich ein alter Brauch. Junge Männer versuchten einmal, die schwere Steinskulptur zu heben. Nur wer ohne Todsünde war, soll dazu imstande gewesen sein. Der Brauch war so beliebt, dass die Figur schließlich einzementiert werden musste. Alle Männer müssen wohl recht unschuldig gewesen sein. Für den Rückweg wählen wir den „Pfarrweg E07". Den Serpentinen folgend, fällt immer wieder der Blick auf das im Tal liegende Örtchen. Dass neue Kraft auch eine Verpflichtung ist, wusste schon Ludwig Feuerbach: „Zu einem vollkommenen Menschen gehört die Kraft des Denkens, die Kraft des Willens, vor allem aber die Kraft des Herzens."

Ausgangspunkt: Gaflenz, Ortszentrum
Dauer: 2 Stunden inklusive Rückweg, 5,4 Kilometer, 294 Höhenmeter
www.gaflenz.at

Mit dem E-Bike lässt sich auf den Trassen der ehemaligen Waldeisenbahn das Reichraminger Hintergebirge wunderbar und leicht durchstreifen

Die Ennstalgemeinde Reichraming bietet viele Möglichkeiten. So kann man das gleichnamige Hintergebirge zu Fuß erkunden und wandert auf dem Wildnistrail „Buchensteig" den Reichramingerbach entlang. Dieser alte Weg der Holzknechte und Almbauern führt durch naturnahe Buchenwälder mit charakteristischer Tier- und Pflanzenwelt. Wir wählen das E-Bike und bewegen uns auf dem Hintergebirgsradweg, dem touristischen Juwel des Ennstals. Er führt mit geringer Steigung in den Nationalpark Kalkalpen.

„Bereits beginnend mit der Zeit nach dem Ersten Weltkrieg transportierte die Waldeisenbahn ein halbes Jahrhundert lang Holz aus dem waldreichen Reichraminger Hintergebirge. Die aufwendig trassierte Strecke führte durch 19 Tunnels und über 41 Brücken. Als sie im Jahr 1971 stillgelegt wurde, war sie eine der größten und am längsten in Betrieb stehenden Waldbahnen in Österreich", erzählt Nationalparkdirektor Volkhard Maier.

Wald, Wasser, Wild und Wildnis

Zur Freude der heutigen Radler wurden auf den Bahntrassen Forststraßen angelegt, auf denen wir genussreich den Nationalpark erkunden können. Der Fachmann vom E-Bike-Verleih in Reichraming übergibt uns robuste Elektroräder und macht uns mit den Funktionen von Eco bis Turbo vertraut. So können wir locker die Höchstgeschwindigkeit der ehemaligen Waldbahn von damals 15 km/h auf jetzt über 25 km/h erhöhen. Wir entscheiden uns für den 46 Kilometer langen Rundweg R9, den wir noch mit einem landschaftlichen Leckerbissen

erweitern werden. Nach wenigen Kilometern beginnt beim Anzenbachschranken der Nationalpark Kalkalpen. Er ist einer von sechs Nationalparks in Österreich und hat eine Größe von über 20 000 Hektar. Nationalpark-Forstmeister Hans Kammleitner dazu: „Jeder Nationalpark schützt eine spezifische Landschaft und sichert eine möglichst große Artenvielfalt. Diese Tätigkeit wird im Nationalpark Kalkalpen durch die vier großen „W" symbolisiert: Wald, Wasser, Wild, Wildnis." Er weist auf die verschiedenen Buchenwaldtypen hin, für die der Nationalpark Kalkalpen als UNESCO-Weltnaturerbe anerkannt wurde.
Wasser ist ein erfrischender Dauerbegleiter für die Parkbesucher. Das muntere Plätschern des Reichraminger Baches übertönt das knirschende Geräusch der Fahrradstollen auf der Schotterstraße. „Unglaubliche 800 Quellen entspringen im Gebiet des Nationalparks, 200 Kilometer natürliche Bachläufe mit Trinkwasserqualität zeichnen dieses Biotop aus", so Kammleitner. Über Wild, das dritte Charakteristikum des Nationalparks, hat Förster Bernhard Sulzbacher beeindruckende Zahlen: „50 Säugetierarten bis zum

Historische Waldeisenbahn.

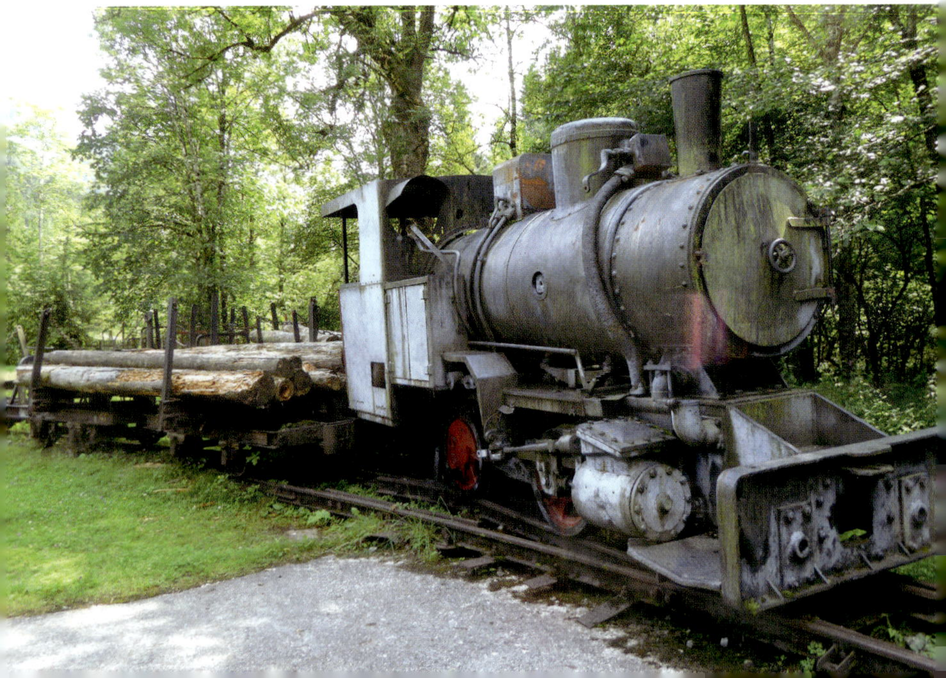

seltenen Luchs und 80 Brutvogelarten sind hier beheimatet. Von den 1 500 Schmetterlingsarten sind nur 100 Tagfalter, alle anderen Nachtfalter. Wären wir hier nachts unterwegs, könnten wir mit etwas Glück auch die seltene Mopsfledermaus sehen."

Wildnis ist das vierte Element des Nationalparks. Es soll möglichst keine menschlichen Eingriffe geben. Der Borkenkäfer kann ungestört sein Werk verrichten. Rund 1 000 Blütenpflanzen, Moose und Farne können sich prächtig entfalten.

Nach einer Fahrstunde erreichen wir die Große Klause, eine besonders interessante Station auf dem Rundweg. „Seit dem 15. Jahrhundert wurde in dieser Klause, was nichts anderes als ein Stauwerk ist, Holz getriftet. Das geschlägerte Holz wurde entrindet und mit Pferden, Schlitten und speziellen Holzrutschen, Riesen genannt, in den aufgestauten Klaussee transportiert. Der Klausmeister entleerte die Klause, sodass das Holz mit dem Wasserschwall, einem künstlichen Hochwasser ähnlich, 15 Kilometer bis Reichraming getriftet wurde. Dort wurde das Holz entweder zu Kohle verarbeitet, zu Flößen gebunden und auf der Enns weitertransportiert. Auf diese Wiese kam das Holz aus dem Reichraminger Wäldern zu den eisenverarbeitenden Betrieben im Steyr- und Ennstal. 600 Holzarbeiter waren in Spitzenzeiten in Reichraming tätig." Die Zeiten sind vorbei: Die letzte Holztrift fand 1937 statt, bis der Holztransport schließlich gänzlich von der Waldeisenbahn abgelöst wurde. Der Blick fällt auf die Reste der früheren Klausanlage. Auf der Besucherplattform kann man bis auf den Grund der tiefen Schlucht hinabsehen.

Naturschönheit anstelle eines Kraftwerks

All das wäre nicht möglich geworden, hätte nicht in den frühen 1980er-Jahren eine engagierte Protestbewegung den Bau eines Kraftwerks an dieser Stelle verhindert. Als Jugendlicher hat der Autor zu diesem Zweck einige Tage und Nächte in diesem Wald verbracht. Ein Speicherkraftwerk mit einer Staumauer von 100 Meter Höhe hätte das letzte intakte und

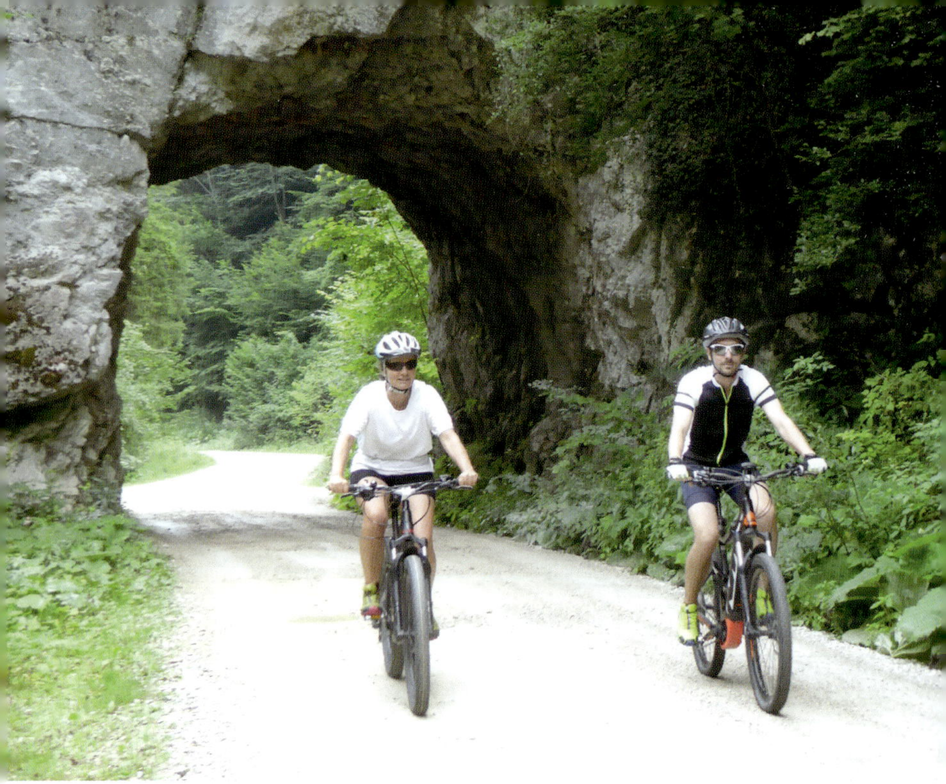

Radler auf der Strecke der ehemaligen Waldeisenbahn.

zusammenhängende Bach-Ökosystem Oberösterreichs zerstört. Wer heute an dieser Stelle steht, kann sich über diese Entwicklung nur freuen.

Wir kehren bei der Großen Klaushütte ein. Sie ist eine renovierte ehemalige Holzknechthütte und bietet köstliche bäuerliche Produkte aus der Region. Den Bach entlang geht es weiter. Mehrere Tunnels werden durchquert, der längste misst 300 Meter. Ganz schön kühl wird es im Inneren. Erfreulicherweise erhellen solarbetriebene Leuchten das Dunkel. Die Tunnels werden periodisch von Nationalparkmitarbeitern auf lockere Steine überprüft. Ein prickelndes Gefühl, durch diese historischen Bergstollen zu radeln. Dazwischen begleiten steile Felswände und einmündende Schluchten die Radfahrer. Fast schüchtern lässt der Schleierfall sein Wasser ins Tal rieseln. Er trägt seinen Namen zu Recht. Der Eingang zum „Annerlsteg" ist erreicht. Eine Metallskulptur am Wegrand erinnert an einen im Jahr 2011 an dieser Stelle ausgesetzten Luchs. Dann geht es dem Bach entlang weiter zum idyllischen „Weißwasser". Anstelle der ehemaligen Bergarbeitersiedlung erwartet jetzt ein perfekt eingerichteter Biwakplatz abenteuerlustige Gäste. So manche Nacht konnte der Autor an diesem Platz neben dem rauschenden Bach verbringen, nur mit einer Zeltplane geschützt. Ein perfektes Eintauchen in die Waldeinsamkeit.

Wir kampieren diesmal nicht, sondern ziehen weiter und folgen dem nun ansteigenden Rundweg auf den Hirschkogelsattel. Dieser ist schon 500 Höhenmeter über der Großen Klaushütte gelegen. Der Turbo des Elektrofahrrads kann jetzt so richtig seine Kraft entfalten. Bei einer markanten Wegstelle, den „Drei Bildern", die an im Halbkreis stehenden Bäumen befestigt sind, verlassen wir den Radweg R9 und fahren fünf Kilometer zur Anlaufalm. Der Umweg lohnt sich in jedem Fall. Fast 100 Rinder tummeln sich auf der weitläufigen Almfläche. Eine fast 800 Kilogramm schwere Kuh-Schönheit freut sich über unser Kommen. Bei einer köstlichen Almjause gibt es ein nettes Gespräch mit den jungen Almwirten Sibylle und Georg. Es ist ihre erste Saison auf dieser Alm. Beide stammen aus der Region und freuen sich – erst Anfang 20 Jahre alt – über viele weitere Jahre auf der Anlaufalm.

Dauer: 3,5 Stunden Fahrzeit mit dem E-Bike, 45 Kilometer, 630 Höhenmeter
Klaushütte: bewirtschaftet von Ende April bis Mitte Oktober jeweils Mittwoch bis Sonntag und an Feiertagen, Tel. 0680 11 907 90 oder 0680 21 10 218
E-Bike-Verleih: bei der Firma E-Mobility von Mai bis Ende September in Reichraming möglich, ganzjährig in Steyr
www.kalkalpen.at; www.emobility.co.at

In Trattenbach bei Ternberg ist die Tradition der Taschenfeitel-Erzeugung noch lebendig

Ein riesenhaftes Klappmesser begrüßt den Besucher am Eingang des Tals. Christine Gruber leitet das Info Center: „Der Taschenfeitel hat seinen Namen vom Falten, also Zusammenklappen. Er war über Jahrhunderte das Messer fürs Volk. Zum Messerstechen war er ungeeignet. Dafür ließ sich damit bestens Brot und Jausenspeck schneiden, ein Pfeiferl schnitzen oder ein Haselnussstecken verzieren."

Das Sortiment ist vielfältig: 43 unterschiedliche Modelle werden produziert, vom Kinderfeitel, der meist ein Taufgeschenk war, bis zum Frauen-, Winzer-, oder Rosenmesser und zum sogenannten Dreier. Dieses extragroße Messer wurde bis ins marokkanische Casablanca exportiert und erwies sich als ein besonderer Exportschlager.

Gut gerüstet begeben wir uns auf den eineinhalb Kilometer langen Themenweg ins Tal der Trattenbacher Feitelmacher, deren Handwerk seit 2015 auch als Immaterielles UNESCO-Weltkulturerbe anerkannt ist. Johann Löschenkohl ist in elfter Generation einer der letzten Hersteller der original Trattenbacher Taschenfeitel. Sein Urahn Barthl hat diese Industrie um das Jahr 1500 begründet. Besonders reiner und harter Stahl wurde eingesetzt. Löschenkohl demonstriert in seiner Manufaktur zwei der 40 Arbeitsschritte, die einst nötig waren, um einen Taschenfeitel herzustellen. Er verschafft der Stahlklinge mittels eines wassergetriebenen Schleifsteins exakt die richtige Schärfe.

Drei Millionen Feitel pro Jahr

Dann verbindet er mit einem Metallstift die Klinge mit dem Holzgriff. Als letzter seiner Zunft freut er sich: „Wir erzeugen

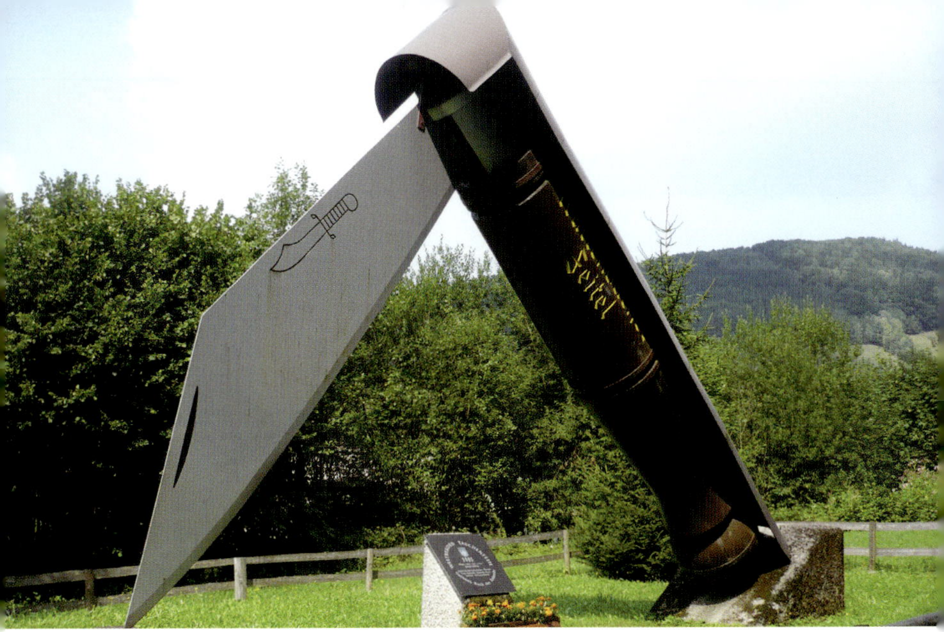

30 000 Messer im Jahr, die in ganz Europa verkauft werden." Mitte des 19. Jahrhunderts produzierten hier 14 Werkstätten drei Millionen Feitel pro Jahr. „Vom Kind bis zum Greis half die ganze Familie mit", weiß Löschenkohl. Diese Zeiten sind vorbei. Der Blick in diese Industriegeschichte lässt ein nostalgisches Gefühl aufkommen, erst recht bei der nächsten Station des Themenwegs, dem Museum in der Wegscheid. Altertümliche Geräte und Geschichten von damals erwarten den Besucher in der ehemaligen Werkstätte. Das angrenzende Wohnhaus wurde in eine kleine Kirche umgebaut.

Voller Respekt für die Leistungen der Menschen dieses Tals verlassen wir die historische Stätte. Der Berg ruft. Sportliche Wanderer beginnen bereits hier den Aufstieg Richtung Schoberstein und erreichen in 45 Minuten das Gasthaus Klausriegler. Bis hierher kann man auch mit dem Auto fahren. Durch lichten Buchenwald geht es steil nach oben. Der Weg führt abwechselnd über kunstvoll geflochtene Wurzeln von Tannen- und Lärchen und ein Ensemble aus ausgewaschenen Steinen. Eine schwarze Kreuzotter bewegt sich gemächlich ins Unterholz. Sie scheint gerade gespeist zu haben. Ihr Mittelteil ist auffällig dick.

Schoberstein und Bratl in der Rein

Kuhglocken verkünden die nahe Alm. Die Jungrinder kauen genüsslich das Almgras, dies immer mit Blick auf den markanten Felssporn der nahen Pfaffenmauer. Schließlich ist nach eineinhalb Stunden der höchste Punkt erreicht, das Schobersteinhaus auf 1 285 Meter Höhe. Man hätte von dieser mäßigen Höhenlage nicht eine solche Aussicht erwartet: Der Blick reicht von den Gesäusebergen mit dem Hochtor, den Haller Mauern, dem langgezogenen Sengsengebirge bis zu den 2000er Gipfeln des Toten Gebirges, ja bis ins Höllengebirge. Der Wirt hat auch an den Ruhetagen Montag und Dienstag Getränke für die Gäste vorbereitet. Diese sind häufig auch Radler, die auf anderen Routen dieses Ziel ansteuern. Eine ausgedehnte Genussrast gibt Gelegenheit, sich über interessante Tierbegegnungen und Pflanzenerkundungen auszutauschen.

Dann geht es über den Höhenrücken mit dem klingenden Namen Pfaffenboden wieder zurück. Eine Pause bei der idyllisch im Wald gelegenen Mandlmais-Kapelle tut gut. Sie ist zur Gänze aus Rundholzstämmen errichtet und passt perfekt in die Waldeinsamkeit. Nach dem erfrischenden Schreibach-Wasserfall erreichen wir wieder das Gasthaus Klausriegler. Die Wirtin Angela Brösenhuber kennt die lange Geschichte dieses Traditionsgasthofs: „Bereits im Jahr 1313 ist das Anwesen als Besitz der Herrschaft Steyr urkundlich erwähnt." Seit mehr als 100 Jahren befindet es sich im Besitz ihrer Familie. Bei einem zünftigen Bratl in der Rein gibt es – unter alten Bäumen sitzend – noch viel über alte Zeiten zu besprechen, bevor wieder der Ausgangspunkt in Trattenbach erreicht wird.

Themenweg: 1 Stunde, 1,5 Kilometer
Öffnungszeit Info-Center: Mai bis Ende Oktober
Ausgangspunkt Wanderung zum Schoberstein: Trattenbach, Gasthaus Klausriegler
Dauer: 3,5 Stunden (ab Gasthof Klausriegler), 4,6 Kilometer, 580 Höhenmeter
www.tal-der-feitelmacher.at; www.schobersteinhaus.at; www.trattenbach.gv.at

Im Effertsbachtal bei Frauenstein erhielt die Schriftstellerin Marlen Haushofer die Inspiration zu ihrem Roman „Die Wand"

Wer den Roman „Die Wand" der oberösterreichischen Schriftstellerin Marlen Haushofer (1920–1970) gelesen hat, wird mit Interesse den Ort besuchen, der die Dichterin zu ihrem großartigen Werk inspiriert hat. Wir folgen der Empfehlung Goethes: „Wer den Dichter will verstehen, muss in Dichters Lande gehen." Ausgangspunkt dieser Erkundung ist ebenfalls eine Wand. Diese ist allerdings sehr reell und existiert bereits seit 1908. Es ist die Mauer, die das Wasser der Steyr beim Durchbruch bei Molln für ein Kraftwerk aufstaute. Gut denkbar, dass dieser Monumentalbau, der schon lange vor der Geburt der Dichterin errichtet wurde, diese beeinflusst hat. Wir stehen jedenfalls beeindruckt vor dem in Jugendstil-Architektur errichteten Industriedenkmal. Mit dem E-Bike gleiten wir entlang der Steyr und erreichen in Kürze die Ortschaft Frauenstein.

Die Wallfahrtskirche Frauenstein auf dem 502 Meter hohen Hügel birgt einen der bedeutendsten Kunstschätze Oberösterreichs, der auf Kaiser Maximilian I. zurückgeht. Der emeritierte Hochschulprofessor Willibald Girkinger ist Mitautor des Bildbandes „Die Steyr – Landschaft und Menschen am Fluss" und kennt die Geschichte: „Der Legende nach soll der Kaiser am Dreifaltigkeitstag des Jahres 1489 vor der holländischen Küste in Seenot geraten sein. Zum Dank für seine Errettung gelobte er, eine Schutzmantelmadonna zu stiften." Seither zieht diese Madonnenfigur in Frauenstein über die Jahrhunderte zahlreiche Pilger an. Interessant ist es, die Figuren unter dem Mantel der Madonna zu betrachten. Eine davon ist Stifter Maximilian selbst.

Die Lackenhütte als Ort der Inspiration

Der weitere Weg führt an der nahen Volksschule vorbei, in der Marlen Haushofer ihre Schulzeit verbrachte. Über hügelige Wiesen mit alten Obstbäumen gelangen wir in das Effertsbachtal. Es ist dies ein enges Seitental der Steyr, in dem sich im Winter die Sonne kaum blicken lässt. Jetzt ist es frühsommerlich heiter und voll von üppigem Grün. Rasch erreichen wir das Forsthaus, in dem die Dichterin geboren wurde und ihre Kindheit verbracht hat. Ihr Vater war Förster beim Grafen Lamberg. Zusammen mit ihm war sie als Kind häufig in dem einsamen Tal unterwegs. Architektonisch unverändert, scheint das Forsthaus sich noch immer in einem ähnlichen Zustand wie vor 100 Jahren zu befinden. Wir gehen jedoch noch etliche Wanderkilometer auf einer Forststraße taleinwärts, bis wir im Gebiet „Brauneben“ zur „Lackenhütte“, dem Vorbild

Das Geburtshaus der Schriftstellerin Marlen Haushofer.

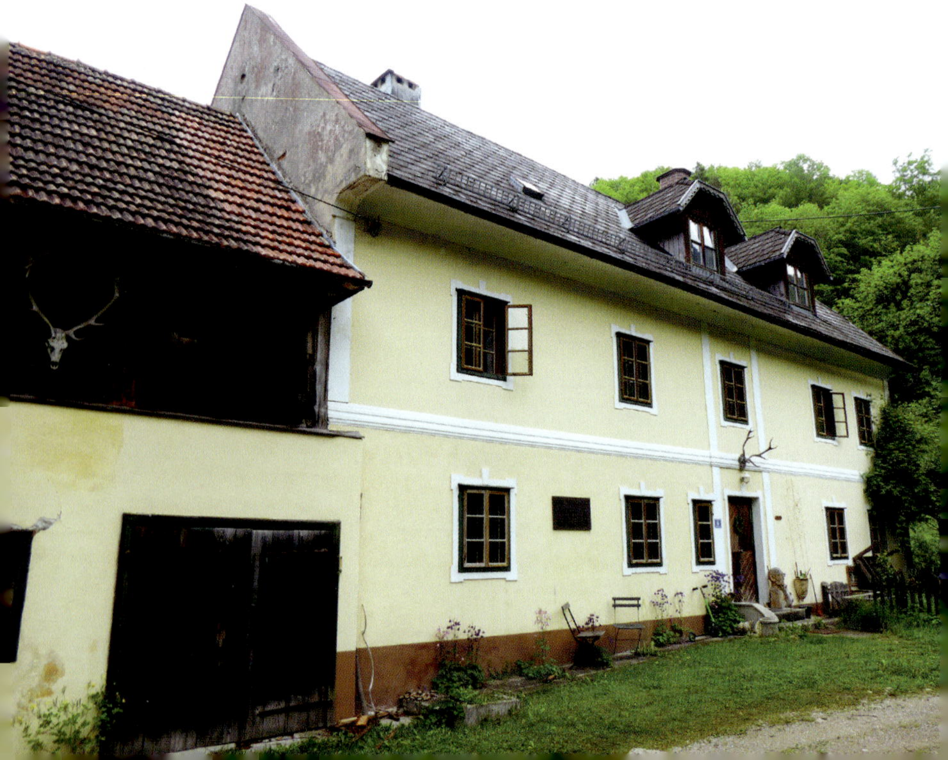

für die Jagdhütte ihres Romans, gelangen. Im Roman ist diese plötzlich durch eine undurchdringliche Glaswand von der Außenwelt abgetrennt. Die Dichterin schreibt dazu in ihrem Werk: „Durch die Wand wurde ich gezwungen, ein ganz neues Leben zu beginnen." An diesem Ort zu stehen, wirft geradezu menschlich-existenzielle Fragen auf: Wie oft glauben wir, vor einer Wand zu stehen, ohne zu wissen, ob wir sie überwinden können? Wo bauen wir fiktive Grenzen vor uns selbst oder vor anderen Menschen auf? Unsichtbare Wände trennen auch heute die Menschen.

Diese Gedanken begleiten uns noch bis zum Ende des Tals. Wir befinden uns bereits auf über 1 000 Meter Höhe und blicken plötzlich wieder auf eine sehr reale Wand. Es ist dies der Steilabbruch der Anstandmauer: Schroff, abweisend und voller Baumstrünke, Überbleibsel der winterlichen Lawinenabgänge, verhindert sie jegliches Weitergehen. Nur einige Gämsen scheinen in den steilen Felsabbrüchen die Einsamkeit dieses Talschlusses zu genießen. Es ist anzunehmen, dass die Autorin bei ihren vielen Wanderungen auch von diesem markanten Naturschauspiel beeindruckt war. So beenden wir nach der vierstündigen Wanderung das Eintauchen in einen besonderen Schauplatz der Weltliteratur.

Ausgangspunkt: Ramsau bei Molln, Kraftwerk Steyrdurchbruch, Göritz 6
Dauer: 4 Stunden mit Besichtigung, 18 Kilometer mit dem E-Bike, 450 Höhenmeter
www.marlenhaushofer.at

Sich treiben lassen und Fische beobachten in der Unterwasserwelt der Krummen Steyrling

Glasklar schimmert das grüne Wasser der Krummen Steyrling. Der Fluss scheint Vergnügen daran zu haben, einige gut in Neopren verpackte Fremdlinge als Gäste aufzunehmen. Wir Schnorchler lassen uns schwerelos gemeinsam mit den Fischen vom Strom des Naturwassers mittreiben. Anfangs fühlen sich 14 °C noch richtig kalt an, bis ein Wasserfilm am ganzen Körper eine warme Isolierschicht gebildet hat. Der Naturschauspiel-Führer, Rafting- und Outdoorguide Herbert Schörkhuber hat uns in Molln beim Haus des Maultrommelerzeugers Wimmer in die Krumme Steyrling geleitet. Er schlägt drei Möglichkeiten der Fortbewegung im Wasser vor: Einfach bäuchlings ins Wasser legen und sich mit Kopf nach vorne treiben lassen, aber trotzdem die Umgebung oberhalb der Wasseroberfläche beobachten. Wenn eine größere Stromschnelle in Sicht ist, sich auf den Rücken legen und diese mit den Füßen nach vorne passieren. Falls ein gröberes Hindernis auftaucht, zu Fuß weitergehen.

Alle diese Varianten werden wir bei der eineinhalb Kilometer langen Strecke auf der Krummen Steyrling bis zur Mündung in die Steyr ausprobieren. Die Schnorchelvariante ist natürlich die erlebnisreichste. Wir werden für eine Weile selbst Teil des Flusses. Anders als im Meer oder in einem See gibt die Strömung die Richtung vor. Sich einfach treiben lassen und die Fische beobachten: Bachforellen, erkennbar an ihren roten Punkten, farbig gestreifte Regenbogenforellen, Äschen und kleine Elritzen.
Es heißt, sich dem Fluss anzuvertrauen und nicht gegen die Strömung anzukämpfen. Das hätte sowieso keinen Erfolg. Parallelen

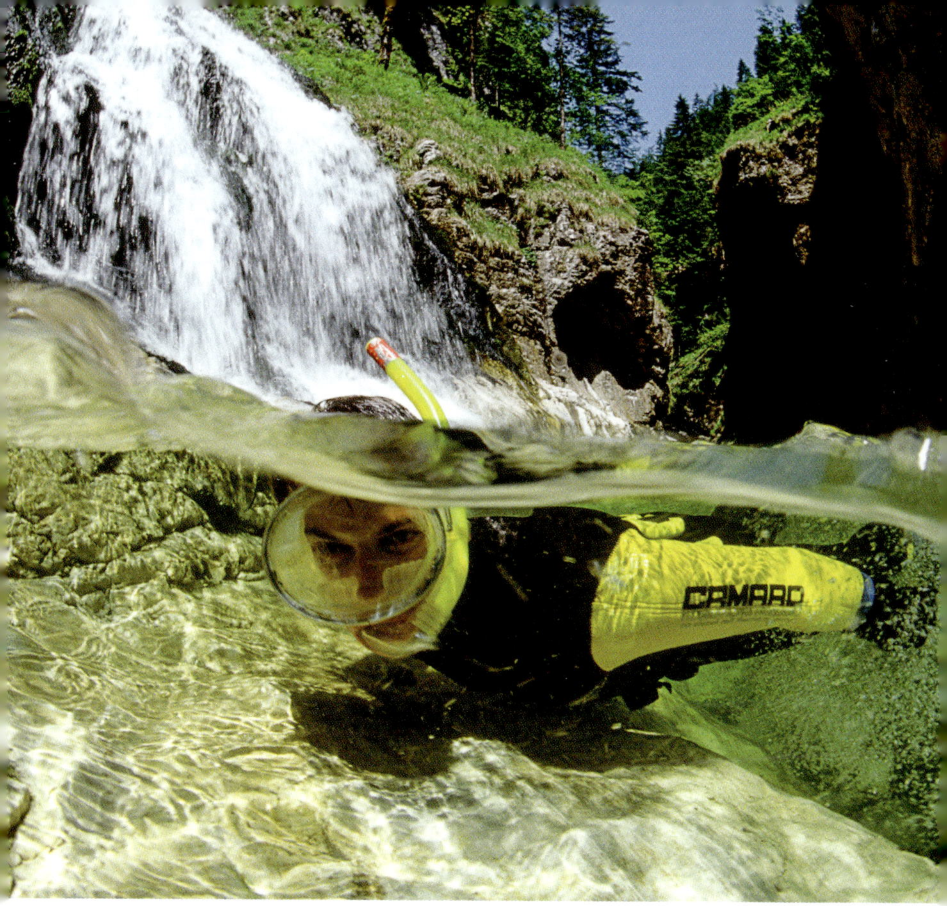

Es genügt, sich einfach treiben zu lassen.

zum wirklichen Leben tun sich auf. Meister Eckehart wusste schon: „Die Frucht des Loslassens ist die Geburt von etwas Neuem." Einige Wegstrecken legen wir auch zu Fuß zurück, was eine gute Gelegenheit bietet, die mächtigen Konglomeratfelsen zu bestaunen. Die aus Kies und Sedimentgestein gebildeten Riesen bilden neben den Wäldern den malerischen Rahmen für den Fluss. Schließlich gelangen wir an die Mündung der Steyr, die hier bereits die Hälfte ihrer Gesamtlänge von 68 Kilometern zurückgelegt hat, seit sie im Talschluss von Hinterstoder aus sieben Quellen entsprungen ist.

58 Zuflüsse, 42 Brücken

Willi Girkinger hat als Mitherausgeber des Prachtbandes „Die Steyr" bemerkenswerte Zahlen zu diesem smaragdgrünen Gewässer parat: Es ist der längste zur Gänze im Bundesland Oberösterreich liegende Fluss. 58 Zuflüsse hat er, 42 Brücken überqueren ihn, elf Kraftwerke oder Wehre unterbrechen seinen Lauf. 6,75 °C „warm" ist die Steyr im Jahresmittel.

Da haben wir ja noch Glück: Anfang August messen wir immerhin schon 12 °C. Immer noch kühl, aber wir sind gut geschützt. Herbert hat uns noch eine „Eisweste" zusätzlich zum Neopren-Anzug gegeben. So überstehen wir problemlos die folgende 40-Minuten-Schnorchelreise. Wir können die Strömungskraft des Wassers intensiv und mit Genuss erleben. Schnell, bunt, kalt und wild geht es jetzt dahin. Wir lassen die Energie des Wassers auf uns wirken und steuern über bizarre Unterwasser-Gesteinsformationen und eine seltene Unterwasser-Pflanzenwelt. Die Sonne beleuchtet die tief unten liegenden Steine. Dann weitet sich der Fluss und die Steine nähern sich gefährlich der Körperoberfläche des Flussbesuchers. Also Bauch einziehen und sich rasch darüber hinwegtreiben lassen. Alles geht gut. Viel zu schnell gelangen wir ans Ziel dieser Unterwasserreise, der Rinnenden Mauer. Dieses Naturjuwel ist eine großflächig austretende Quelle. Aus der 40 Meter hohen, überhängenden Steilwand sprudelt ganzjährig Wasser heraus und erzeugt eine eigene Flora. Ein würdiger Abschluss dieses Flussabenteuers.

Ausgangspunkt: Molln
Dauer: 2 Stunden bis zur Rinnenden Mauer,
davon 40 Minuten reine Schnorchelzeit
www.naturschauspiel.at; www.molln.at

Von der Ebenforst- über die Schaumbergalm geht's zum Hirschkonzert auf der Blumaueralm

Ganze 20 Kilometer sind es, die von Molln in südlicher Richtung in den Bodinggraben führen. Der Name des Ortes weist auf die einem Bottich ähnliche Landschaftsform nahe den Nordhängen des Hohen Nock (1 963 m) hin. Hier beginnt eine erlebnisreiche Hüttenrunde.

Erstes Ziel ist die urige Ebenforstalm. Die im Jahr 2017 zum Weltnaturerbe erklärten Buchenwälder des Nationalparks Kalkalpen begleiten den Wanderer. Fast während des ganzen eineinhalbstündigen Aufstiegs kann sich das Auge an den prächtigen sonnendurchfluteten Bäumen erfreuen. Nach mehreren Jahrzehnten als Installateur hat Hüttenwirt Kurt als Quereinsteiger seinen Start auf der Alm erfolgreich gemeistert, wie an den zahlreichen Wander- und Bikegästen zu sehen ist. Der Heidelbeer-Topfenstrudel schmeckt hervorragend. Der Wirt freut sich schon auf das nächste Jahr. Neben den 35 Jungrindern wird es auch Milchkühe auf der weitläufigen Alm geben. Da heißt es dann „melken, buttern, kasen". Noch ein Blick zu den glücklichen Mangalitza-Schweinen, deren schwarze Locken in der Sonne glänzen. Dann geht es weiter zur bewirtschafteten Schaumbergalm. Sportliche Wanderer können unterwegs noch von den Gipfeln des Trämpl und des Alpstein die Aussicht auf das Sengsengebirge genießen.

Wieder im Tal angelangt, geht es an der Krummen Steyrling entlang bis zur Abzweigung in Richtung Blumauer Alm. In diesem wohl schönsten Talschluss des Nationalparks Kalkalpen findet im Frühherbst ein besonderes Konzert statt. Die Brunftschreie der Hirsche erfüllen das ganze Tal. Der Nationalpark-Ranger Michael Kirchweger kennt die Gegend wie seine Westentasche. „Während das ganze Jahr über die Hirschkühe

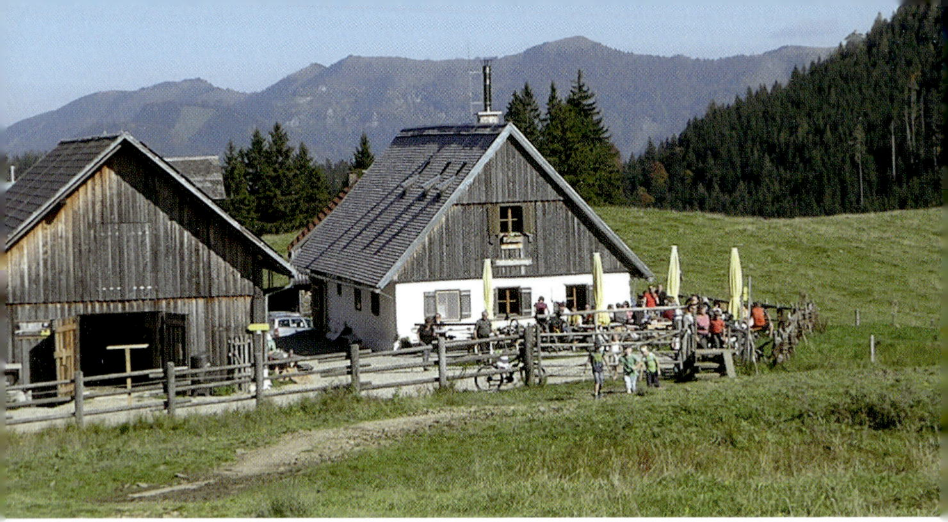

Die Ebenforstalm zieht viele Wanderer und Biker an.

mit ihren Kälbern in Familienverbänden unter sich bleiben, so bringen die Hirsche zur Paarungszeit lautstarke Unruhe in das einsame Tal.“ Kein Wunder, denn das Röhren klingt mitunter wie das Brüllen eines Löwen. Ein sehr erregtes Tier kann bis zu 500 Schreie pro Stunde ausstoßen. Damit wollen die Hirsche ihre Konkurrenten auf Distanz halten und um die weiblichen Tiere werben. Auf der Blumaueralm lässt sich dieses Spektakel mit Blick auf den steilen Gegenhang wie in einem Freiluftkino bestens beobachten. Da diese Region Wildruhezone ist, fällt dort das ganze Jahr über kein Schuss. Wildtiere werden vertrauter und den Besuchern gegenüber weniger scheu.
Wieder auf dem Weg zurück werden die markanten Rufe leiser, bis sie gänzlich verstummen und nur mehr das Plätschern des Baches zu hören ist. Auch in Zukunft wird man hier staunend dieses Naturschauspiel erleben können.

Ausgangspunkt: Molln, Bodinggraben
Dauer: zur Ebenforstalm 3,5 Stunden, 7 Kilometer, 465 Höhenmeter
zur Blumaueralm (nicht bewirtschaftet) 2,5 Stunden, 6 Kilometer, 120 Höhenmeter
Ebenforstalm: Tel. 07255/20606
www.molln.at

Keltischer Kultplatz und christliches Pilgerziel vereinen sich auf dem Georgenberg im oberen Kremstal

An vielen Orten in Oberösterreich werden keltische Kultplätze vermutet. Auf einem markanten Hügel bei Micheldorf ist ein solcher bereits vor 3000 Jahren dokumentiert. Er lässt sich auf dem „Kulturweg K92“ in einer spannenden dreistündigen Rundwanderung erkunden. Schon von Weitem sichtbar ist der knapp 600 Meter hohe, steile Kegel des Georgenbergs. Kreuzwegstationen begleiten den Wanderer beim Aufstieg. Schließlich kann bei der kleinen Barockkirche der herrliche Rundumblick genossen werden. Das Massiv der Kremsmauer und die Gipfel des Pyhrn-Priel-Gebietes blitzen im weißen Winterkleid herüber.
Zu Recht gilt dieser Ort als das Wahrzeichen des oberen Kremstals. Werner Bejvl ist der Obmann des Landschaftspflegevereins Bergmandl und weiß über die Geschichte Bescheid: „Bereits im Jahr 1 000 vor Christus wohnten hier Menschen. Später errichteten die Kelten einen Tempel, der dem Gott Teutates gewidmet war. Viele Jahrhunderte lang war der Ort dann ein christliches Pilgerziel.“ An eine Reise in die mittelalterliche Frömmigkeit erinnert im Inneren des Kirchleins die Darstellung der vierzehn Nothelfer. Wer kennt noch den heiligen Cyriacus, der bei Besessenheit angerufen werden kann?

Schneerosen und Äskulapnattern

Beim Abstieg in den Georgenbergsattel lugen bereits die ersten Schneerosen aus dem steilen Waldboden hervor. Die weitere Wanderstrecke auf einem anfangs steinigen, immer aber sehr romantischem Waldweg führt durch Buchen- und Kiefern-Mischwald. Das Landschaftsschutzgebiet Altpernstein ist erreicht. Klimatisch begünstig durch die Südwest-Lage wachsen

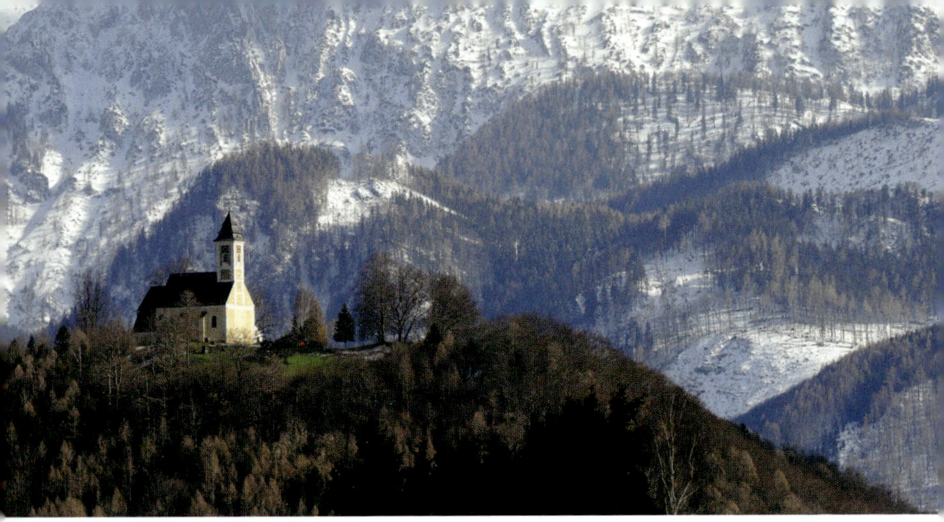

Georgenberg-Kirche vor dem Hintergrund des Kremsmauermassivs.

auf den Kalkmagerwiesen im Frühsommer 40 Orchideenarten. Dies ermöglicht der spezielle Boden, der niemals eine Düngung erfahren hat. Im Sommer ist er ein Paradies für Äskulapnattern. Schließlich wird die an der Felsnase des Hirschwaldsteines stehende Burg Altpernstein erreicht. Unter den Eigentümern war das namensgebende Geschlecht der Pernsteiner. Fast 1 000 Jahre alt, gehört sie seit 1629 dem Stift Kremsmünster. Bis Ende 2017 war sie als Begegnungsstätte der Katholischen Jugend prägend für mehrere Generationen von Jugendlichen. Uns überkommt eine gewisse Schwermut, wenn wir vor der Anlage stehen. Eine Ära scheint zu Ende gegangen zu sein.

So geht es in nachdenklicher Stimmung dem Rundweg folgend zum Ausgangspunkt zurück. Ein Weiler mit dem Namen Weinleithenweg wird passiert, der an die früheren Zeiten des Weinbaus zu erinnern scheint. Dieses Getränk lässt sich dann in einem der Micheldorfer Gasthäuser zu einer Jause ausgiebig genießen.

Ausgangspunkt: Micheldorf, Ortszentrum
Dauer: 3 Stunden, 9 Kilometer, 130 Höhenmeter auf den Georgenberg
www.micheldorf.at

Wo der Komponist Franz Schubert zu seinem Forellenquintett inspiriert worden sein soll

Es ist ein besonderes Gefühl, in Steyrling im Gastgarten des Gasthofs „Zur Kaiserin Elisabeth“ zu sitzen und an das Forellenquintett von Franz Schubert (1797–1828) zu denken. Vor 200 Jahren soll er hier zu diesem Werk inspiriert worden sein. Im Jahr 1883 war auch Kaiserin Elisabeth in diesem Haus zu Gast und hat den Blick in die reizvolle Landschaft genossen. Eine Männerrunde hat sich gerade zum wöchentlichen Kaiserin-Elisabeth-Stammtisch zusammengefunden. Ein wahres Faktotum ist dabei der 90-jährige Hans Dirisamer, ein Tausendsassa mit mehreren Spitznamen wie „der Lugner von Steyrling“ oder „Rosenkavalier“. Viele Berufe hat er ausgeübt, darunter auch Motorradrennfahrer. Er kennt so manche erstaunliche Geschichte: Vom Hirsch Rudolf, der 15 Jahre gänzlich zahm im Dorf gelebt hat, sich von Hand füttern ließ und sogar an Begräbnis-Prozessionen teilnahm. Oder von mehreren Sensenschmieden, die vom Wasser des Traglbachs betrieben wurden, einem alten Pulverturm im Dorf oder von dem Erfinder Viktor Schauberger, der hier seine Experimente mit belebtem Wasser durchführte. Wirt Sigi Schwarz hat ebenfalls eine schillernde Karriere als Rallyefahrer vorzuweisen und sich den Spitznamen „rasender Wirt“ erworben. Fünf Mal war er Staatsmeister. Prominente Fahrerkollegen wie Gunther Philipp waren seine Begleiter.

Lange Zeit waren die Wälder um Steyrling herrschaftliches Jagdgebiet der Familie Schaumburg-Lippe. Der pensionierte Förster Michael Kornek, der in deren Dienst stand, weiß, dass über 100 Holzknechte beschäftigt waren. Heute erledigen diese Arbeit Maschinen und weniger als eine Handvoll Menschen. Günther Piesslinger ist ein Nachfahre der Betreiber von

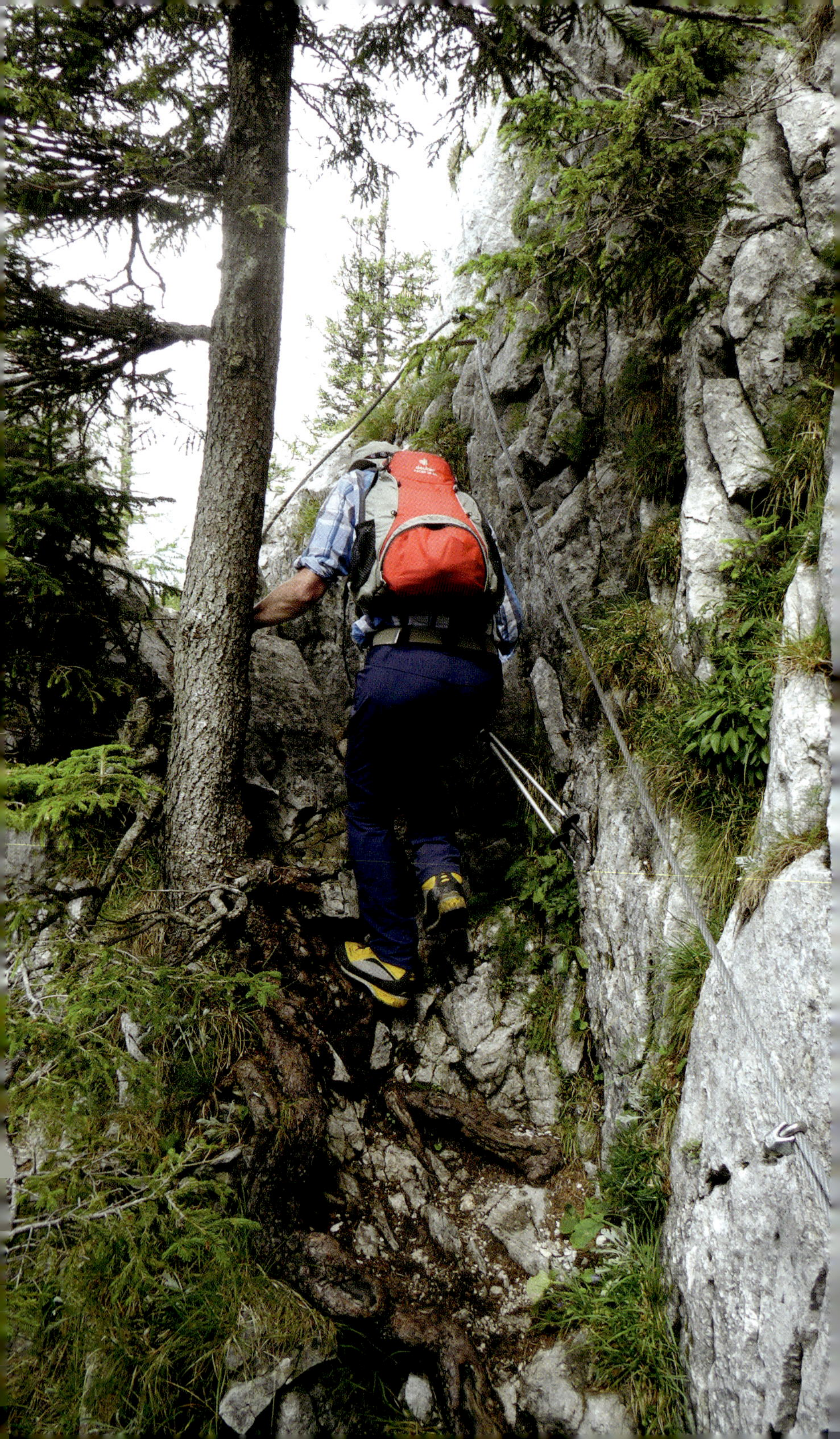

Sensenschmieden. Er kennt die industrielle Vergangenheit des Ortes: „Das heutige Dorf Steyrling entwickelte sich um mehrere Sensenschmiede-Betriebe am Traglbach, die um 1580 erstmals erwähnt wurden und bis nach dem Zweiten Weltkrieg in Betrieb waren."

Bereits im 15. Jahrhundert erlaubte Kaiser Friedrich III. dem Stift Spital am Pyhrn, ein Bleibergwerk zu eröffnen. Dieses befand sich auf der Alm Kaltau am südlichen Abhang der Kremsmauer, direkt am Wanderweg gelegen. „Heute ist der wichtigste Arbeitgeber das Kalkwerk der Voest Alpine", so Piesslinger. Nach so viel bemerkenswerter Geschichte in dieser beschaulichen Gemeinde begeben wir uns in die Natur. Der Weg führt entlang des Traglbachs, wo wir allerdings keine Spuren der Sensenhämmer mehr entdecken. Ab dem Jagdhaus Tragl geht es zu Fuß zweieinhalb Stunden auf die 1 604 m hohe Kremsmauer. Die leicht ansteigende Forststraße bietet eine gute Gelegenheit, über die interessante Geschichte zu reflektieren.

So erreichen wir die Kaltau-Alm auf 1 070 Meter Höhe, wo wir allerdings keine Spuren des Bleibergwerks mehr entdecken, dafür zahlreiche Hirschlosungen. Auf gut markiertem Weg steigen wir dem Gipfel zu, der zwischen Alm-, Krems- und Steyrtal liegt und zum Gebirgszug der nördlichen Voralpen in Oberösterreich gehört. Einige etwas schwierige Passagen sind mit Seilversicherungen versehen und können wie das steinig-felsige Gelände mit der erforderlichen Trittsicherheit leicht bewältigt werden. Auf dem „Pyramide" genannten Gipfel werden wir mit einem großartigen Ausblick auf das Tote Gebirge und das Alpenvorland belohnt. Der fast senkrecht abfallende Westgrat mit der Falkenmauer als letzter Erhebung liegt direkt vor uns.

Ausgangspunkt: Steyrling, Jagdhaus Tragl
Dauer: 5 Stunden (mit Abstieg), 7,8 Kilometer, 930 Höhenmeter
Trittsicherheit erforderlich
www.steyrling.at; www.gemeinde-klaus.at; www.kaiserin-elisabeth.at

38 Scharnstein

Vom Hochsalm geht es bergab ins Kriminalmuseum und in die Tiefen der mittelalterlichen Folterkammern

Ein beeindruckendes Gesamterlebnis aus Natur und Kultur und dies noch bereichert mit einer bewegenden menschlichen Begegnung verspricht der Besuch in Scharnstein. Nach der Besteigung des Hochsalm (1 405 m) geht es in das Kriminalmuseum im Schloss Scharnstein.
Aber der Reihe nach: Wir begeben uns am frühen Morgen in den Ortsteil Tießenbach und sehen oberhalb von uns die Ruine Scharnstein, deren Ursprung ins 12. Jahrhundert zurückgeht. Ab nun begleitet uns am Weg 436 das muntere Plätschern des Tießenbaches, den wir mehrmals überqueren. Ein fröhliches Vogelkonzert folgt dann auf dem steil nach oben führendem Steig. So verlieren wir keine Wanderzeit mit flachen Passagen und erblicken nach zwei Stunden schon den Gipfel. Der Sturm Kyrill hat hier im Jahr 2007 ordentlich gewütet und den Grat fast gänzlich gerodet.

Die großartige Aussicht auf das Almtal teilen wir mit weißblühendem Hahnenfuß, lilafarbenem Wald-Storchschnabel und einer Gruppe von Wanderern … Auf demselben Weg wieder zurück lassen wir uns im Schloss Scharnstein in eine gänzlich andere Welt entführen. Der jetzige Besitzer Harald Seyrl hat das Schloss als junger Mann vor 50 Jahren erworben und das desolate Bauwerk mit gewaltigem persönlichen Einsatz wieder zu dem Prunk-Renaissanceschloss rückgebaut, das es nach der Errichtung um das Jahr 1600 einmal war. Stolz berichtet er „Es war der Nachfolgebau der mittelalterlichen Burg und Sitz der Herrschaft Scharnstein mit der damit verbundenen Landgerichtsbarkeit. Diese umfasste die heutigen Gemeinden Scharnstein, Grünau, Pettenbach und

St. Konrad. Die Verfolgung und Bestrafung der Täter beinhaltete auch das Recht, die Todesstrafe zu verhängen. Die Tatverdächtigen wurden bis zum Prozess im sogenannten Gefängnisturm des Schlosses gefangen gehalten."

Genau dorthin in das tiefe Gewölbe begleitet uns der Schlossherr. Wir befinden uns in der ersten von insgesamt 20 Schauräumen des Kriminalmuseums. Die originale Folterkammer gewährt Einblick in die Praxis früherer Bestrafungsmethoden. Erschütternd sind die lebensnah dargestellten Foltermethoden im Rahmen der „Peinlichen Befragung" wie das Strecken oder das Aufziehen.

Folterszenen von einst im Verlies von Schloss Scharnstein.

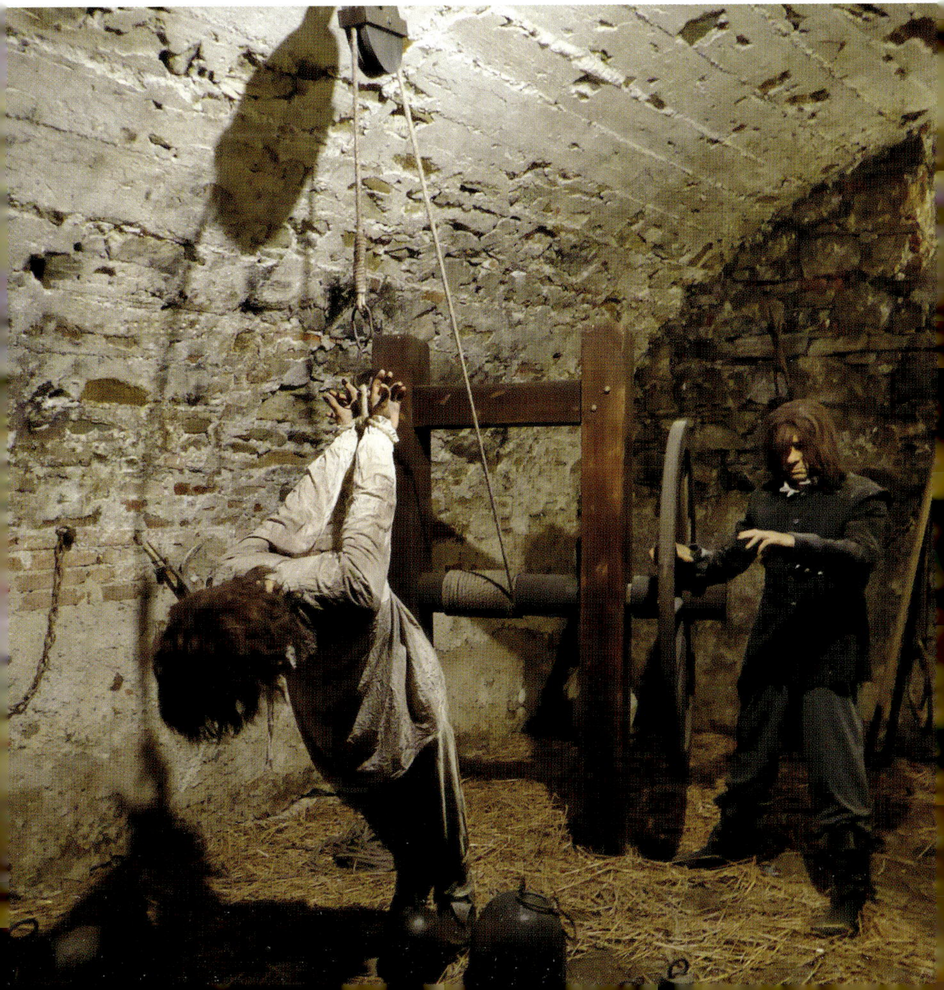

Mord und Notzucht

Vor allem vier Delikte waren todeswürdig: Mord, Diebstahl, Notzucht und Hexerei. Jedem Verbrechen entsprach eine andere Art der Todesstrafe: Diebe wurden gehängt, Mörder gerädert, der Notzucht Überführte wurden enthauptet, der Zauberei und Hexerei Verdächtigte wurden verbrannt. Geständnisse wurden mittels Folter erzwungen. Erst unter Maria Theresia wurde die Folter als Instrument der Wahrheitsfindung abgeschafft. Wir sind geradezu erleichtert, diesen schaurigen Keller wieder zu verlassen. In Folge der Reformen nach dem Jahr 1848 wurde die alte Landgerichtseinteilung aufgelöst und die größtenteils noch heute geltenden politischen Strukturen geschaffen. Im Schloss Scharnstein wurden Wohnungen für bis zu 70 Bewohner eingerichtet.

Der weitere Rundgang führt uns zu spektakulären Kriminalfällen der jüngeren Vergangenheit, die durch den Einsatz der Gendarmerie geklärt werden konnten: Als Beispiele dienen Alfred Engleder, der Mörder mit dem „Maurerfäustl", der Bombenleger Franz Fuchs und der mutmaßliche Serienmörder Jack Unterweger. Ein mit Arsen „gewürzter" Apfelstrudel erinnert an einen damit vor 100 Jahren durchgeführten Mord. Richtig makaber wird es noch, den Galgen zu sehen, an dem im Jahr 1950 zum letzten Mal ein Mensch in Österreich erhängt wurde. Der Ort des Geschehens war die Stadt Wels. So beenden wir diese Zeitreise und danken, dass diese düsteren Ereignisse sich nur mehr im Museum und nicht mehr in der Realität ereignen – dies zumindest in Europa.

Ausgangspunkt für Wanderung auf den Hochsalm: Scharnstein, Ortsteil Tießenbach
Dauer: 3,5 Stunden, 5,4 Kilometer, 900 Höhenmeter
www.scharnstein.kriminalmuseum.at

Über die Irrer Alm und den Stoamandlsteig gelangen Wanderer zur Narzissenblüte auf dem Zuckerhut

Als Salat oder Gemüse aus der Gruppe der Zichorien schmeckt Zuckerhut vorzüglich. Seinem Namen viel gerechter wird aber das kegelförmige Gebilde des Hausbergs von Grünau. Ein harmonischer Kegel, am Fuß des Toten Gebirges gelegen. Die vielen weißblühenden Narzissen schmücken ihn bis Anfang Juni wie ein Zuckerguss. Knapp 400 Meter erhebt er sich über die Almtalgemeinde.

Der gut beschilderte Rundweg Nr. 6 Zuckerhut beginnt direkt an der Ortseinfahrt in Grünau nach der Brücke über den Grünaubach. Das fröhlich plätschernde Gewässer begleitet uns das erste Stück. Dann wendet sich der Weg – immer gut markiert – in Richtung der markanten grünen Erhebung. Durch steiles Waldgelände steigt man 200 Höhenmeter hinauf. Eine Rastbank gibt einen ersten Blick auf eine Narzissenwiese frei.
Um die volle Blütenpracht zu erkunden, steuern wir die idyllische Irrer Alm an. Mehrere Wanderer genießen auf der Hüttenbank bereits die Aussicht auf die Narzissenwiesen. Es lohnt, das weitläufige Almgelände zu erkunden. Friedlich lagern die Kühe inmitten der blühenden Pracht. Ein paradiesisches Leben. Sie sind sichtlich unberührt vom griechischen Mythos, der dieser Blume den Namen gegeben hat: Der schöne, in sein Spiegelbild verliebte Jüngling Narziss wurde nach seinem Tod in eine Narzisse verwandelt, um so der Nachwelt erhalten zu bleiben. Ein betörender Duft erfüllt die Luft. Man versteht, dass sich die Bezeichnung „Narzisse“ vom griechischen Wort für „betäuben“ herleitet. Geradezu benommen wird man von Geruch und Anblick. Ein Spruch des Zen-Buddhismus beschreibt das

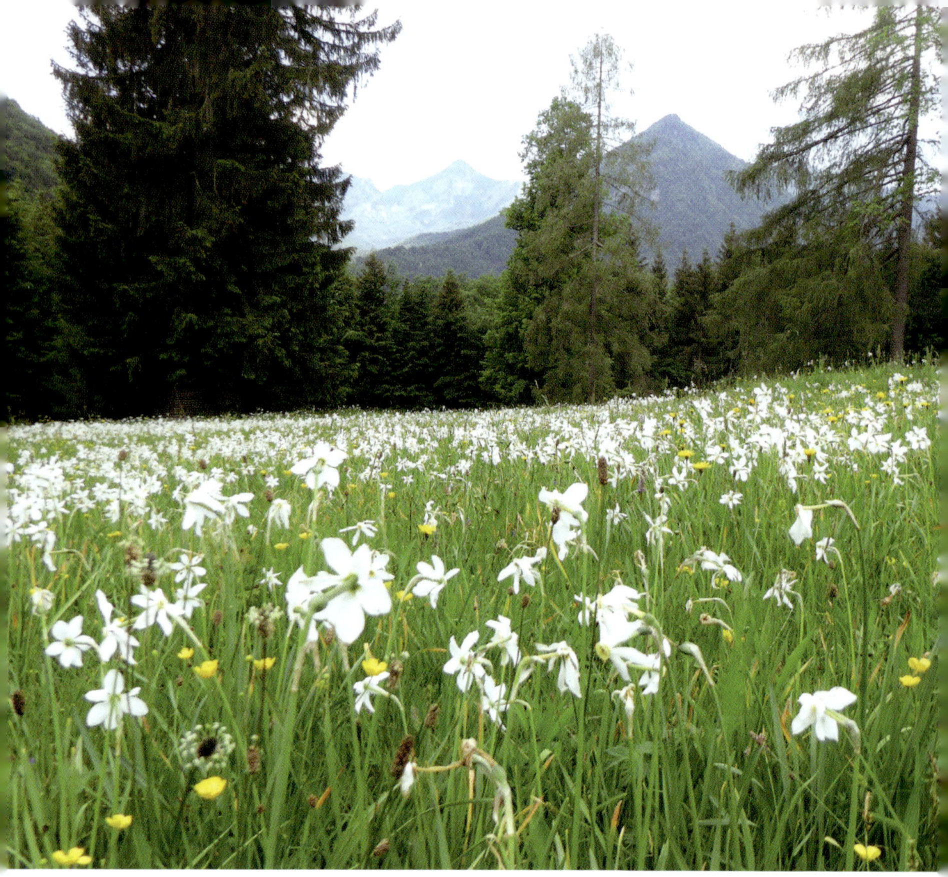

Narzissenpracht mit Blick auf den Zwillingskogel.

Phänomen mit anderen Worten: „Wenn die Bergblumen erblühen, offenbart ihr Duft den wahren Sinn." Und so manchen, die mit einem Narzissenstrauß mitten durch die Wiese streifen, sei das Wort von des englischen Philosophen Francis Bacon in Erinnerung gerufen: „Der Duft der Blumen ist weit süßer in der Luft als in der Hand."

Dann aber lockt der Gipfel des Zuckerhuts. Dafür geht es einige Schritte zurück vor das Almgelände. Dort führt gut sichtbar der „Stoamandlsteig" steil nach oben. Wieder sind 200 Höhenmeter zu überwinden, bis das Ziel erreicht wird. Ein mit Steinen befestigtes, improvisiertes Gipfelkreuz begrüßt uns. Die

prächtige Aussicht entschädigt für die Mühen des Aufstiegs. Ein schmales Weglein führt auf dem bewaldeten Bergrücken weiter. Bizarre Kalksteinfelsen säumen den Weg.
Nach steilem Abstieg wird ein Forstweg erreicht. Vielerlei Blumen am Wegrand springen ins Auge: Neben den bekannten Margeriten und Lichtnelken auch Akeleien, Storchenschnabel und die giftige Tollkirsche. Je näher man auf diesem Gipfelrundweg wieder der Irrer Alm kommt, desto öfter blitzen die weißen Wiesen durch den Wald. Wir durchqueren das Almgelände und nähern uns der Markierung folgend rasch dem Ortszentrum von Grünau.

Ein Milan zieht majestätisch seine Kreise am Himmel. Schon von Weitem ist die Kirche sichtbar. Sie steht auf einem vorspringenden Bergrücken über dem Dorf. Die Grünauer Historikerin Anna Pimminger erzählt über den Ursprung des Ortsnamens: „Mit der Gründung des Stiftes Kremsmünster durch Herzog Tassilo von Bayern im Jahr 777 tritt auch die Landschaft am Almfluss ins Licht der Geschichte. Der Name „Gruonna" erscheint erstmals im Jahr 1160 in den Urkunden. Daraus entwickelte sich die heutige Bezeichnung Grünau." Ein würdiger Abschluss des dreistündigen Rundwegs ist der Besuch der dem heiligen Jakobus gewidmeten prächtigen Barockkirche.

Ausgangspunkt: Grünau, Ortseinfahrt
Dauer: 3 Stunden, 7,3 Kilometer, 374 Höhenmeter
www.gruenau.ooe.gv.at

Die Dr.-Vogelgesang-Klamm ist die längste in Oberösterreich

„Früher Vogelsang macht den Winter lang“: Wenn dieser Spruch stimmen würde, wäre in der Vogelgesang-Klamm das ganze Jahr Sommer, denn ein solcher ist hier nicht zu vernehmen Das Wasser des Trattenbachs stürzt in mehreren Kaskaden donnernd durch die steile Schlucht und verschluckt alle anderen Geräusche. Ausgangspunkt einer imposanten vierstündigen Rundwanderung ist der Ortsteil Grünau in Spital am Pyhrn. Immer den Gipfel des Großen Pyhrgas (2244 m) vor Augen geht es in die wildromantische, über eineinhalb Kilometer lange Felsenschlucht. Sie erhielt ihren Namen vom ehemaligen Gemeindearzt von Spital, der sich vor über 100 Jahren um die Erschließung dieses Naturdenkmals bemühte. Die Stege und über 500 Holzstufen sind kühn in die Landschaft gebaut und teilweise an senkrechten Felsen befestigt. Ein leichtes Prickeln beim Durchsteigen begleitet den Wanderer. Die Luft riecht nach Moos und Waldboden und vibriert geradezu vom tanzenden Wasser – es klingt wie ein vielstimmiges Orchester. Langsam weitet sich das Tal und das Ende der Klamm ist erreicht. Eine mächtige Buche scheint ihren Standort in dieser Schlucht besonders zu lieben. Sie hat ihre Wurzeln um einen Felsen geschlungen und ernährt sich offensichtlich von der Feuchtigkeit des Felsens und der Luft.

Der Weg verläuft hier gleichzeitig auf dem internationalen Fernwanderweg Via Alpina und dem Benediktweg, der von Spital nach St. Paul im Lavanttal führt. Im Naturschutzgebiet der Haller Mauern werden die Bosruckhütte und nach einer weiteren Gehstunde die idyllische Hofalm erreicht. Die Hüttenwirtin Helen Schaurecker serviert eine köstliche Tellerfleischsuppe.

Die Herbstsonne und der großartige Ausblick ins Tal machen den Abschied nicht leicht, aber es lockt ein besonderes

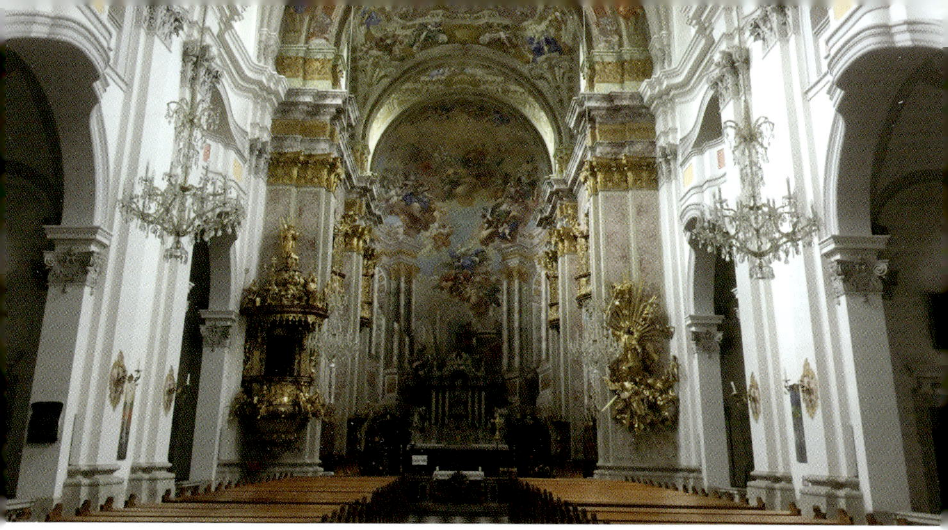

Barocke Pracht im Dom am Pyhrn.

Kulturdenkmal, das markant das Ortsbild von Spital prägende ehemalige Stift. Der Pfarrer und Zisterzienserpater Friedrich Höller berichtet über die wechselvolle Geschichte: „An der bereits von Kelten und Römern benutzten Straße über den Pyhrnpass gelegen – auf Keltisch bedeutete *pyhr* Hügel, Berg – errichtete Bischof Otto II. von Bamberg im Jahr 1090 ein Hospiz für Pilger." Über Jahrhunderte war es ein Stift für weltliche Chorherren, um in der Barockzeit zu der heute noch zu bewundernden Pracht als „Dom am Pyhrn" ausgebaut zu werden.
Auch die Politik beeinflusste den Ort. In den letzten Kriegsmonaten 1945 wurden in der Stiftsgruft 33 Tonnen Gold gelagert. Es war dies der gesamte Goldschatz der ungarischen Nationalbank, der aus Angst vor den vorrückenden Russen aus Budapest abtransportiert wurde. Jetzt ist er wieder ein Platz der Stille und geistlichen Einkehr, ein würdiger Ort für den Abschluss eines großartigen Ausflugs.

Ausgangspunkt: Spital am Pyhrn, Ortsteil Grünau
Dauer: 4 Stunden, 10,2 Kilometer, 660 Höhenmeter
Schwindelfreiheit und Trittsicherheit erforderlich
www.Spital-Pyhrn.at

41 St. Pankraz

Auf dem Flötzersteig geht es entlang der Steyr zum schönsten Ort von Österreich

Wild schäumend braust das smaragdgrüne Wasser der Steyr daher. Wo bis zum Jahr 1950 Holz aus dem Stodertal „getriftet" wurde, kann man heute ein einmaliges Naturerlebnis genießen. Der Flötzersteig führt auf über 20 Kilometern entlang des Steyr-Flusses durch die abwechslungsreiche Kulturlandschaft des gesamten Stodertales. Wir starten in Sankt Pankraz beim Wilderermuseum neben dem ehemaligen Gasthof Steyrbrücke direkt an der B 138. Anfangs ein schmaler Steig in der schluchtartigen Flusslandschaft unterhalb des Tambergs, weitet sich der Weg zu den sich ausbreitenden Ebenen und Seitentälern. Ein riesiger Felsblock mitten im Wasser weist noch die Verankerungen des Sperr-Rechens auf. Dieser diente in früherer Zeit dazu, die Holzstämme zu sammeln, um sie anschließend flussabwärts zu schwemmen. Als erster hochalpiner Begleiter taucht der Kleine Priel (2 136 m) auf.

Der Bewohner des idyllischen Häuschens in der Ebene unter diesem Berg kann aus sicherer Entfernung die winterlichen Schneelawinen beobachten, die an der Bergflanke des markanten Berges herunterstürzen. Er kennt auch die Schattenseiten seiner ländlichen Idylle: „Im Winter erreicht uns nur ganz kurz die Sonne." Jetzt im Frühsommer ist es strahlend sonnig. Wir wechseln der Wegmarkierung folgend auf die andere Flussseite und treffen auf lebendige Zeugen früherer Bewirtschaftung. Die „Dörrhütt´n" diente zum Dörren von Äpfeln, Zwetschken und Birnen. Sie war Teil des hier typischen Haufenhofs und sicherte neben dem Anbau von Getreide, der Schaf- oder Ziegenhaltung, der Bienenzucht sowie der Verarbeitung von Flachs zu Leinen den Lebensunterhalt der Menschen. Eine nachhaltige

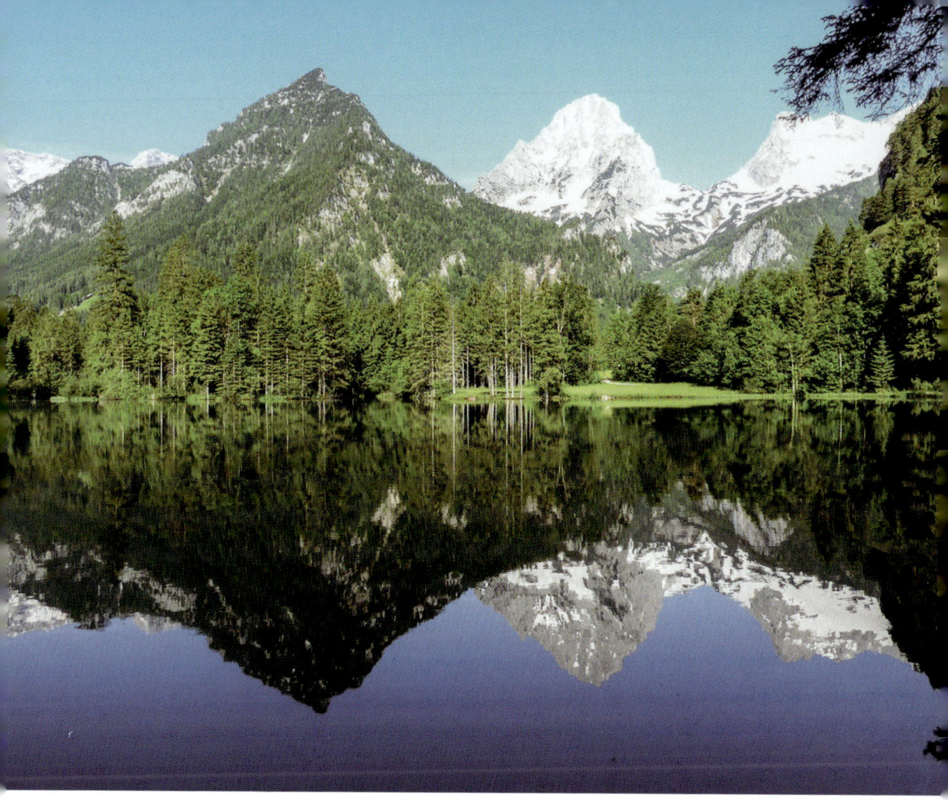

Der Schiederweiher wurde von den ORF-Sehern im Jahr 2018 zum schönsten Platz Österreichs gewählt.

Bewirtschaftung in der kargen Gegend, an die wir uns heute nur mehr nostalgisch erinnern können. Wegen der Brandgefahr lagen die „Dörrhütt'n“ meist etwas vom Hof entfernt. Auf dem weiteren Weg erinnert eine alte Mühle an die weitgehend autark lebenden Bauern. Fast jeder von ihnen hatte seine eigene, um darin sein Brot selbst backen zu können.

So nähern wir uns langsam dem ersten klassischen Fotopunkt am Flötzersteig, dem Stromboding-Wasserfall. Der Name stammt von einem nahen Bauernhaus, so der Bürgermeister von Hinterstoder, Helmut Wallner. Von der über den Fluss führenden Brücke beobachten wir das gewaltige Tosen des Wassers. Die weiße Gischt schießt durch eine Engstelle des Tals, das zusätzlich durch einen mächtigen Felsblock verkleinert wird. Hier lohnt es sich, eine Pause einzulegen und zu beobachten, mit welcher Gewalt das Wasser sich über Jahrtausende den Weg durch die Felsen gebahnt hat. Was für den berühmten englischen Landschaftsmaler E.T. Compton (1849–1921) ein einmaliges romantisches Motiv war, stellte für die Flößer eine besondere Herausforderung dar. Mit dem Schmelzwasser im Frühling wurden die Holzstämme hin zu den eisenverarbeitenden Betrieben „geflößt“. Gerade an dieser Engstelle bildeten sich häufig Verklausungen und Stauungen. Die verkeilten Stämme wieder in Fließrichtung zu bringen, gelang oft nur unter Lebensgefahr. Der alte Vers erinnert daran: „Holzknechtbuam samma ja, und lassn'n uns nix sag'n, ob's heut oder morg'n uns in Friedhof aussi trag'n.“

Von der Kreide- zur Polsterlucke

Ein kleiner Abstecher zum Naturdenkmal Kreidelucke lohnt sich: Ein dunkles Riesenloch, das bevorzugt von Fledermäusen bewohnt wird und über eine Strecke von 1,6 Kilometern in den Berg hineinführt. Der Name geht auf die Kreidevorkommen zurück, die in großer Menge offen zugänglich sind. Das Betreten ist allerdings nur im Rahmen einer Führung möglich.

Nahe dem Ortszentrum von Hinterstoder trifft der Wanderweg auf die liebevoll gestaltete Kneippanlage. Zur Einstimmung drehen wir dort eine kleine Entspannungsrunde auf dem Rindenmulchweg. Anschließend geht es auf die als Barfußrundweg angelegte „Stoderzeit Organuhr“. Auf dem Rundparcours gehend werden über die Fußreflexzonen die inneren Organe angeregt und trainiert. So lernen wir, dass von 7 bis 9 Uhr der Magen, von 9 bis 11 Uhr die Milz und von 11 bis 13 Uhr das Herz aktiviert wird. Diese entspannende Pause an der gepflegten Anlage erfrischt für den weiteren Weg.

Der verspricht einen besonderen Höhepunkt, nämlich den Besuch des schönsten Platzes von Östereich – laut Abstimmung der ORF-Fernsehzuschauer im Jahr 2018: Der Schiederweiher liegt spiegelglatt vor uns. Dahinter thronen die Spitzmauer und der Große Priel, die wir als Spiegelbild im Wasser gleich zweimal bewundern können. Der Schiederweiher wurde um 1900 vom k. u. k. Hofbaumeister Johann Schieder errichtet. Am Anfang unseres Jahrhunderts wurde er von der öffentlichen Hand und dem Eigentümer, dem Herzog von Württemberg, saniert. Neben der Urforelle der Region wurden Seesaiblinge, Reinanken, Elritzen, Koppen sowie Edelkrebse eingesetzt. Der Anblick dieses Naturjuwels ist einzigartig und lässt uns mit staunenden Augen innehalten. Nicht umsonst ist es eines der meistfotografierten Motive des Bundeslandes.

Schließlich gelangen wir zur letzten Station unserer fünf Stunden langen Wanderung, der Polsterlucke. Auch dieser Name leitet sich von einem nahen Bauernhof ab. Es ist eine blumenübersäte Ebene inmitten der gewaltigen Gebirgskulisse des Toten Gebirges. Im Jahr 2000 wurde das 100 Jahre alte Wirtschafts- und Stallgebäude des Polstergutes von der Herzog-von-Württembergischen Forstverwaltung als Rast- und Jausenplatz umgebaut. Einladend erfreut seitdem das „Polsterstüberl" als Naturschaufenster die vielen Wanderer, die auf dem Weg zum Prielschutzhaus sind und hier Rast machen.

Ausgangspunkt: St. Pankraz, Wilderermuseum
Dauer: 4 Stunden, 16 Kilometer (beschriebene Wegstrecke)
www.wilderermuseum.at
Führungen Kreidelucke über: Nationalpark Zentrum Molln,
Telefon 0 75 84 36 51
Pyhrn-Priel Tourismus GmbH, Hinterstoder 38, 4573 Hinterstoder,
Tel. 0 7564 5263–99, www.urlaubsregion-pyhrn-priel.at

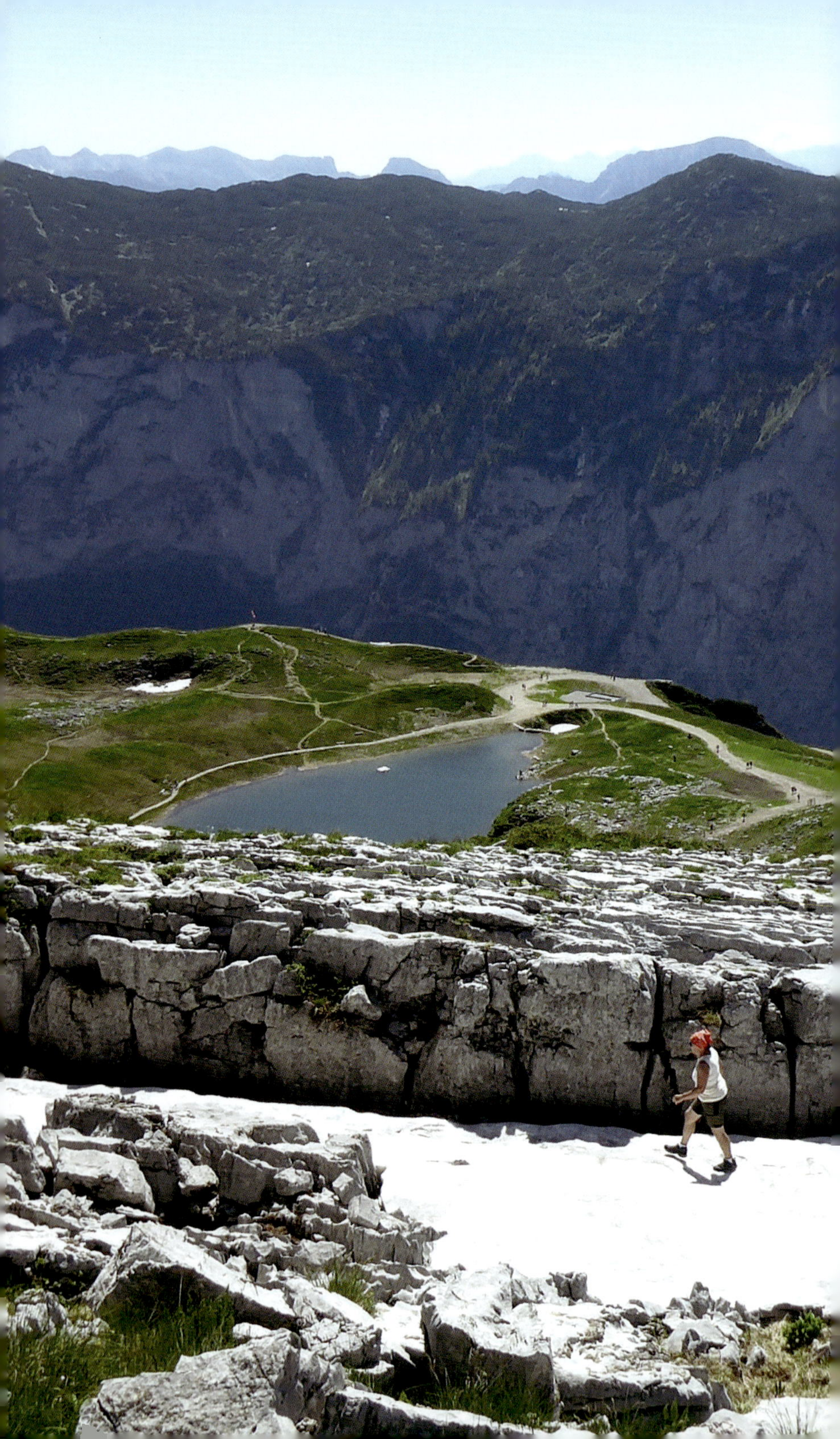

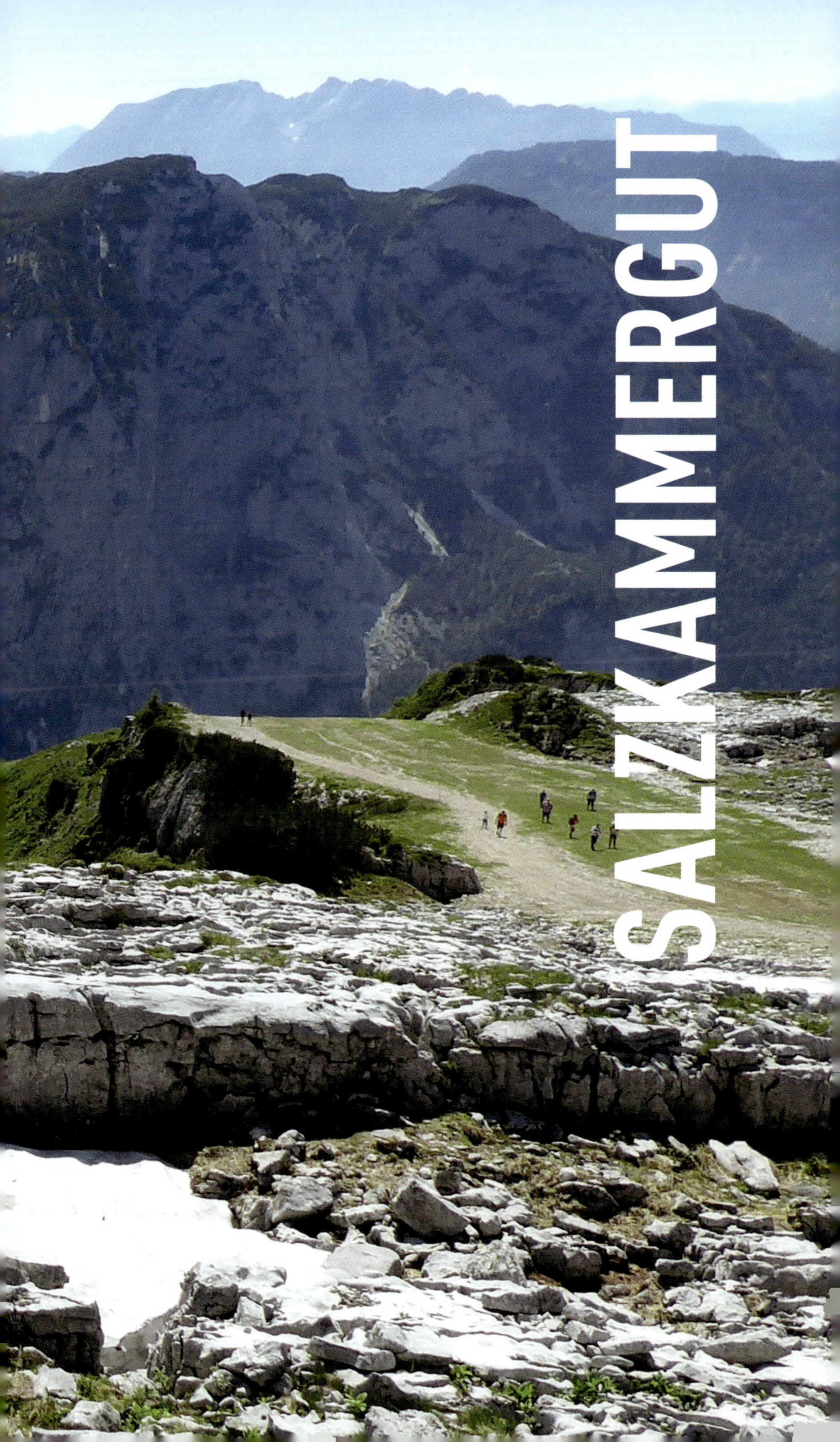
SALZKAMMERGUT

Wenn ein Riese sich in eine Nixe verliebt, kommt die „Schlafende Griechin" heraus, ein sagenumwobener, prachtvoller Aussichtsberg

Bequem fahren wir durch den langen Tunnel, der Gmunden mit Ebensee verbindet und unten durch den Sonnstein geschlagen wurde. Wer vor 150 Jahren Ebensee besuchen wollte, musste mit dem Boot von Traunkirchen anreisen – auf dem Landweg war der Ort nicht erreichbar.

„Die Besucher der Sonntagsmesse fuhren mit dem Boot ins Nonnenkloster Traunkirchen. Es war eine besondere Pionierleistung, dass im Jahr 1867 entlang des Traunsees eine Straße errichtet wurde", erläutert der Leiter des Tourismusverbands Traunsee-Almtal, Gerhard Spengler. Während der Fahrt auf dem See ist wohl so manche Sage erfunden und erzählt worden. Besonders anregend war sicher der Blick auf die Silhouette des Erlakogels: Unschwer erkennbar sind die Umrisse einer liegenden Frau, insbesondere ihr Kopf mit einer ausgeprägten Nase.

Der Riese Erla baut ein Schloss

Eine der vielen Sagen über den Berg berichtet, dass der Riese Erla in die Nixe Blondchen verliebt war. Als Zeichen seiner großen Zuneigung errichtete er ihr eine eigene Insel im See und baute drauf ein Schloss. Heute heißt es Schloss Ort. Blondchen erhörte ihn aber trotzdem nicht. Aus Frust und Trauer meißelte er ihr Gesicht in den Berg, der wegen der markant großen Nase „Schlafende Griechin" genannt wird. Der 1575 Meter hohe Gipfel, auch Erlakogel genannt, bietet eine großartige Aussicht und ist gefahrlos zu besteigen.

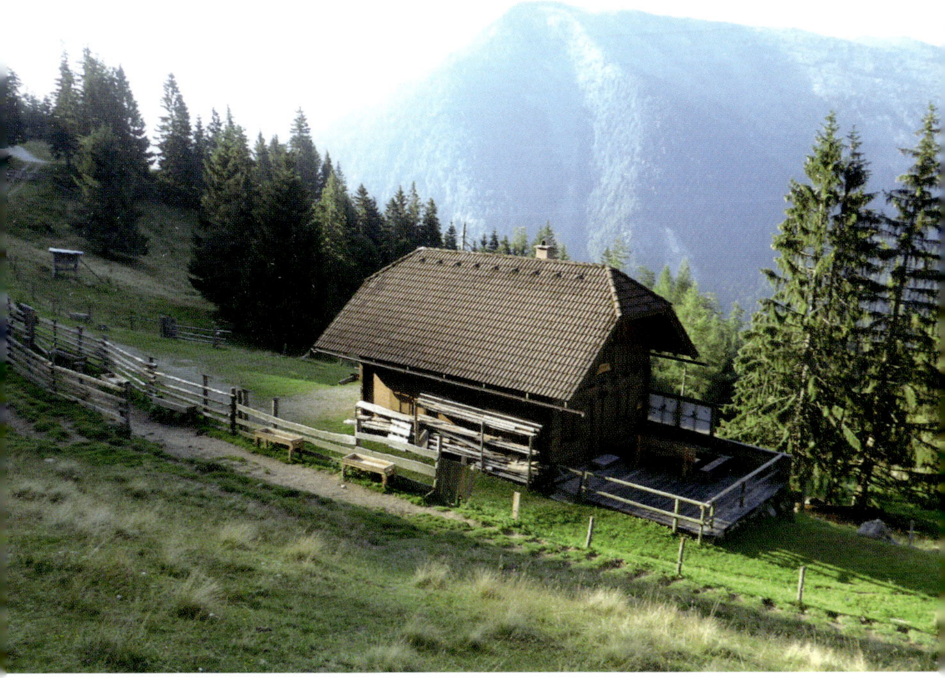

Die Spitzelsteinalm liegt auf dem Weg zum Gipfel.

Ausgangspunkt für unsere Tour ist der Parkplatz beim Freizeitzentrum am Traunsee im Ortsteil Rindbach. Gut markiert führt der Weg entlang des trockenen Rindbachs zunächst zu einem Zeugnis der letzten Eiszeit, einem Gletscherschliff aus mehreren riesigen glatten Felsen. Steil geht es dann durch den Wald nach oben. Nach einer Gehstunde bietet der „Aloisbrunnen" köstliches Wasser an. Benannt ist er nach einem Erlakogel-Pfarrer.

Auf 1 050 Meter Höhe wird die Spitzelsteinalm erreicht. Schottische Hochlandrinder trotten gemächlich durch das Gras. Bereits im Jahr 1695 errichtet, war diese Alm lange Zeit verwildert und wurde erst vor einigen Jahren reaktiviert. Weiter geht es durch steilen Bergwald, bis freies Gelände erreicht wird. Der Orkan Kyrill hat hier im Jänner 2007 den Bergwald großflächig umgelegt. Mittlerweile ist alles wieder grün, nur kahle Baumgerippe erinnern an die damalige Katastrophe. Der Blick fällt

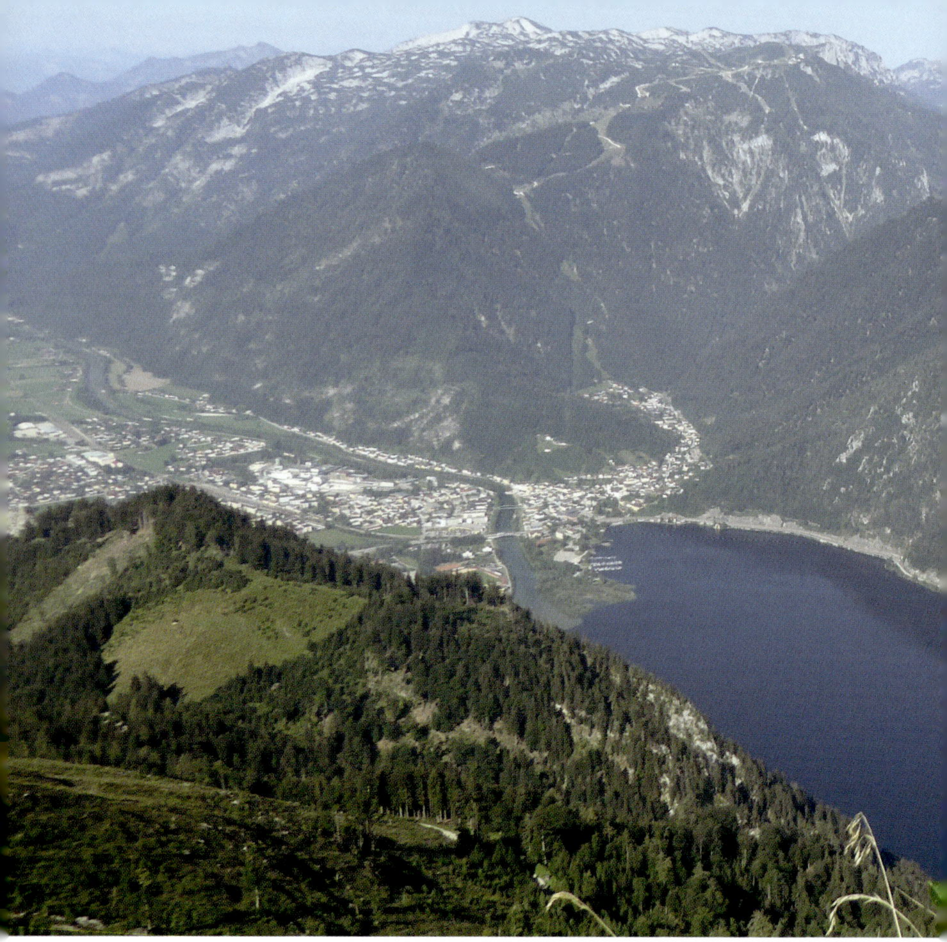

auf den tief unten liegenden Ort Ebensee. Gut erkennbar ist die Betriebsanlage der Saline. Franz Gillesberger, der Leiter des Ebenseer Museums: „In Ebensee wird seit 1607 Salz gesotten. Die heute älteste Pipeline der Welt transportierte die Sole von Hallstatt hierher, in die einzige Saline Österreichs."
Begleitet von verschiedenen alpinen Pflanzen wie dem roten Alpendost und dem gelben Fuchs-Kreuzkraut erreichen wir nach drei Stunden den Gipfel. Mittels eines Panorama-Visiers lassen sich die Berge in einer großartigen Gipfelschau identifizieren: Ganz nahe die steile Felspyramide des Gmundner Hochkogels,

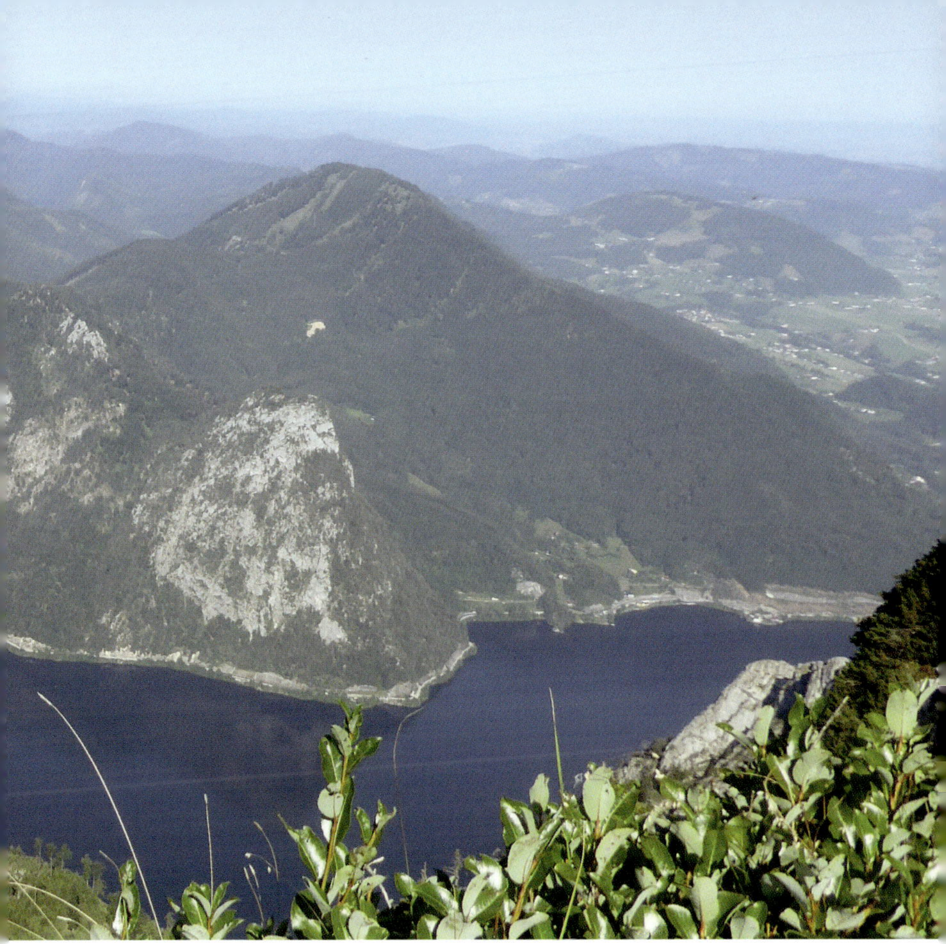

Atemberaubender Blick auf den tiefblauen Traunsee.

gleich dahinter der mächtige Klotz des Traunsteins. Hinter dem tiefblau leuchtenden Traunsee geht der Blick zum Höllengebirge. Nach dem interessanten Rundumblick bis hin zum Ötscher im Osten ergeben sich nette Gespräche mit den wenigen Weggenossen auf diesem einsamen Gipfel. Dann geht es auf dem Aufstiegsweg rasch hinunter ins Tal, wo ein Bad im Traunsee herrlich erfrischt.

Ausgangspunkt: Ebensee, Freizeitzentrum Rindbach
Dauer: 5 Stunden, 7,8 Kilometer, 1 128 Höhenmeter

Vor rund 850 Jahren wird der Ausseer Salzabbau erstmals urkundlich erwähnt. Im Zweiten Weltkrieg wurden die Stollen des Salzbergwerks zum Versteck geraubter Kunstgüter

Das Ausseer Land bietet nicht nur landschaftliche Schönheit, sondern auch verborgene Schätze. Im Inneren des 1 717 Meter hohen Sandling, der zum Toten Gebirge gehört, wird immer noch Salz abgebaut, der Großteil im sogenannten Bohrlochsondenverfahren, bei dem die Sole mittels Wasserzufuhr aus dem Berg gelöst wird. Sie wird in der Ebenseer Saline vor allem zu Industrie- und Streusalz verarbeitet. Der Gebirgsstock birgt die größten Salzvorkommen Österreichs.
Auf den Tisch kommt im Ausseer Land seit jeher das Natursalz, „Bergkern" genannt. Dieses wird in kleinen Mengen im Trockenbau aus dem Gestein geschlagen, ist durchsetzt mit den Mineralien des Berges und wird in der Mühle immer frisch gemahlen. Auch Spitzenköche schwören auf dieses naturreine Würzmittel.

Raubkunst der Nazis im Stollen

Die kundige Ausseerin Waltraud Zach kann von einem bedeutenden geschichtlichen Ereignis berichten: „Die Bergleute haben nicht nur Salz gefördert, sie haben auch eine wahre Heldentat vollbracht: Im Zweiten Weltkrieg wurden hochkarätige Kunstschätze aus ganz Europa in den Salzstollen des Sandling gelagert. Gegen Ende des Krieges befahlen fanatische Nazis, diese durch Sprengung zu zerstören. Unter größter Lebensgefahr verhinderten dies die Bergleute und retteten so unschätzbare Kunstwerke vor der Vernichtung. Viele Museen der Welt wären heute wesentlich ärmer, hätten diese Menschen nicht ihr Leben riskiert."

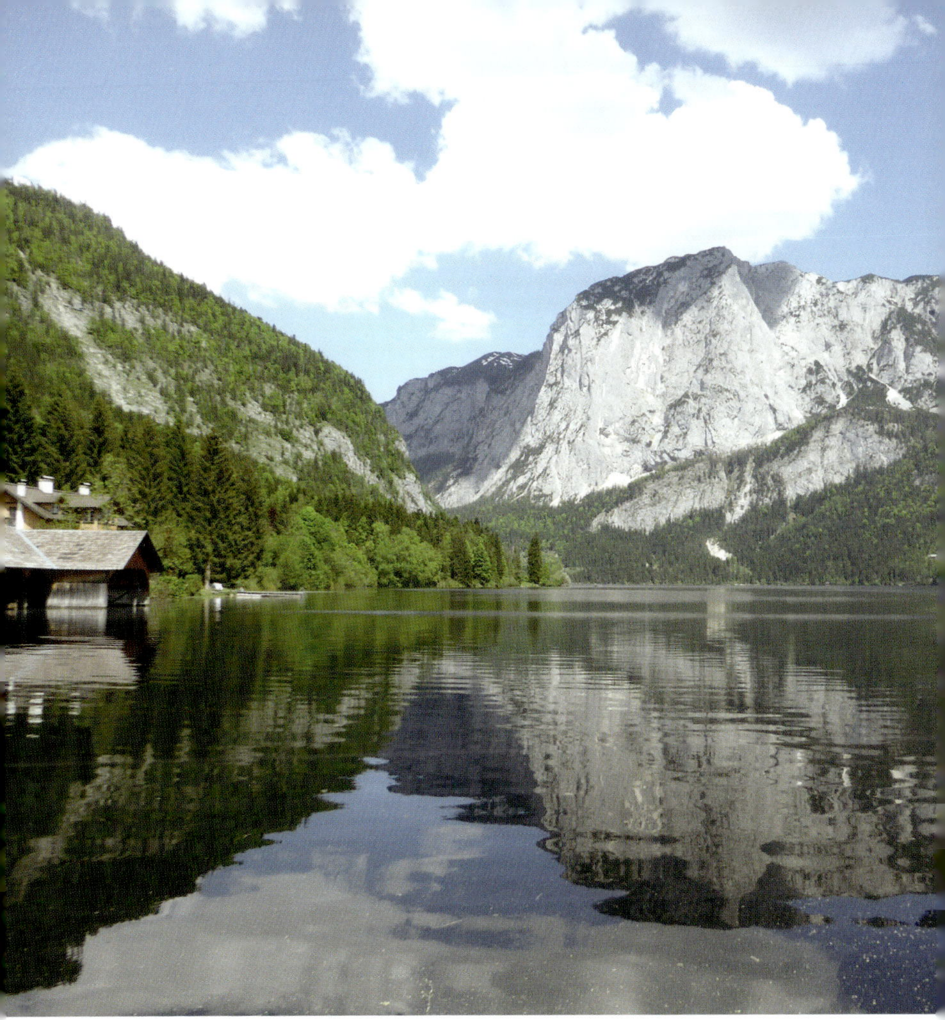

Der Altausseer See mit der Trisselwand im Hintergrund.

Ausgangspunkt für eine Besteigung des Sandling ist der Parkplatz nahe dem ehemaligen Gasthof Sarsteinblick in der Altausseer Ortschaft Waldgraben. Erstes Wegziel ist die Lambacher Hütte. Wie um das Eintauchen in die reizvolle Kulturlandschaft zu markieren, steht gleich zu Beginn eine prächtige Landvilla. Ein Unternehmer aus dem Salzkammergut hat sich hier seinen Wohntraum verwirklicht. Der Weg führt durch einen Mischwald, häufig unterbrochen von Lichtungen und kleinen Wiesen.

Gewaltiger Bergsturz vor 100 Jahren

Als besondere akustische Würze begleiten munter plätschernde Bächlein den Weg. Manchmal benutzen sie auch die Wanderroute, deshalb ist wasserdichtes Schuhwerk angebracht. Mehrmals heißt es, wie ein Akrobat auf Steininseln zu balancieren, um den Sandlingbach zu überqueren. Ein sehr abwechslungsreiches Dahingehen. Schließlich wird die Vordere Sandlingalm erreicht. Friedlich weiden die Kühe – gänzlich unbeeindruckt von der mächtigen Westwand des nahen Sandlingmassivs. Fast 1 000 Jahre lang wird dessen Inneres bereits ausgehöhlt und aus zahlreichen Bergwerksstollen wertvolles Salz gefördert. Vielleicht war dies einer der Gründe, warum sich im September 1920 ein gewaltiger Bergsturz ereignete: Unvorstellbare 9 Millionen Kubikmeter Gestein und damit ein Teil der gesamten Sandlinger Westwand donnerten in die Tiefe. Ein riesiges Meer an Schutt und Kalkblöcken zeugt noch heute von dieser zerstörerischen Urkraft. Heute liegt der Berg ganz ruhig vor uns und lädt zu einer Besteigung ein.
Vor dem Aufstieg machen wir jedoch noch einen 15-minütigen Abstecher zur nahen Lambacher Hütte. Die großzügige Terrasse mit ausgezeichnetem Rundumblick ist der perfekte Rastplatz nach dem eineinhalbstündigen Aufstieg. Die Selbstversorgerhütte ist zwar nicht bewirtschaftet, ein Kühlschrank als „Flüssigtankstelle“ garantiert jedoch ausreichende Versorgung mit Bier und Limonade. Hier kann man auch entspannt über die weitere Route entscheiden. Die gemütliche Variante führt direkt zur Ausseer Sandlingalm, umrundet den Sandlinggipfel und erreicht in zweieinhalb Stunden wieder den Ausgangspunkt. Uns zieht es jedoch auf den Gipfel, dem wir uns – wieder zur Vorderen Sandlingalm absteigend – nähern. Zunächst geht es auf gemütlichem Pfad bergauf. Unzählige Germerpflanzen – Vorsicht, giftig! – färben die Wiesen weiß. Dazwischen stehen Orchideen und immer wieder der meterhohe, rosafarbene Alpendost sowie der gelbe Fingerhut. Dann wird es sportlich: Der Weg wird steiler. Trittsicherheit und Schwindelfreiheit sind erforderlich. Über

ausgesetzte Felsstufen und mit Stahlseilen und Eisenklammern gesicherte Gassen klettern wir nach oben.
Zwischen den Felsen und auf Grasinseln der flacheren Passagen blüht der Almrausch. Nach einer Stunde sind die dreihundert Höhenmeter überwunden. Auf dem Gipfeldach auf 1717 Meter Höhe bietet sich ein grandioser Rundblick. Ein besonderer Blickfang ist die Bergkrone des Losergipfels. Der Ausseer Hausberg mag manchen an die Felstürme im nordamerikanischen Wilden Westen erinnern. Dahinter dehnt sich das weite Plateau des Toten Gebirges.

Nach einer ausgiebigen Gipfelrast geht es an den Abstieg. Für die nächste Stunde wendet sich die Wanderroute in Richtung Loser. Wieder sind einige Steilabbrüche zu überwinden, flache Passagen wechseln mit bizarren Felsformationen und beschaulichen Abschnitten. Bald erreicht man die Ausseer Sandlingalm: eine wahre Idylle mit vielstimmigem Kuhglockengebimmel. Schließlich verläuft der Weg Richtung Lupitsch und auf einer Höhe von 1 000 Metern wird die Via Salis erreicht. Schautafeln informieren über die lange Tradition des Salzabbaus. Vor dem Breunerbergstollen machen wir Rast. Vor wenigen Jahren wurde der im Jahr 1695 angeschlagene Stollen, durch den die Hüttenwässer aus dem karstigen Berginneren abgeleitet werden, erneuert. Exakt vorbereitete neue Holzelemente wurden für Boden, Seitenwände und Decke – genannt Sohle, Ulme und First – eingebracht. Die nächsten 40 Jahre wird dieser Stollen wieder seinen Dienst verrichten und sicherstellen, dass sich das Wasser nicht im Berg staut, sondern kontrolliert abfließt.

Ausgangs- und Zielpunkt: Parkplatz nahe dem ehemaligen Gasthof Sarsteinblick in der Altausseer Ortschaft Waldgraben
Dauer: 5 Stunden, 9,8 Kilometer, 800 Höhenmeter, Schwindelfreiheit und Trittsicherheit für die Gipfelbesteigung erforderlich
www.altaussee.at

44 Hallstatt, Echerntal

Gletschermühlen sind eiszeitliche Naturrelikte, denen wir im sogenannten Gletschergarten begegnen

So ein Rauschen haben wir noch selten gehört: Ein tiefes Schnurren, unterlegt mit einem leichten Vibrato. Mit jeder Gehminute, die wir am Malerweg neben dem Waldbach im Hallstätter Echerntal in Richtung Dachstein steigen, nimmt das Gefühl von Entspanntheit zu. Die Luft ist voll vom Wasserstaub des Karstgewässers. Es ist in den Tiefen des Dachstein-Massivs am Waldbachursprung auf 910 Meter Höhe entsprungen und nimmt nun seinen Weg in Richtung Hallstättersee.
Betty Jehle ist Waldpädagogin und Naturschauspiel-Führerin. Sie kennt viele Geheimnisse des von der Eiszeit geprägten Tals. Bedeutende Persönlichkeiten haben schon vor Jahrhunderten diesen besonderen Ort erkundet. Ein Riesen-Felsblock begrüßt uns am Beginn des Themenweges „Maler, Literaten und Naturwunder". Der Geograf, Glaziologe und Alpenforscher Friedrich Simony (1813–1896) hat ihn „Runenstein" genannt, weil er charakteristische runenähnliche Verwitterungspuren aufweist. Simony gelang auch die erste Winterbesteigung des Dachsteins. Mit dem fiktiven „Simmigletscher" setzte diesem der Dichter Adalbert Stifter (1805–1868) in seinem Roman „Der Nachsommer" ein literarisches Denkmal. Auch die Hauptfigur des Romans „Freiherr von Risach" ist Simony nachempfunden. Für einen Germanisten, der Adalbert Stifter als Studienschwerpunkt hatte, ist es ein erhebendes Gefühl, in die reale Landschaft einzutauchen, die wesentliche Teile des Stifterschen Werks geprägt hat.

Ältester Klettersteig des Salzkammergutes

Aus den Gedanken an den großen Poeten reißt uns die nächste Station, der Waldbachstrub, wohl einer der schönsten Wasserfälle

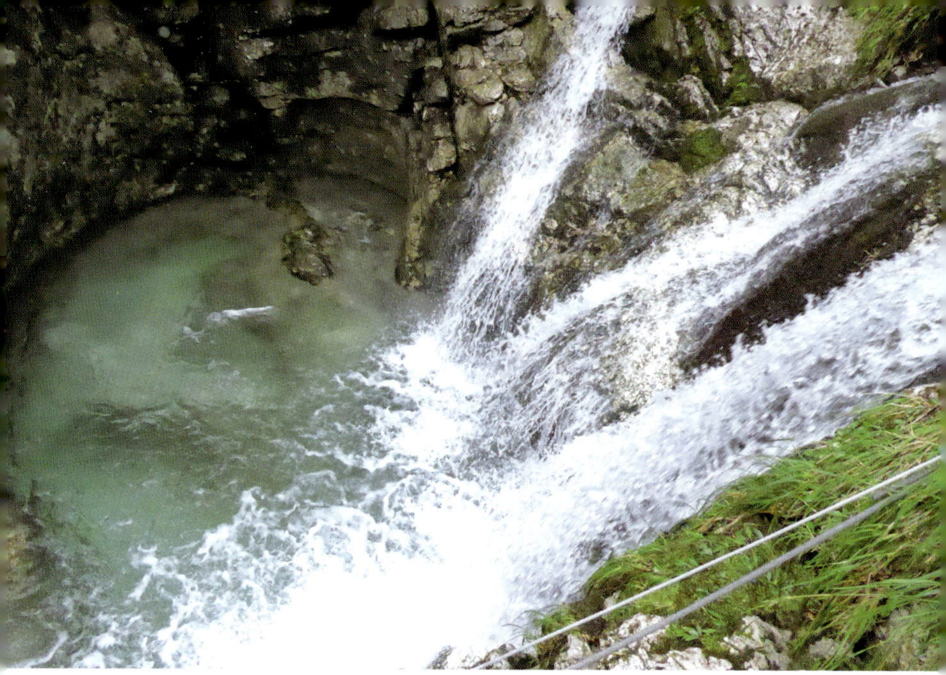

Wassertümpel als „Gletschermühlen" im Echerntal.

von Österreich. Genau genommen vereinen sich drei alpine Bäche zu einem gemeinsamen Wasserfall. Neben dem Waldbach, der sein klares und eiskaltes Wasser aus dem Karst mitbringt, stürzen hier aus 95 Meter Höhe der Klauskogel- und der Lauterbach vom Plassen kommend ins kaskadenförmige Bachbett. Allesamt münden sie nach zwei Kilometern in den Hallstättersee. Mittendrin stehen wir als staunende Beobachter. Eine Plattform im Vordergrund lässt uns hier einige Zeit verweilen und das Naturschauspiel ausgiebig genießen. Zu Recht wird dieser Ort als Glücksplatz bezeichnet. Die berühmtesten der österreichischen Romantik-Maler wie Rudolf von Alt oder Georg Friedrich Waldmüller haben sich im 19. Jahrhundert von der einzigartigen Landschaft inspirieren lassen. Kaiser Franz Joseph hat von hier entzückte Briefe an seine Sisi nach Korfu geschrieben.

Nach dieser Station begeben wir uns in das steile Gelände des Gangsteigs. Er gilt als der älteste „Klettersteig" des Salzkammergutes. Für das Passieren der Echernwand ist Trittsicherheit erforderlich. Auf in den Berg gehauenen 400 Felsstufen überwinden wir die fast senkrechte Felsflanke direkt über den Wasserfällen. Alle herausfordernden Stellen sind bestens gesichert und geben immer wieder außergewöhnliche Blicke in die Waldbachschlucht und ins Echerntal frei. Viel Mühe wurde wohl in den vergangenen Jahrhunderten dafür aufgewendet, diesen Weg aus dem Gestein zu schlagen und für Holzknechte und Salzbergwerk-Arbeiter begehbar zu halten. So erreichen wir sicher die Verbindungsstraße von Hallstatt zum Salzberg, der wir talwärts folgen. Wir überqueren die kühn in der Schlucht zwischen zwei senkrechten Felswänden errichtete Brücke, um uns am weiteren Themenweg dem Gletschergarten zu widmen.

Strudellöcher und Gletschertöpfe im eiszeitlichen Gletschergarten

Die abgeschliffenen Felsformationen springen uns sofort in Auge. Dieser Gletschergarten ist ein Relikt aus der letzten Eiszeit von vor rund 12000 Jahren. Er wurde im Jahre 1926 entdeckt und für Besucher zugänglich gemacht. Auf gesicherten Wegen können wir über die unterschiedlichen Formen der vom Dürrenbach ausgehöhlten Felsentürme staunen. Oder wir erfreuen uns an den vielfältigen tiefgrün schimmernden, „Gletschermühlen" genannten Wassertümpeln. Auch „Strudellöcher" und „Gletschertöpfe" treffen wir hier an. Gar nicht einfach, sich von dieser lebendigen Wasserwelt zu lösen. Ein Großblumiger Scheinalant, auch Große Takelie genannt, dürfte sich Ähnliches gedacht haben. Die stattliche eineinhalb Meter große Pflanze mit dem Aussehen eines Riesen-Arnika fühlt sich hier sichtlich wohl. Jede ihrer Blüten weist einen Durchmesser von fünf Zentimetern aus. Eine auf der Blüte sitzende Hummel wirkt in diesem Ambiente ganz klein.

Ausgangspunkt: Hallstatt, Parkplatz Echerntal
Dauer: 3 Stunden, 4,8 Kilometer, 430 Höhenmeter
www.Naturschauspiel.at; www.hallstatt.at; www.betty-jehle.at

Ein frühmorgendlicher Besuch des Dachsteins kommt einer Reise in die Arktis gleich

Die ersten Sommer-Sonnenstrahlen im Felsmassiv des Dachsteins erleben bedeutet, zur finsteren Fünf-Uhr-Morgenstunde die extrafrühe Dachstein-Gondel zu besteigen. Sie bringt uns vom steirischen Ramsau auf 1700 Meter zur Bergstation der Gletscherbahn auf 2700 Meter Höhe. Seit 2013 gehören 25 000 Quadratmeter Gletschergebiet und der Dachstein-Eispalast nach einer neuen GPS-Vermessung zu Oberösterreich. Das Dachstein-Massiv mit dem 2 995 Meter hohen Gipfel teilen sich die drei Bundesländer Salzburg, Oberösterreich und Steiermark, weswegen er auch „Drei-Länder-Berg" genannt wird.
Ein ausgiebiges Frühstück mit Spiegeleiern und Speck kräftigt für die bevorstehenden Abenteuer. Langsam wird es draußen heller. Wir riskieren einen ersten Blick in Richtung Osten auf den Gletscher und den dahinter hoch aufragenden Koppenkarstein. Knapp vor sechs Uhr ist es soweit. Die Sonne taucht hinter der Bergkuppe des Gjaidsteins auf. Die Gipfel sind noch von einer Wolkenhaube verhüllt. Auf der Besucherplattform tummeln sich immer mehr Menschen. Ein besonderer Moment, bei kühlen spätsommerlichen 6 °C auf die über dem Gletscher aufgehenden ersten Strahlen der Sonne zu blicken. Die Fahrt ins Hochgebirge ist gleichzeitig eine Reise in die Arktis: Eine Distanz von 1 000 Höhenmetern bedeutet einen Temperaturabfall um ungefähr 6 °C. Am Gletscher ist die Eiszeit noch Gegenwart. Wir genießen den Ausblick auf die beeindruckende Dachstein-Südwand und lassen uns in den gemütlichen Strandkörben vom kühlen Wind schützen.
Nach dieser perfekten Einstimmung geht es zu weiteren Dachstein-Erlebnissen. Der Sky Walk, eine der spektakulärsten

Aussichtsplattformen der Alpen, führt über die 250 Meter senkrecht abfallende Felswand des Hunerkogels. Das anfänglich mulmige Gefühl vergeht rasch. Die Stahlkonstruktion ist solide. Betriebsleiter Alexander Seebacher versichert: „40 Tonnen Stahl trotzen Windgeschwindigkeiten von bis zu 210 km/h und sind imstande, acht Meter Schnee zu tragen."

Höchstgelegene Hängebrücke Österreichs

Der Rundweg führt weiter über die 2013 errichtete, höchstgelegene Hängebrücke Österreichs. Die Ankündigung „Nervenkitzel mit Aussicht" ist keine Übertreibung. Die Begehung der etwa einen Meter breiten und 100 Meter langen Brücke gestaltet sich für

Die höchste Hängebrücke Österreichs auf dem „Drei-Länder-Berg".

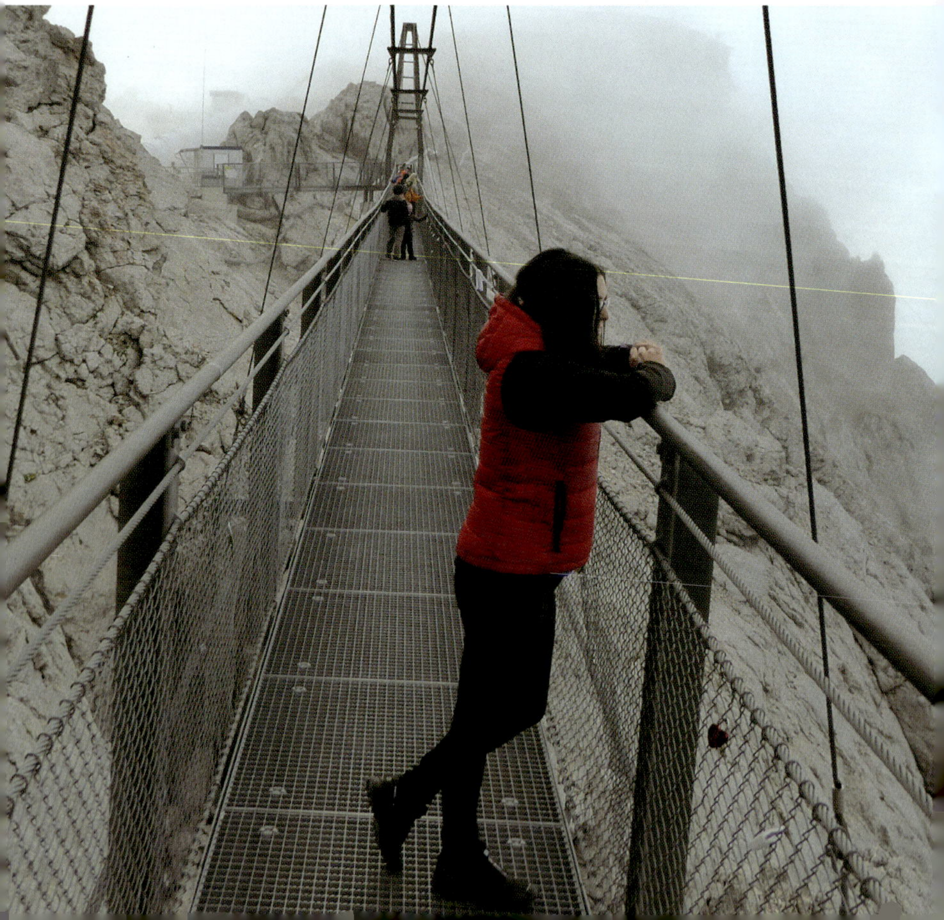

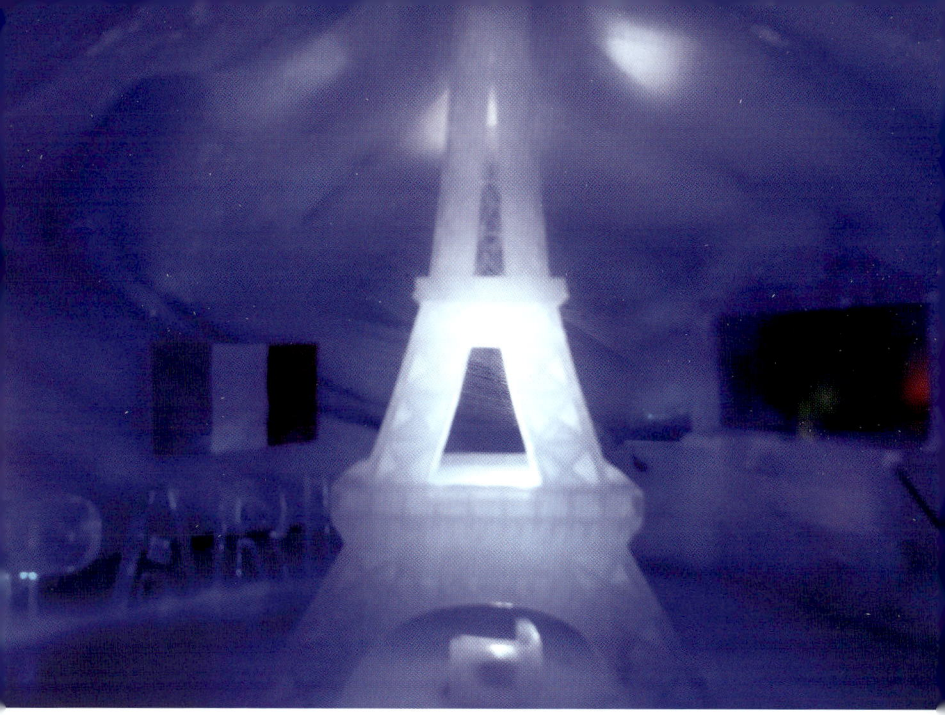

Dachstein-Eispalast mit Eiffelturm.

so manchen als eine kleine Mutprobe. Aber das nächste Highlight wird noch prickelnder: 14 schmale Stufen führen hinunter auf ein Glaspodest in schwindelerregender Höhe. Wer diese „Treppe ins Nichts" betritt, steht direkt in der Felswand 400 Meter über dem Wandfuß. Der Betriebsleiter erinnert sich: „Für diese Konstruktion wurden 63 Tonnen Stahl sowie Beton mit Pistengeräten herantransportiert und sechs Kilometer Schweißnähte gefertigt." Der Lohn ist eine unglaubliche Rundum-Sicht auf die umliegende Bergwelt, vom Tennengebirge bis zum Watzmannmassiv.
Nach der Überquerung der Hängebrücke geht es in den Dachstein-Eispalast. Seebacher kennt die Anfänge im Jahr 2007: „Ursprünglich war es eine natürliche Eishöhle im Ramsauer Gletscher. Um Skulpturen in dieser Höhle anzufertigen, wurden zunächst Schnitzprofis aus China eingeladen. Dann übernahm der österreichische Bildhauer Michael Bachnetzer gemeinsam mit Mitarbeitern der Dachstein-Gletscherbahn diese Arbeit.

Die Ankündigung im Prospekt stimmt: „Der Dachstein-Eispalast entführt dich in eine mystische Welt aus Eis und Schnee tief im Inneren des Dachstein-Gletschers." Die Reise sechs Meter tief im ewigen Eis beginnt beim Wiener Riesenrad und führt uns Besucher zu mehreren europäischen Sehenswürdigkeiten: Vom Brandenburger Tor und Eiffelturm bis zu Wahrzeichen wie dem Manneken Pis oder der Rialto-Brücke von Venedig. Auch ein Thronsaal wurde aus dem Eis geschnitzt. „An Spitzentagen kommen 1 500 Besucher hierher", so Seebacher.

Bremsenergie fürs Stromnetz

Beeindruckt verlassen wir die Welt aus Eis und erreichen mit der Bahn bei einer Geschwindigkeit von 40 km/h in weniger als zehn Minuten wieder die Talstation. Die Türe der Gondel öffnet erst exakt in dem Moment, in dem auch die bergfahrende Gondel an der Bergstation angekommen ist. Betriebsleiterkollege Erwin Schnepfleitner kennt die Ursache: „Bei unserer Pendelbahn unterstützt die talfahrende Bahn mit ihrer Energie die bergwärts fahrende Gondel. Wenn am Nachmittag die talfahrenden Bahnen voll beladen sind, wird die überschüssige Bremsenergie gespeichert und ins öffentliche Stromnetz eingespeist." Ein interessanter und sicher zukunftsweisender Ansatz zum Energiesparen.
Ein Abstecher zur Dachsteinsüdwandhütte führt in einer halben Gehstunde in eine idyllische Almlandschaft. Der Blick nach oben ist allerdings Respekt einflößend: Mit 850 Metern gehört die fast senkrechte Dachsteinsüdwand zu den imposantesten Felswänden in Österreich. Wir blicken lieber nach unten auf eine friedlich ruhende Kuhherde und lassen uns vom Hüttenwirt Christian Schrempf mit köstlichen Kasnocken versorgen.

Ausgangspunkt: Ramsau am Dachstein, Bergstation der Dachstein-Seilbahn
Dauer: 30 Minuten einfacher Weg zur Dachsteinsüdwandhütte, 1,7 Kilometer
www.derdachstein.at

Im idyllischen kleinen Löckernsee auf 1 400 Meter Höhe spiegeln sich die Gipfel des Gosaukamms

Nein, es gibt keine Gosauer, denn sie heißen „Gosinger". Das erfahren wir bei unserem Besuch in Gosau, der in der Stube einer einheimischen Familie beginnt. Die Geschwister Elisabeth und Gust vom Koglerhäusl sind mütterlicherseits Nachkommen einer alten Steinhauerfamilie, die von Maria Theresia das Recht erhalten hat, Schleifsteine zu brechen. Sie wissen so manche Geschichte aus früheren Zeiten zu erzählen.

Richtig eingestimmt geht es also vom Gosauer Ortsteil Mittertal auf dem Wanderweg 511 hinauf zum Löckernmoos. Wir haben Glück: Zwei seltene Birkhühner nehmen vor unseren Augen ihr verspätetes Frühstück ein und verschwinden wieder lautlos im Unterholz. Nach eineinhalb Gehstunden ist auf 1 400 Metern das Löckernmoos-Plateau erreicht. Wir passieren die dorfähnlich gruppierten Steinhauerhütten und folgen einem vier Kilometer langen, mit Holzplanken befestigtem Rundweg. Der größte Teil des Hochmoors ist mit Latschen bedeckt, die im Dialekt der Gosinger „Löckern" genannt werden. Daher der Name des Moores. Der uns begleitende Naturführer berichtet über die Besonderheit dieses Ortes: „Ausnahmsweise hat sich hier auf der Kuppe eines Berges durch Versumpfung ein Moor gebildet. Durch die Pollenablagerungen von acht Jahrtausenden und durch viele Niederschläge ist es zwei Meter tief." Wir entdecken seltene Pflanzen in diesem sensiblen Biotop, wie den fleischfressenden Sonnentau und die Rosmarinheide. Gerne kosten wir von den zahlreichen Heidelbeeren, lassen aber die Finger von den ähnlich aussehenden Rauschbeeren.

Badeplatz für Birkhühner

Schließlich ist der idyllische, nur zehn mal zwanzig Meter große Löckernsee erreicht. Im moorig-dunklen Gewässer spiegeln sich die markanten Gipfel des Gosaukamms. Eine Idylle in doppelter Ausgabe und ein Glücksplatz zum Innehalten und Genießen der Ruhe.

Auf dem weiteren Rundweg springen eigenwillig geformte Ameisenhügel ins Auge. Sie sind nicht harmonisch kegelförmig, sondern wirken leicht deformiert. Der Naturführer kennt den

Löckernsee mit Blick auf den Gosaukamm.

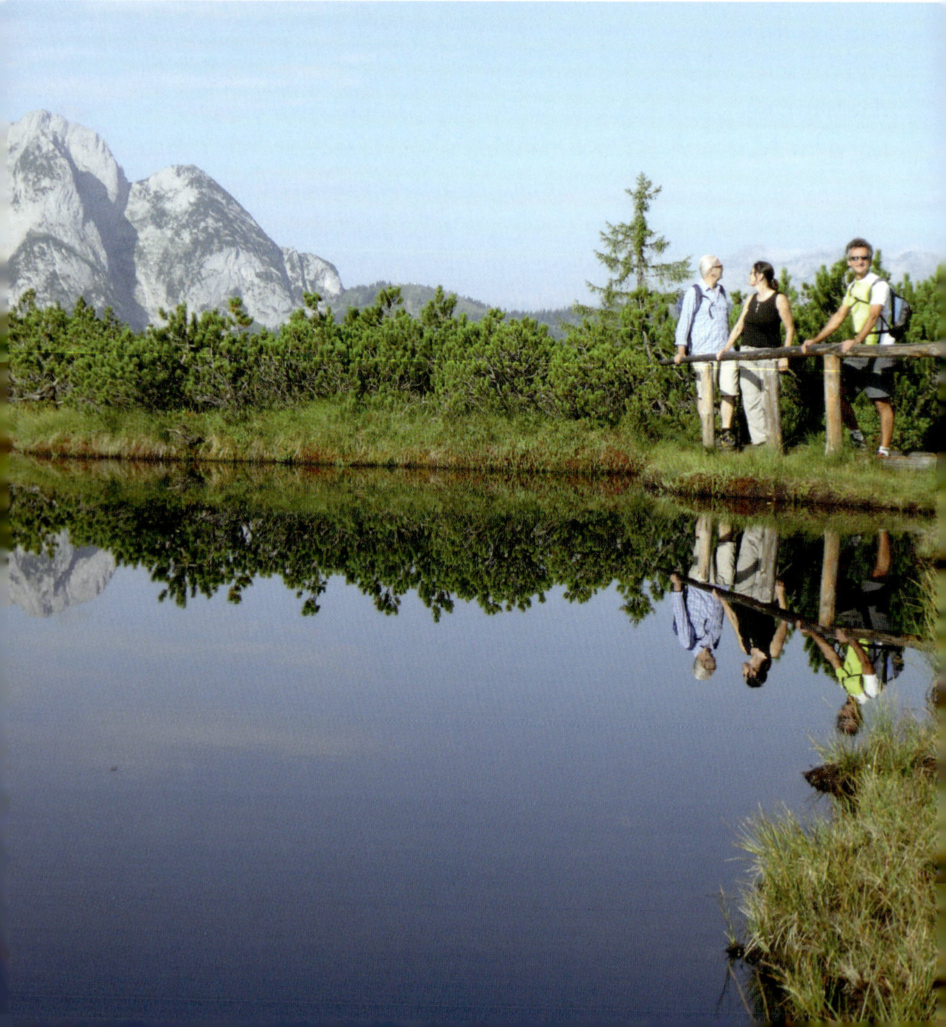

Grund dafür. Birkhühner setzen sich mit ausgebreiteten Flügeln auf den Ameisenhaufen und „baden" sich geradezu darin. Die erregten Ameisen befreien die Vögel mit der von ihnen versprühten Säure von den Parasiten und benutzen diese ihrerseits als Nahrungsquelle. Eine perfekte Symbiose.

Der Weg führt an der Wildfrauenhöhle vorbei: eine Karsthöhle, die rasch Abkühlung bringt. Der Überlieferung nach hausten in diesem finsteren Felsspalt lange vor menschlicher Zivilisation die „Wildfrauen". Schließlich werden die Schleifsteinbrüche erreicht, ein bedeutendes Kulturgut dieser Gegend. In der Kreidezeit lagerte sich hier Sandstein mit Quarzeinschlüssen ab. Ab dem 16. Jahrhundert wurde dieser spezielle Stein abgebaut und zum Wetzen von Sensen und zum Schärfen der Holzwerkzeuge verwendet. In der Blütezeit dieses Handwerks wurden etwa rund 20 Waggons à dreizehn Tonnen an Schleifsteinen pro Jahr erzeugt. Wir wandern durch den letzten noch aktiven Steinbruch und lassen uns bei der Badstub'n nieder. In der ehemaligen Steinhauerhütte gibt es heute kulinarische Hausmannskost. Der „Badstub'n-Franz" ist noch immer als Steinbrecher tätig. Er kennt die vielen Arbeitsschritte, die notwendig waren, um einen Schleifstein zu erzeugen. Heute helfen ihm Maschinen. Ein von ihm persönlich gefertigter Wetzstein wird beim Mähen des heimatlichen Wiesengrases am Stadtrand von Linz an diesen Ausflug erinnern.

Ausgangspunkt: Gosau, Ortsteil Mittertal
Dauer: 3,5 Stunden, 8,2 Kilometer, 640 Höhenmeter
www.gosau.at

47 Bad Goisern

Durch die Ewige Wand auf den Predigtstuhl geht es im „schönsten Dorf der Monarchie"

Kaum ein Berg hat einen treffenderen Namen als er: Der „Predigtstuhl" thront wie eine Kanzel oberhalb von Bad Goisern. Auf einer genussreichen Tour lässt sich der markante Felsblock in drei Stunden umrunden. Ausgangspunkt ist die Rathluck'n Hütte, gut erreichbar über die Panoramastraße Wurmstein. Als Einstimmung in eine geradezu märchenhafte Wegpassage geht es zuerst auf dem „Figuren- und Sagenweg" eine halbe Stunde durch einen schattigen Wald. Dann ist es soweit: Der „Ewige Wand"-Steig ist erreicht.

Der Höhenweg duckt sich unter überhängende Felsen und windet sich durch mehrere Tunnels. Vor sechzig Jahren wurde er von dem jungen Goiserer Holzknecht und Sprengmeister Ernst Reisenbüchler kühn in die senkrechte Felswand gesprengt. Von dieser Galerie eröffnet sich ein traumhafter Blick über das Goiserer Tal, den – wie es ein Prospekt treffend ausdrückt – „Landschaftsgarten des Salzkammergutes". Das Ramsaugebirge und die Kalmberge bilden den dazu passenden Rahmen. Dieses besondere Naturschauspiel sollte man ausgiebig genießen. Das Bad Goiserer Urgestein Reinhard Aschauer zur Bezeichnung „Ewige Wand": „Der Name leitet sich vom benachbarten Bauernhof Ewinger ab und hat nichts mit Ewigkeit zu tun."

Wir verlassen die steinerne Kulisse und steigen der Markierung 245 folgend auf den Höhenrücken oberhalb der Ewigen Wand. Der nächste markante Aussichtspunkt ist die Blaschek-Warte. Hier kann man sich am Ausblick auf den Hallstätter See und das dahinterliegende Dachsteinmassiv erfreuen. Schließlich wird das Hochplateau – die Kanzel – des Predigtstuhls erreicht. Von dort aus erklimmen wir in wenigen Minuten den 1 278 Meter hohen Gipfel.

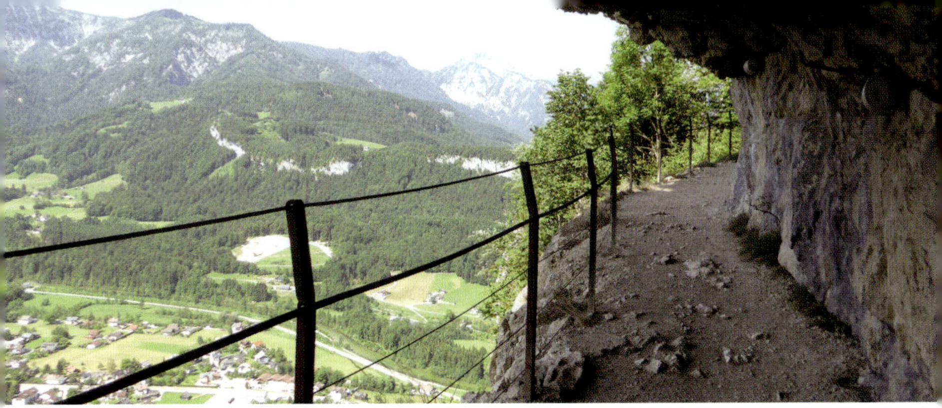

Naturkulisse auf dem „Ewige Wand"-Steig mit Blick auf Bad Goisern.

Vom Predigtstuhl zur Pfarrkirche

Von der anderen – senkrecht abfallenden – Seite des Berges kommend, durchsteigt gerade ein mutiges Kletterpaar die letzten Meter der Felswand. Wir gratulieren herzlich und freuen uns, diese Route nicht absolviert haben zu müssen, sondern genießen die großartige Rundum-Aussicht – jetzt auch auf die steirischen Berge und das Tote Gebirge. Wieder auf das Hochplateau unterhalb des Gipfels zurückgekehrt, folgen wir der Markierung 246, welche auf einer anderen Route vorbei am Moosboden und dem Bergrestaurant (derzeit geschlossen) zum Ausgangspunkt zurückführt. Nach so viel Predigtstuhl geht es noch zu einer anderen Kanzel – allerdings ganz ohne Predigt. Pfarrer Johann Hammerl, ein Schulkollege aus meinen Jahren am Linzer Gymnasium Petrinum, führt uns durch die katholische Pfarrkirche von Bad Goisern. Er weist auf die Ursprünge im achten Jahrhundert hin. 1 000 Jahre später kam zur damals gotischen Kirche ein neuer Anbau dazu. Aus einer wurden so zwei miteinander verbundene Kirchenschiffe.

Ausgangspunkt: Bad Goisern, Rathluck'n Hütte, Wurmstein 2
Dauer: 3 Stunden, 8,4 Kilometer, 500 Höhenmeter
www.bad-goisern.net; www.rathlucka-huette.at

Drei Gipfel und sieben Seen locken auf den Ischler Hausberg, dessen Name sich von einer keltischen Göttin ableiten lässt

Ein nostalgisches Gefühl überkommt uns bei der Auffahrt mit der Seilbahn auf den „Herzberg" der Bad Ischler, die Katrin. Vor über 60 Jahren wurde sie errichtet. Der Obmann des Ischler Heimatvereins, Johannes Eberl, erinnert sich, dass in seiner Kindheit die gesamte Bürgerschaft mitgewirkt hat, um im Jahr 1957 das Tragseil auf den Berg zu transportieren.
Entspannt gleiten wir jetzt mit der Vierer-Umlaufbahn in 15 Minuten zur Bergstation auf 1 400 Meter Höhe. Direkt unter uns die Schipiste – heute wird sie nur mehr von Tourengehern genutzt. Auf dieser wurden im Jahr 1962 sogar die Österreichischen Alpinen Schimeisterschaften ausgetragen. Schilegenden wie Karl Schranz und Egon Zimmermann flitzten hier ins Tal. Viele Male konnten wir im Winter mit anderen Tourengehern diese schneesichere, offiziell aber nicht mehr gesicherte Piste nutzen.

Keltische Göttin als Namensgeberin

Die Häuser der Stadt werden immer kleiner, dafür steigert sich minütlich der Schaugenuss. Und wir sparen viel Zeit und Kraft, die wir für die romantische Sieben-Seen-Wanderung einsetzen werden. Der Geschäftsführer der Katrin-Seilbahn, Johannes Aldrian, freut sich über die positive Geschäftsentwicklung in den letzten Jahren. Gerade die einheimische Bevölkerung, die schon zu Zeiten der Monarchie die Katrin als Ort der Entspannung schätzte, benutzt heute gerne die Seilbahn. Vorbei sind die Zeiten, als die Bahn nur wenige Monate im Jahr in Betrieb war oder sogar ganz eingestellt werden sollte. Wer der Namensgeber für den Bad Ischler Hausberg war, weiß die Leiterin des

Stadtmuseums, Maria Sams: „Wahrscheinlich ist es die keltische Göttin Wilbeth. Sie galt als Hüterin des guten Schicksals. Ihre Funktion wurde in christlicher Zeit von der heiligen Katharina übernommen. Nach dieser wurde nicht nur die Katrin, sondern auch der ganze Bergstock, das schmale, langgezogene Katergebirge, benannt."

Hinter dem Berggasthof lassen wir uns von den blauen Schildern mit der Aufschrift „Sieben-Seen-Blick-Wanderung" leiten. Eine gemütliche Zweieinhalb-Stunden-Rundwanderung führt uns zunächst in Serpentinen durch den latschendurchsetzten Steilhang noch oben. Mit jeder Kehre wechseln die Ausblicke,

Blick vom Hainzen auf 1 638 Meter Höhe auf den Wolfgangsee.

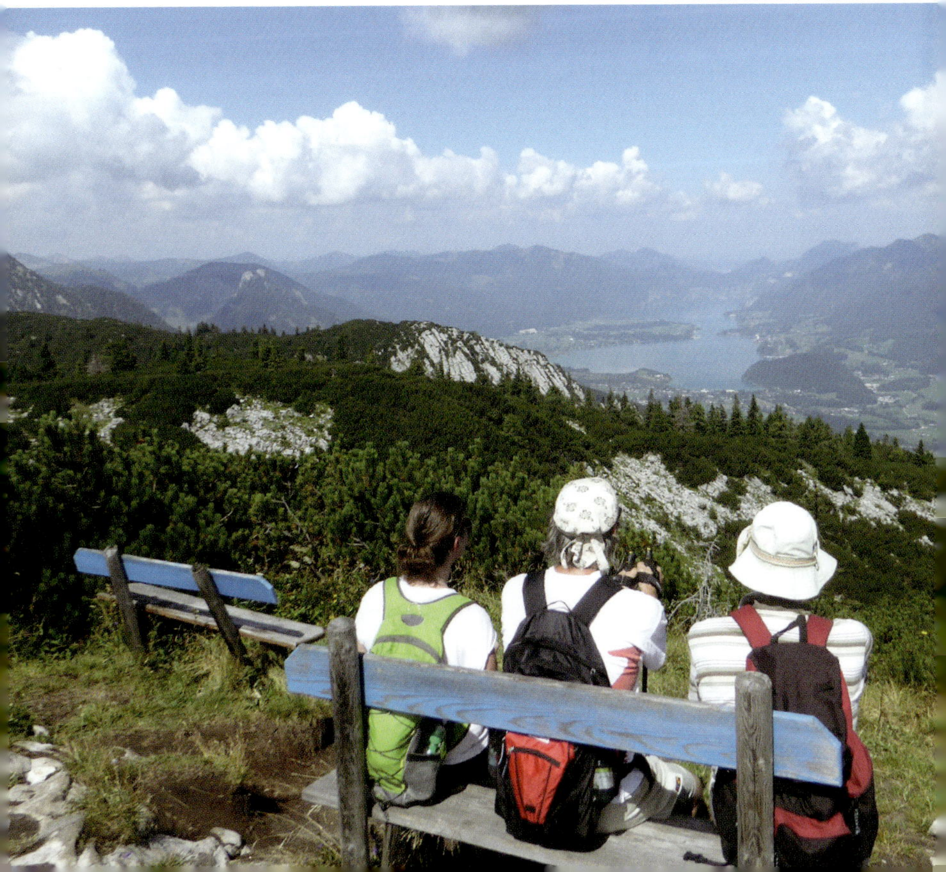

einmal übers obere Trauntal zu Hallstätter See und Dachstein, dann wieder traunabwärts auf Traunsee und Höllengebirge. Schließlich nähern wir uns dem Kaiser-Franz-Joseph-Kreuz auf 1 538 Meter Höhe, von wo aus der Tachinger See im bayerischen Rupertiwinkel erkennbar ist. Das Kreuz wurde im Jahr 1910 – lange vor der Eröffnung der Seilbahn – zum 80. Geburtstag des Monarchen errichtet. Dieser ist in Bad Ischl allgegenwärtig. Auch an Stellen, an denen er sich nie aufgehalten hat, erinnern Denkmäler an ihn. So auch auf der Katrin, obwohl der Berg nicht zum Jagdgebiet des Kaisers gehört hat. Ein idealer Ort für eine kurze Pause, um den tief unten liegenden, idyllischen Nussensee zu betrachten oder die Kletterer, die den 300 Meter langen Klettersteig beenden, der hier recht luftig über die Kante der steilen Nordabbrüche heraufführt.

Dann geht es auf verschlungenen Latschengassen und über blühende Bergwiesen zu den nächsten Gipfeln, Elferkogel und Hainzen. Hier auf 1 638 Meter Höhe vervollständigen neben Wolfgangsee und Mondsee der Fuschlsee und der Schwarzensee die „Sieben-Seen-Blicke". Dazu gibt es eine Bergkulisse, wie sie schöner kaum sein könnte. Immer dieses Bilderbuchpanorama vor Augen, geht es nun in engen Kehren tiefer, auf schmalem Steig die Südflanke querend hinunter zur Bergstation, wo das Berggasthaus und die Katrin-Almhütte zur entspannten Einkehr laden. Die keltische Schicksalsgöttin hat uns ein unvergessliches Bergerlebnis beschert.

Ausgangspunkt: Bad Ischl, Bergstation der Katrin-Seilbahn
Dauer: 2,5 Stunden, 4,3 Kilometer, 214 Höhenmeter bis zum Hainzen
www.katrinseilbahn.com; www.bad-ischl.ooe-gv-at

Seit 1893 transportiert die steilste Zahnradbahn Österreichs Bergfreunde auf den Schafberg

Mit sanftem Rütteln bewegt sich die Schafbergbahn von St. Wolfgang in Richtung Schafberggipfel. Bei der Fahrt an einem heißen Sommertag befinden sich auch Touristen aus Spanien, Russland, China und Korea in den Waggons. Sie genießen sichtlich die kühne Bergfahrt mit bis zu 26 Prozent Steigung. Lokomotivführer Hans erzählt: „Die bei Nostalgiefahrten eingesetzten, 125 Jahre alten Zahnrad-Lokomotiven zählen zu den ältesten noch betriebsfähigen Dampflokomotiven der Welt. Alle Reparaturen werden in der Werkstätte in St. Wolfgang gemacht. Für die Fahrt ist eine Vorbereitungszeit von vier Stunden notwendig. Insgesamt werden für eine Berg- und Talfahrt 500 Kilogramm an hochwertiger Steinkohle und 3 000 Liter Wasser gebraucht." Heute entsteigt jedoch nur ein zartes Wölkchen dem Rauchfang der Lokomotive. Lange vorbei sind auch die Zeiten, als sich Anfang des 19. Jahrhunderts Adelige aus Wien, die mit der Postkutsche nach St. Wolfgang gereist waren, auf den Schafberg tragen ließen. Aus Aufzeichnungen ist bekannt, dass sich in St. Wolfgang schon früh der Beruf des „Sesselträgers" entwickelte. Dieser wäre wohl heute bei den vielen tausend Touristen hoffnungslos überfordert. Gottseidank gibt es die Bahn.

Rasch gewinnt der Zug an Höhe. Nach 30 Minuten und vier Kilometer Fahrstrecke wird auf 1 363 Meter Höhe die Haltestelle Schafbergalpe erreicht. Hier steigen wir aus und verlassen die anderen Passagiere, die auch die letzten zehn Fahrminuten bis zur Schafbergspitze per Bahn bewältigen. Diese wird dann fast 1 190 Höhenmeter überwunden haben. Die Haltestelle Schafbergalpe bildet auch die Baumgrenze. Hier beginnen wir die laut Experten schönste Bergwanderung von Oberösterreich. Wir werden

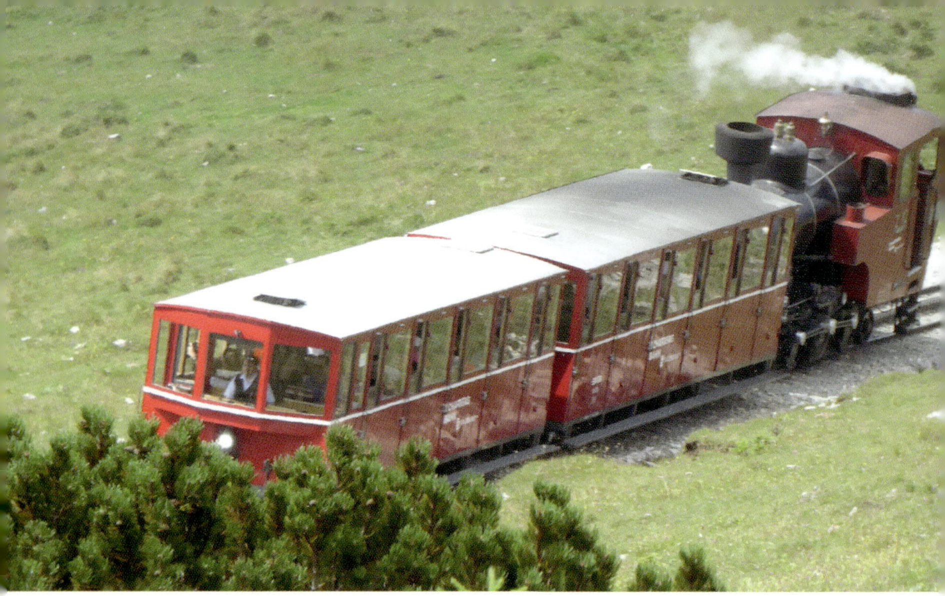

Ein zartes Wölkchen entsteigt dem Rauchfang der Schafbergbahn.

in dreieinhalb Stunden den gesamten Schafberggipfel umrunden und besteigen. Der Purtschellersteig leitet uns auf die grasbewachsene Südflanke des Schafbergs. Benannt ist er nach Ludwig Purtscheller, einem der bedeutendsten österreichischen Alpinisten am Ende des 19. Jahrhunderts. Neben unzähligen Gipfeln in den europäischen Alpen hat er auch den Kilimandscharo in Afrika erstbestiegen. Immer über der Waldgrenze gehend, ist der Blick auf den tief im Tal liegenden Wolfgangsee gerichtet. Das mit Latschen bewachsene Gelände ist eine sichere Heimat für Gämsen. Munter springen sie von Fels zu Fels und machen immer wieder Fresspausen in den Grasinseln. Interessiert beobachten sie uns Wanderer. Langsam bewegen wir uns an den anmutigen Tieren vorbei.

Von der Spinnerin zur Himmelspforte

Eine solide Seilversicherung führt zu den Südabstürzen der „Spinnerin", die wir über Steinstufen und durch Drahtseile gesichert überwinden. Wir steigen bis zum idyllischen Münichsee ab. Dann wird es wildromantisch. Durch lichte Lärchenhaine geht es an der fast senkrechten Schafberg-Nordwand entlang. Wieder zieren kleine Bergseen die Landschaft, der Mittersee und der Suissensee. Zur Rechten leuchtet während einer längeren Wegstrecke der Mondsee herauf. Uns wird das Einmalige dieser Rundwanderung bewusst: Jede halbe Gehstunde wechselt das Panorama, und eine neue Felswand oder ein anderer See taucht beim Wandern auf. Immer neue Ausblicke entlocken einem entgegenkommenden Wanderer den Ausspruch: „Da muss man ja wunderlich werden." Dem kann man nur zustimmen. Der Name des folgenden Wegzieles passt gut dazu: Es ist die Himmelspforte. In steilen Serpentinen nähert man sich dieser Felsspalte. Wie bei einem Zieleinlauf durchschreitet man sie schließlich und erreicht den Gipfel.

Sensationeller Blick

Dort blitzen die Seen des Salzkammerguts herauf und der Blick reicht vom Böhmerwald im Norden bis zu den Alpen im Süden. Wie ein schlafender Löwe blickt der Sparber herüber. Ein Tourist aus Russland freut sich über ein Gipfelfoto, das er auf seiner Motorradrundreise mit nach Hause nehmen wird.

Mit der Ruhe ist es jetzt natürlich vorbei. Scharen von Bergbahnfahrern tummeln sich im Gipfelgelände. Wir stärken uns im Hotel Schafbergblick. Seit 1862 thront es auf dem Gipfel und ist Österreichs ältestes Berghotel. Im Geist danken wir nachträglich den 350 zumeist italienischen Arbeitern, die die Bahn errichtet haben. Material und Verpflegung wurden mit rund 6 000 Maultierlasten auf den Berg geschafft. Der Bau musste nur kurz in der strengen Frostperiode des Winters 1892/93 unterbrochen werden. Frisch gestärkt tuckern wir mit der Schafbergbahn wieder ins Tal.

Ausgangspunkt: St. Wolfgang, Schafbergbahn, Haltestelle Schafbergalpe
Dauer: 3,5 Stunden, 5,8 Kilometer, 480 Höhenmeter von Schafbergalpe zum Schafberggipfel
www.stwolfgang.at; www.schafbergbahn.at

50 Unterach

Durch den einzigen Edelkastanienwald nördlich der Alpen geht es auf die Hochplettspitze

An einem heißen Sommertag sollte man sich frühzeitig auf den Weg machen, zum Beispiel auf den Hausberg von Unterach, die 1 134 Meter hohe Hochplettspitze. Von der Autobahnabfahrt St. Georgen kommend bietet sich als Ausgangspunkt der erste Parkplatz nach der Ortstafel Unterach an.

Der Hinweistafel „Waldlehrpfad" folgend geht es durch den einzigen Edelkastanienwald nördlich der Alpen. Das milde Klima in der Bucht von Unterach macht es möglich, dass die Früchte hier ihre volle Reife erlangen. Da der Baum eine Zeigerpflanze für den Wein ist, soll hier dieser auch in früherer Zeit gepflanzt worden sein. Ein kleiner Abstecher führt zum Jubiläumsbaum. Der riesige Edelkastanienbaum wurde 1908 zum 60-jährigen Regierungsjubiläum von Kaiser Franz Joseph gepflanzt. Die langen, stängelförmigen Blütenstände locken unzählige Insekten an. Gleich dahinter eine Wiese voll blühender Orchideen und einer Vielzahl an Schmetterlingen – Zeichen einer intakten Natur.

Auf dem vorbildlich gepflegten Weg geht es weiter in Richtung Hochplettspitze. Mächtige Buchen mit ihren glatten Stämmen begleiten uns. Ihre Rinden wirken fast wie poliert, als hätten sie sich extra für unseren Besuch herausgeputzt. Wir spüren die entspannende Wirkung dieses Waldes. Die Hänge des Waldbodens sind weithin fast plantagenartig mit bereits verblühtem Bärlauch überzogen. Der markante Knoblauchduft erfüllt noch immer die Luft. Ein wahres Waldluft-Bad. Schließlich wird nach eineinhalb Gehstunden der Gipfel der Hochplettspitze erreicht. Eine gemütliche Bank neben dem hölzernen Gipfelkreuz lädt zur Rast ein. Dann geht es zwei Gehstunden weiter, zunächst wieder 300 Höhenmeter hinunter zu einem Forstweg,

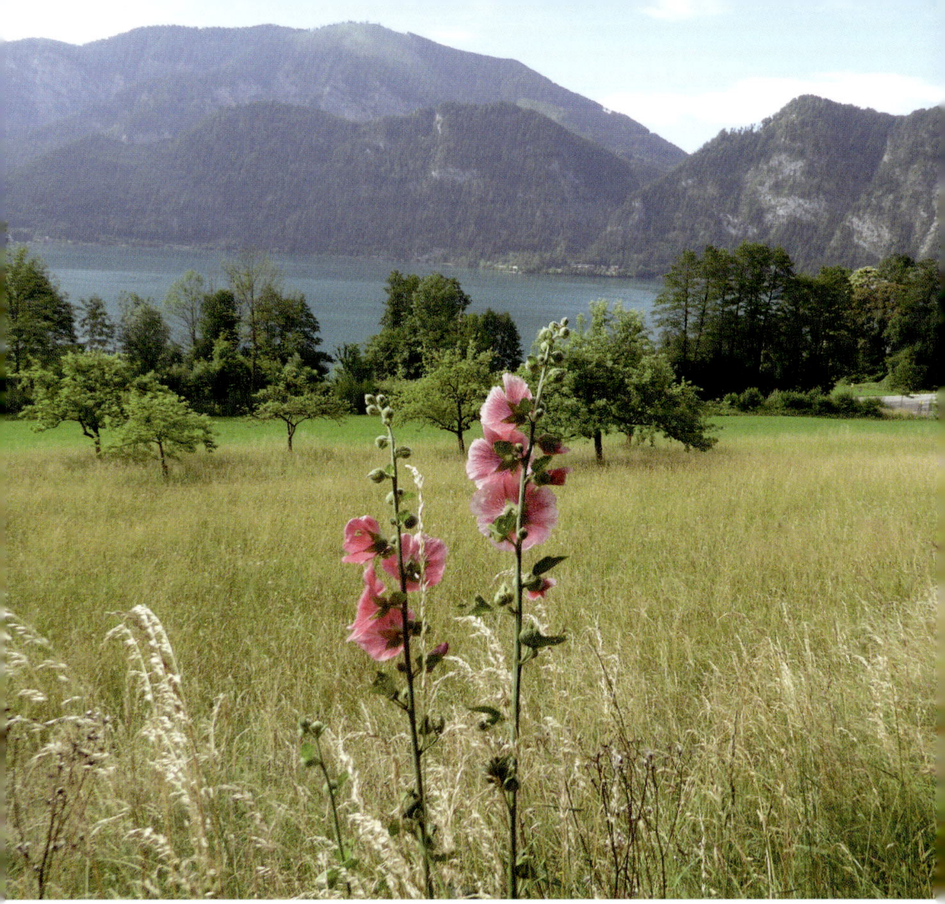

Der Rundweg gibt immer wieder schöne Blicke auf den Attersee frei.

der entlang des Hollerberg-Höhenrückens in nördliche Richtung führt. Immer wieder blitzt der türkisblaue Attersee durch den Wald herauf. Wasser, das verschwindet.
Der an einer Tafel angebrachte Spruch passt perfekt zu den folgenden sonnigen Wegabschnitten: „Zeit ist keine Einbahnstraße zwischen Wiege und Grab, sondern ein Platz zum Parken an der Sonne." So wird das nächste Etappenziel, der idyllische Egelsee, erreicht. Seinen Namen hat er von den hier vorkommenden Leberegeln. Früher wurden diese Würmer zum Schröpfen eingesetzt. Der 105 Meter lange Niedermoorsee verdankt seine Entstehung der letzten Eiszeit und ist eine wahre Naturkostbarkeit.

Der pensionierte Förster Gerhard Schlichtner erzählt: „Im Frühling finden intensive Laichzüge von Gelbbauchunken und Erdkröten statt. Eine einzigartige Vegetation mit zwölf Orchideenarten und sechs insektenfressenden Pflanzen zeigen die biologische Vielfalt." Vor einigen Jahren wurde das Gewässer von Tauchern untersucht. Die im sieben Meter tiefen Wasser enthaltenen Karpfen, Schleien und Hechte regulieren selbstständig ihren Bestand. Es herrscht Angel- und Badeverbot. Das friedliche Wasser erlaubt es dennoch, vom Holzsteg aus die Beine im Wasser baumeln zu lassen. Der Naturschutzexperte kennt noch eine weitere Besonderheit: „Das Wasser fließt nicht als Bach ab, sondern verschwindet in Form einer Bachschwinde 100 Meter in die Tiefe und tritt erst 500 Meter östlich in einem Schluchtwald wieder zutage."

Die nächste Wegmarkierung führt vorbei an ausgedehnten Hirschgehegen in Richtung Unterach. Ein imposanter Rothirsch liegt direkt am Weidezaun und beobachtet uns entspannt und ohne Scheu. Schließlich wird der Druckerhof erreicht. Früh hat sich dieser Bergbauer dem Tourismus geöffnet. Auf der Terrasse des heutigen Gasthofs speist man wie ein König – mit Blick über den Attersee. Die angrenzende Wiese wird gerade gemäht. Im Winter wird sie als Schiwiese genutzt, mit Hilfe eines Lifts, der quer nach oben führt und an den Wochenenden in Betrieb ist. Die meisten Unteracher haben hier das Schifahren gelernt.

Wieder folgt ein Wechsel von Wiesen und Waldflächen mit zahlreichen Aussichtspunkten, bis Unterach erreicht wird. Ein Bad im See entspannt nach der leichten Bergwanderung.

Ausgangspunkt: Parkplatz Ortstafel Unterach

Dauer: 4,5 Stunden, 11,8 Kilometer, 650 Höhenmeter

www.unterach-attersee.ooe.gv.at; www.druckerhof.com

Ein Kaugummi aus Birkenpech als steinzeitliche Medizin wirkte entzündungshemmend

Über 6 000 Jahre alte Äpfel und steinzeitliches Brot: Ein Besuch im einzigen Pfahlbaumuseum Österreichs führt in die Steinzeitkultur und überrascht mit interessanten Funden. Auf der 1 400 Quadratmeter großen Ausstellungsfläche tauchen wir ein in die jungsteinzeitliche „Mondseekultur". Wir erfahren, dass die ersten Siedler auf tief in den Boden gerammten Pfählen ihre Häuser errichteten. Sie bestellten Äcker und züchteten Vieh.
Die an den Ufern der beiden Salzkammergut-Seen errichteten steinzeitlichen Siedlungen wurden durch das Wasser konserviert und dadurch für die Nachwelt erhalten. Im Laufe der Jahrtausende stieg der Wasserspiegel des Mondsees um dreieinhalb Meter auf das heutige Niveau an. Darum befinden sich die Reste der 2011 zum UNESCO-Welterbe ernannten „prähistorischen Pfahlbauten um die Alpen" allesamt unter Wasser. 111 dieser archäologischen Fundstellen sind dokumentiert, davon fünf in Österreich. Die übrigen befinden sind in der Schweiz, in Italien, Deutschland, Frankreich und Slowenien. Johannes Pfeffer, Obmann des Pfahlbau- und Klostermuseums Mondsee: „Die Besiedlung der Seeufer begann vor etwa 6 000 Jahren und setzte sich durch die Bronzezeit fort. Sie endete in der Mitte des ersten vorchristlichen Jahrtausends."

Pfahlbau-Krug und urzeitliches Bier am Mondsee

Im historischen „Steinernen Saal" des Klosters können wir die im Wasser konservierten Funde bewundern: Werkzeuge aus Stein, Holz, Knochen und Geweih, Behälter aus Bast und Rinde sowie Reste von Nahrung. Pfeilspitzen aus Feuerstein, Silex genannt, wurden bei der Jagd auf Wildtiere wie Rothirsch, Gämse,

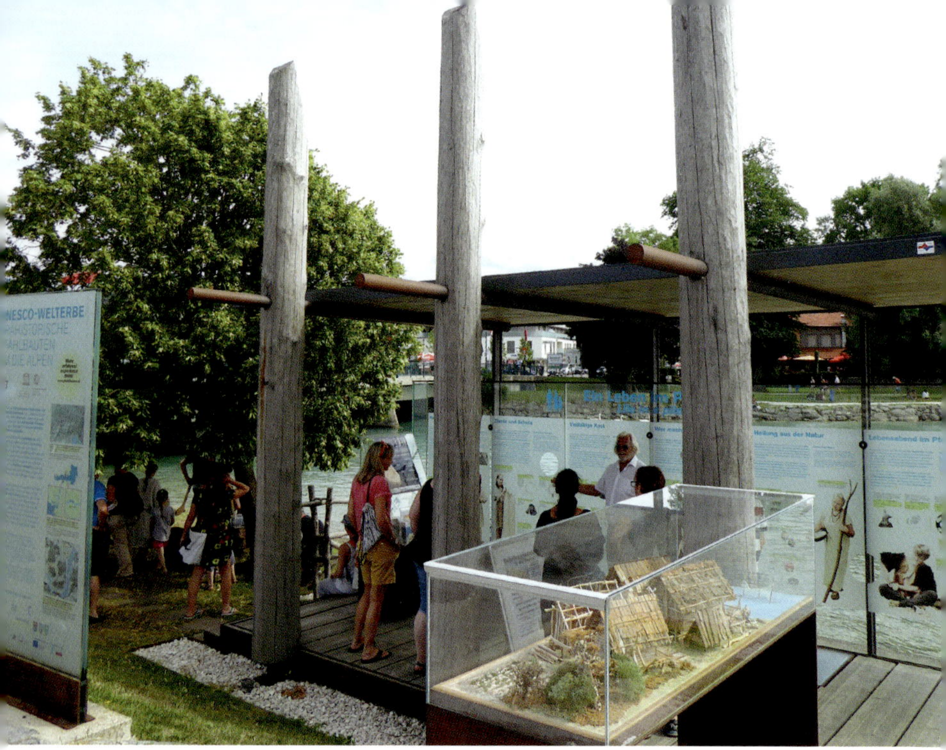

Pfahlbau-Pavillon in Seewalchen am Attersee.

Wildschwein und Reh eingesetzt. Wie wichtig die Konservierung der Funde ist, zeigt uns der Museumsführer: Er nimmt ein 6 000 Jahre altes, nicht konserviertes Stück Holz aus einem Wassergefäß. Es ist weich wie ein Schwamm. Er zeigt uns auch einen mit konzentrischen Kreisornamenten verzierten Krug, den „Mondsee-Pfahlbau-Krug". Pfeffer erzählt: „Nach diesem Muster werden auch heute wieder Krüge erzeugt. Diese eignen sich hervorragend für den Genuss des Pfahlbaubieres. Die Brauerei Kaltenböck aus Attersee hat dieses Getränk eigens mit genau den Zutaten gebraut, die auch in der Steinzeit vorhanden waren: Wasser, Gerstenmalz, Einkorn, Hopfen, Kräuter wie Schafgarbe und Quendel sowie Hagebutte und Hefe." Wir genießen eine Kostprobe dieses urzeitlichen Biers und sind überrascht von der Würze, die uns in geschmacklich prähistorische Zeiten entführt.

Der weitere Weg führt in die Klosterbibliothek des im Jahr 748 gegründeten Klosters. Unter diesem prächtigen gotischen Gewölbe entstand die früheste Übersetzung von Teilen der Bibel ins Althochdeutsche. Auch die wahrscheinlich älteste Musikhandschrift soll von hier stammen. Viele wertvolle Kunstwerke wären es wert, hier länger zu verweilen. 1791 wurde das damals älteste Kloster auf österreichischem Boden aufgehoben.

Einbaum-Regatta am Attersee

Eine weitere Etappe unserer Reise in die Steinzeit führt uns an den Attersee. Mit einem Gefährt der Attersee-Schifffahrt gleiten wir vom Ort Attersee nach Seewalchen, wo bereits 1870 der erste Pfahlbau im Attersee entdeckt wurde. Gleich am Bootssteg springen zwei Einbaum-Boote ins Auge. Gerald Egger ist Attersee-Experte und Pfahlbau-Vermittler: „Mit Einbäumen dieser Art waren die Steinzeit-Menschen auf dem See unterwegs. Wir haben sie aus Weißtannen mit einem Durchmesser von 120 Zentimetern gefertigt. Beim Pfahlbaufest wird damit jeden August eine Einbaumregatta durchgeführt." Wie das funktionieren kann, erfahren wir im Pfahlbau-Pavillon an der Seepromenade. Der Experte zeigt uns, wie aus einem Feuerstein scharfkantige Pfeilspitzen und Messer für Arbeitswerkzeuge hergestellt werden. Auch dass Birkenpech als Kaugummi verwendet wurde, und das nicht nur zum Vergnügen, sondern auch wegen seiner entzündungshemmenden Wirkung, erfahren wir. Es war also wohl gesünder als die heutige Kaumasse, die vor allem aus Erdöl hergestellt wird. Eine oberösterreichische Landesausstellung mit dem Thema prähistorische Pfahlbauten soll im Jahr 2027 stattfinden.

Ausgangspunkt: Mondsee, Kloster- und Pfahlbaumuseum
www.museum-mondsee.at; www.pfahlbauten.at
www.oeaw.ac.at; www.atterseeschifffahrt.at

In der Konradkirche von Oberwang leuchten die Glasfenster der Künstlerin Lydia Roppolt in das frühgotische Kircheninnere

„Wenn ihr einen besonders mystischen Ort im Salzkammergut finden wollt, dann besucht die Konradkirche in Oberwang." Diesen guten Rat von Freunden haben wir beherzigt und fahren nach Oberwang nahe Mondsee. In wenigen Gehminuten erreichen wir vom Ortszentrum aus die etwas außerhalb gelegene gotische Kirche. Das schlichte Bauwerk steht auf einem Felsen am Fuß des Kulmberges in eindrucksvoller Alleinlage. Dieser besondere Standort lässt Experten vermuten, dass es sich um eine ehemals heidnische Kultstätte handelt. Mit den hohen Mauern, den schmalen Fenstern und dem steilen Zeltdach hat das Bauwerk einmal einen Heimatforscher an betende Hände erinnert.
Der einsamen Lage und der wertvollen Kunstschätze wegen ist die um das Jahr 1450 errichtete Kirche abgeschlossen. Interessierte Besucher können im Gemeinde- oder Pfarramt um Öffnung ersuchen. Das tun wir und haben Glück. Franz Hupf öffnet uns die Kirchentür. Der pensionierte Tischler hat zu den Kunstwerken im Kirchenraum eine besondere Beziehung. Er hat mit der Künstlerin Lydia Roppolt (1922–1995) zusammengearbeitet und ihr Schaffen auch zu einer Zeit unterstützt, als deren Werk noch Avantgarde war und in konservativen Kreisen wenig Anerkennung fand.

In Moskau geboren

Die Künstlerin wurde 1922 in Moskau geboren und während ihres Kunst-Studiums in Wien von ihrer Lehrerin adoptiert. Bekannt wurde sie vor allem durch ihre Gestaltung von Kirchenfenstern und durch ihre sakrale Kunst, die sie bis Israel und Kanada führte. Auch Bruno Kreisky war einer ihrer Bewunderer

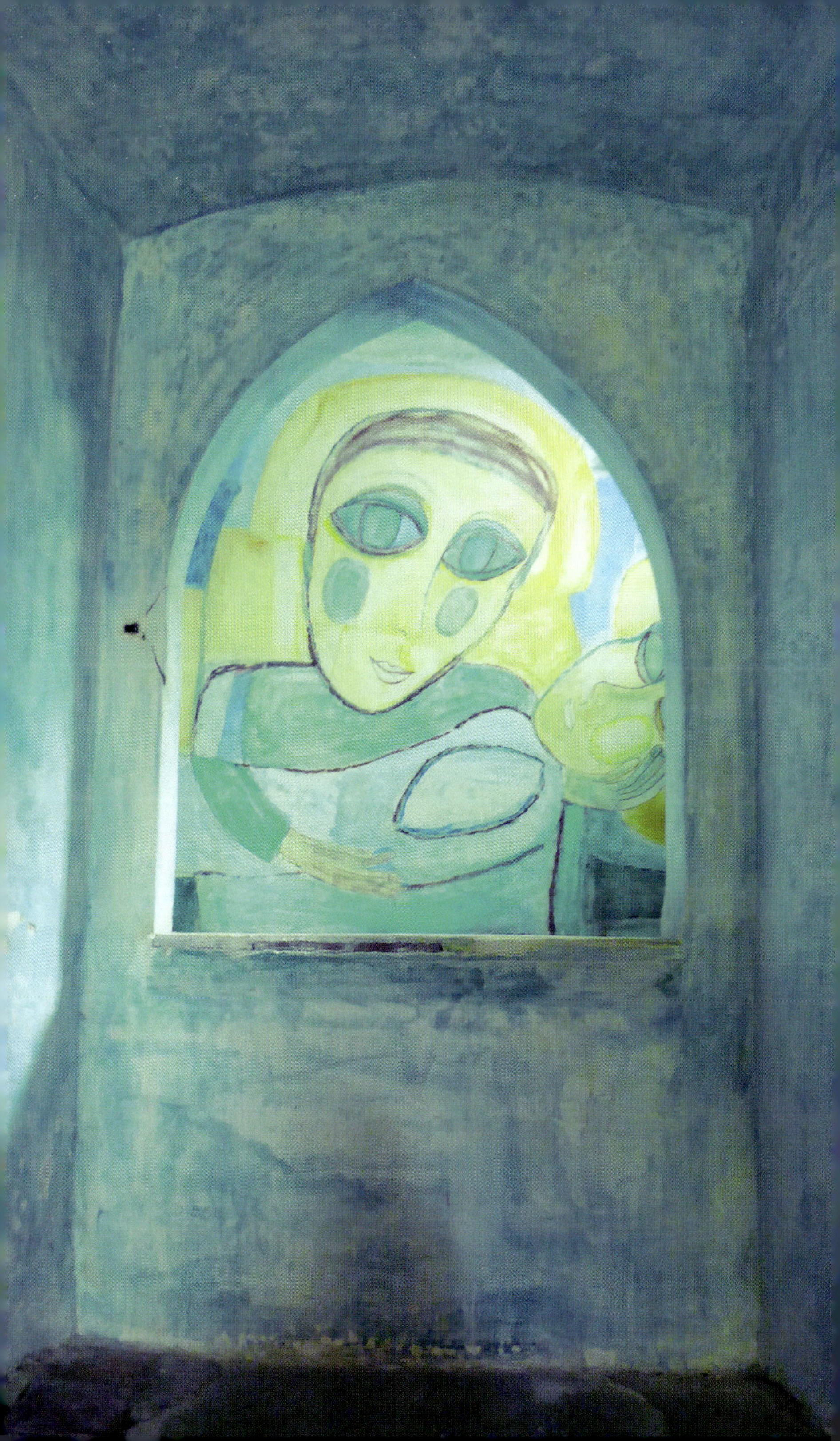

und ließ sich von ihr porträtieren. Obwohl im Jahr 1995 verstorben, steht ihr Atelier noch immer in Sichtweite der Konradkirche. Bei seiner Kirchenführung weist Hupf vor allem auf die von der Künstlerin gestalteten Glasfenster hin. In den neun Kirchenfenstern sind 36 Bilder mit Motiven aus der Bibel abstrakt gestaltet. Hupf dazu: „Die Künstlerin wollte, dass der Betrachter mit einem veränderten, verklärten Blick die Welt betrachtet. Das Licht der Sonne transportiert die Farben der Fensterbilder dem Tageskreis folgend auf die Wände des schlichtweißen Kircheninneren. So verändert sich dieses, angefangen vom ersten Morgenrot bis zum Abend. Eine einmalige Harmonie zwischen alter und neuer Kunst." Auch die von Roppolt gestaltete Grabkapelle erleben wir als besonderes Kunstwerk, heiter und mit hellen Farben gestaltet.

Nun folgen wir dem Pilgerweg, der an den seligen Konrad, ab 1137 Abt des Klosters Mondsee, erinnern soll. Der „Konradweg", auf dem auch der Europäische Pilgerweg „Via Nova" verläuft, führt uns in einer halben Stunde entlang eines Kreuzweges zum Konradbrunnen: An dieser Stelle soll der Abt im Jahr 1145 erschlagen worden sein. Im selben Augenblick soll daraufhin der Legende nach dort eine Quelle entsprungen sein, der eine wundertätige Wirkung nachgesagt wird.

Im übertragenen Sinn, so die Empfehlung einer dort angebrachten Inschrift, soll das Wasser die Augen des Besuchers für die blinden Flecken seines Lebens öffnen. Eine einsame Waldkapelle an dieser Stelle gibt Gelegenheit, in Ruhe darüber nachzudenken. Sportliche Pilger können in drei Gehstunden auf dem Konradweg bis nach Mondsee gehen.

Ausgangspunkt: Oberwang, Ortszentrum

Dauer zum Konradbrunnen: 30 Minuten (einfacher Weg), 2,1 Kilometer

Dauer des Pilgerwegs nach Mondsee: 3 Stunden, 10 Kilometer

www.oberwang.at; www.mondsee.salzkammergut.at

Der Komponist Gustav Mahler verewigte die Landschaft des Höllengebirges in seiner dritten Symphonie – er war der erste Radtourist am Attersee

Fast verträumt liegt das Komponier-Häuschen von Gustav Mahler (1860–1911) inmitten einer gepflegten Wiese im Steinbacher Ortsteil Seefeld. Der Attersee schimmert nur wenige Meter entfernt in seinem unvergleichlichen Türkis. Nichts erinnert mehr an die unfruchtbaren Uferwiesen, „Seefelder" genannt, die dem Ort seinen Namen gaben. Hier verbrachte Gustav Mahler von 1894 bis 1896 drei produktive Sommer. Altbürgermeister Franz Kneißl hat sich intensiv mit dem Komponisten beschäftigt und weiß: „Auf seinen langen Wanderungen durch die Natur holte sich Mahler wesentliche Inspirationen für sein musikalisches Schaffen. Vor allem seine dritte Symphonie spiegelt das Plätschern des Sees, die Landschaft der Umgebung und die Berge wider. Auch mit dem Fahrrad unternahm er lange Touren durch das Salzkammergut. Er war wahrscheinlich der erste Radtourist am Attersee." Goethe hatte wohl recht: „Die Sprache der Natur, die Töne der Menschheit lernt nur der Wanderer kennen." Besonders beeindruckt war der Komponist von den schroffen und abweisenden Steilwänden des Höllengebirges. Kneißl zitiert einen belgischen Musikwissenschaftler, der bei einem Besuch in Steinbach die mit einem geradezu überirdischen Trompetensolo beginnende dritte Symphonie mit den Worten beschrieb: „Als ob sich Mahler mit dem Kopf ans Höllengebirge lehnen würde, um es mit der Stirn zu durchdringen." Wir begeben uns ins Ortszentrum von Steinbach und lassen uns von einem Kunstwerk für die bevorstehende Wanderung inspirieren. Im neu erbauten Dorfzentrum stehen wir vor einem 22 Quadratmeter großen Mosaik, das Mahler überlebensgroß darstellt. Es wurde

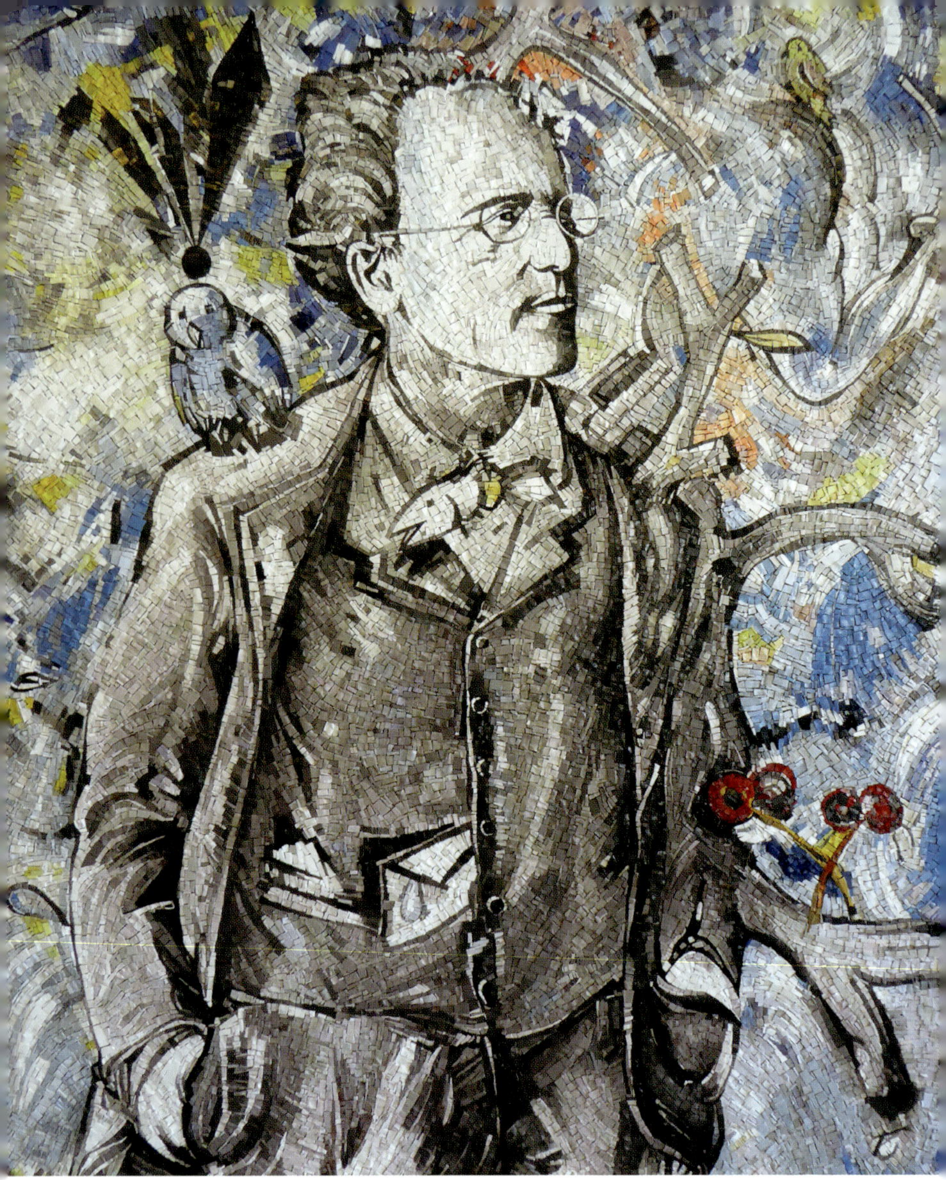

Das Mahler-Mosaik nach Christian Ludwig Attersee im Dorfzentrum.

nach einem Ölgemälde von Christian Ludwig Attersee aus gebrochenem Muranoglas gefertigt. Kneißl verweist auf die vielen im Kunstwerk eingewobenen Symbole. In so ein Gemeindezentrum kommen die Einheimischen wohl gerne.

„Was mir die Engel erzählen"

Also nichts wie hinein in dieses Abenteuer versprechende Bergmassiv des Höllengebirges. Wir starten den zweieinhalbstündigen Aufstieg auf dem Wanderweg 822 im oberhalb des Ortszentrums gelegenen Ortsteil Kaisigen. Bis zur 831 Meter hoch gelegenen Aubodenhütte halten sich die schroffen Wände noch hinter Bäumen versteckt. Dann folgen wir dem Wegweiser „Stieg" und stehen plötzlich einer 500 Meter hohen Felswand gegenüber. Beim ersten Anblick fragen wir uns, ob hier überhaupt ein Weg weiterführt. Ein schmales Steiglein leitet uns jedoch sicher entlang der Felsschlucht weiter. Plötzlich taucht eine mit einer bunten Blumenpracht übersäte Bergwiese auf. Wie kleine Sonnen strahlen gelb leuchtende Habichtskraut-Blumen, dazwischen die Stendelwurz, eine seltene Orchideenart. Auf einer der zahlreichen Glockenblumen hat sich ein prächtiger, vier Zentimeter großer, blau schillernder Alpenbockkäfer niedergelassen. Die Natur entfaltet auf den raren Wiesenflächen inmitten der unwirtlichen Steilwände eine wahre Pracht. Jetzt verstehen wir den ersten Satz der dritten Symphonie viel besser, in dem Mahler den Übergang vom feindlichen und unwirtlichen Felsgebirge in eine Naturidylle musikalisch beschreibt. Jede Wanderpause eröffnet weite Blicke auf den Attersee, zu dem sich bald auch der Mondsee gesellt. Es folgen schmale, sich an den steilen Fels schmiegende Steige, immer wieder unterbrochen von weiteren Blumeninseln. Schließlich erreichen wir das Hochplateau des Höllengebirges. Hier hat sich Mahler wohl die Inspiration für den fünften Satz geholt, den er „Was mir die Engel erzählen" nannte. Das Schlichte und Überwältigende der Natur war ihm eine wichtige Quelle der Inspiration.

Ausgangspunkt: Steinbach, Gustav-Mahler-Komponierhäuschen, Seefeld 14
Start für Aufstieg zum Stieg: Steinbach, Parkplatz im Ortsteil Kaisigen
Dauer: 2,5 Stunden, 2,8 Kilometer (einfache Strecke),
800 Höhenmeter bis zum Hochplateau
www.steinbach-attersee.at

Das Wasser des Attersees benötigt 44 Tage, bis es im Schwarzen Meer ankommt – auf „Wasser-Roas“ am Attersee

„Mit allen Wassern gewaschen“ werden wir Gottseidank nicht bei dieser Rundtour. Aber es gibt viel Wissenswertes über das Element Wasser zu entdecken. Ausgangspunkt ist die Schiffsanlegestelle Weyregg. Wer hier in den Attersee blickt, würde nicht vermuten, dass sich im Wasser nicht nur die besonderen Armleuchteralgen befinden, die dem See seine türkisblaue Farbe verleihen, sondern auch ein 50 mal 50 Meter großes römisches Fischbecken. Von der Besiedlung in antiker Zeit zeugen auch Reste eines römischen Gutshofes, die sich am Beginn der sogenannten „Wasser Roas“ befinden.

„Das Mosaik der *Villa rusticana* haben wir in der Volksschule angebracht. Das darin enthaltene Efeublatt ziert das Wappen der Gemeinde Weyregg“, erzählt Bürgermeister Klaus Gerzer. Wir folgen durch Streuobstwiesen der Markierung. Eine Tafel informiert, dass auch die hier häufig vorkommende Zwetschke von den Römern eingeführt wurde.

Mit herrlichen Ausblicken auf den See führt der Weg weiter in südlicher Richtung. Schon seit Jahrzehnten heißt der Weg auch Dr.-Gleißner-Weg. Der langjährige Landeshauptmann soll nach dem Zweiten Weltkrieg bei einer Verhandlung in Weyregg erfolgreich verhindert haben, dass Oberösterreich entlang der Demarkationslinie geteilt wird. Immer wieder laden Bankerl zum Rasten und Seeblick-Genießen ein. Vorbei an friedlich grasenden Alpakas wird die Ortschaft Steinwand erreicht. Der hier wohnhafte Vizebürgermeister Franz Gaigg gerät manchmal ins Schmunzeln, wenn er beobachtet, wie manche Wanderer auf die in der Nähe seines Hauses angebrachte Schautafel reagieren. Diese zeigt eine leere Glasscheibe und den Spruch: „Wussten

Sie, dass das einer der schönsten Ausblicke auf Weyregg ist?" Die Pointe ist: Es handelt sich um teilverspiegeltes Glas. Der Betrachter sieht die Landschaft und gleichzeitig sich selbst. Eine Übung zum Mitdenken, die manche ratlos zurücklässt.

Schließlich ist der höchste Punkt der Wanderung erreicht. Hier befindet sich die Kneippquelle „Schahöbrunn". Ein Armbad im 8 °C kalten Wasser erfrischt garantiert. Amtsleiter Johann Gebetsroither weiß aus Erfahrung: „Das Kneippbad dauert nur eine Minute und hat die Wirkung eines kräftigen Espressos."

Hier ist auch das Reich mächtiger Buchen. Kaum zu glauben: Jeder dieser Baumriesen transportiert täglich 500 Liter Wasser von den Wurzeln bis in die Blattspitzen. Er würde aber auch den Rohstoff für 1 500 Stoffleiberl liefern.

Dann geht es hinunter in die Ortschaft Alexenau. Hier hat man die Wahl, entweder dem Wanderweg rund um den Wachtberg zu folgen und in einer Stunde nach Weyregg zurückzukehren

Die Kneippquelle lädt zu einem Armbad ein.

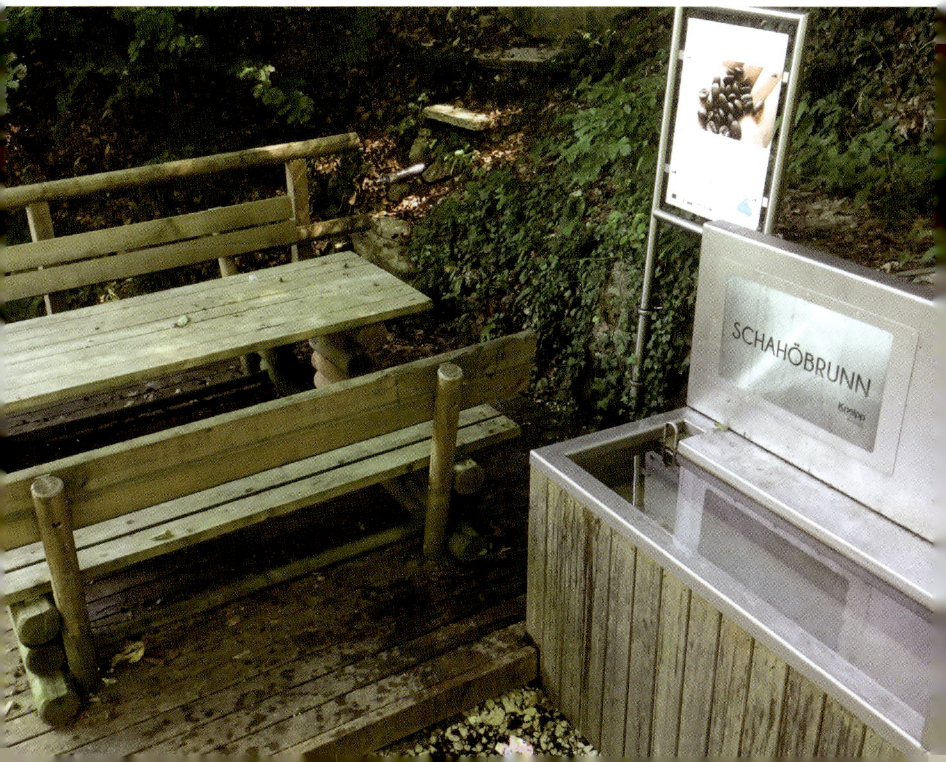

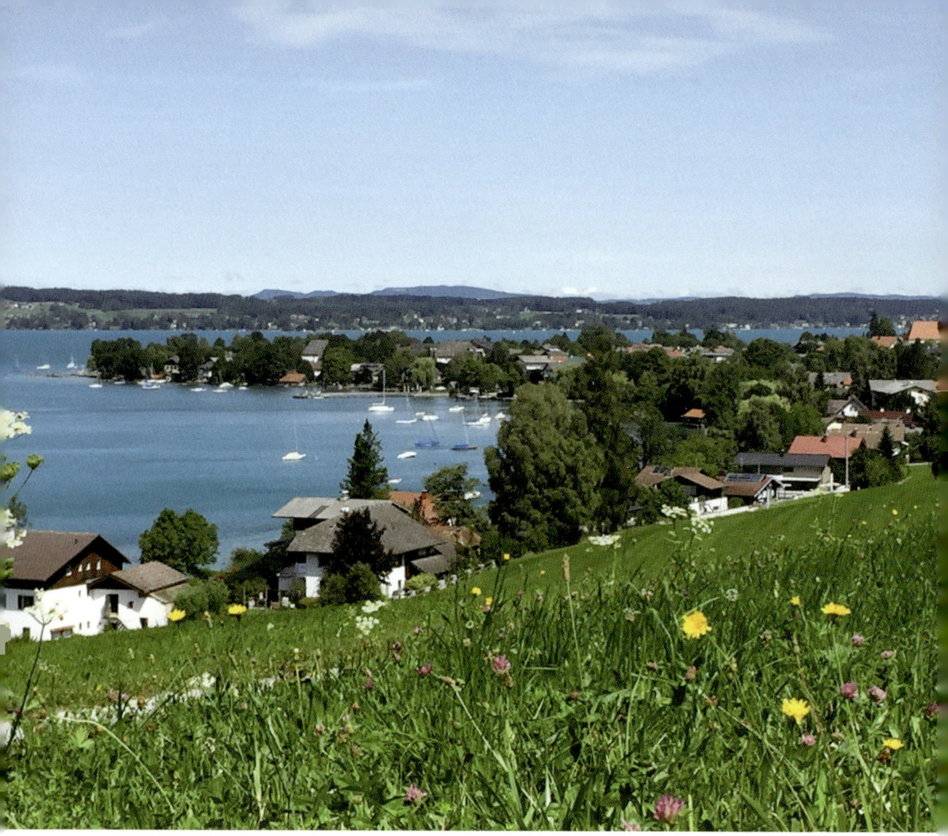

Blick vom Dr.-Gleißner-Weg auf Weyregg.

oder ganz bequem mit dem Atterseeschiff zurückzugleiten. Auf dem Schiff serviert eine charmante Kellnerin einen echten aromatischen Espresso. Eine letzte Schautafel beantwortet noch die interessante Frage: Wie lange braucht das Wasser des Attersees, bis es im Schwarzen Meer ankommt? Es sind 44 Tage. Dann wird es allerdings höchste Zeit, der Empfehlung Friedrich Schillers zu folgen: „Die Sonne scheint. Es lädt der See zum Bade."

Ausgangspunkt: Schiffsanlegestelle Weyregg
Dauer für „Wasser-Roas" (3,8 Kilometer) und Wachtberg-Umrundung (4,4 Kilometer): 2,5 Stunden, 230 Höhenmeter
www.weyregg.at

Auf dem Gahberg lädt die Sternwarte als Naturkino mit Blick auf Jupiter, Saturn und Sternschnuppen ein

„Nur wo du Fuß warst, bist du wirklich gewesen“: Der Empfehlung von Johann Wolfgang von Goethe folgend geht es auf eine aussichtsreiche Tour mit Blick auf den Attersee. Ausgangspunkt ist das Schloss Kammer in Schörfling, eines der Motive des Malers Gustav Klimt (1862–1918). Er ließ sich während vieler Sommer in seinem Urlaubs-Refugium von der Atmosphäre des Attersees inspirieren. Das höchst informative Klimt-Zentrum ist unbedingt einen Extra-Besuch wert. Wer nach der Besichtigung der Attersee-Bilder Klimts in das Wasser des Sees schaut, wird diesen anders betrachten – die meisterhafte künstlerische Gestaltung Klimts wird seinen Blick verändern.

Wir folgen einige Meter der Straße Richtung Süden und kommen zum Wegweiser Häfelberg. Der Höhenweg verläuft zunächst eben entlang des Sees – immer mit schönen Durchblicken zum Wasser – und steigt dann in Serpentinen in einer guten Gehstunde bis zum Häfelberg. Im schattigen Wald lassen sich die 200 Höhenmeter leicht überwinden. Dieser „Platz der Geborgenheit“ strahlt energiereiche Ruhe aus. An diesem Kraftort gibt es im Juni noch eine besondere Attraktion: Die angrenzende Wiese ist mit unzähligen Orchideen übersät. Auf der Rastbank sitzen und über die weiß bis violett blühende Königin der Blumen staunen – das ist Lebensqualität pur.

Atterseepanorama zu Füßen

Die Energie dieses Ortes beflügelt, und so wird in einer Stunde der 864 hohe Gahberg erreicht. Ein Abstecher führt zur 2011 eröffneten Hochwimmer-Sternwarte. Den ganzen Sommer gibt es

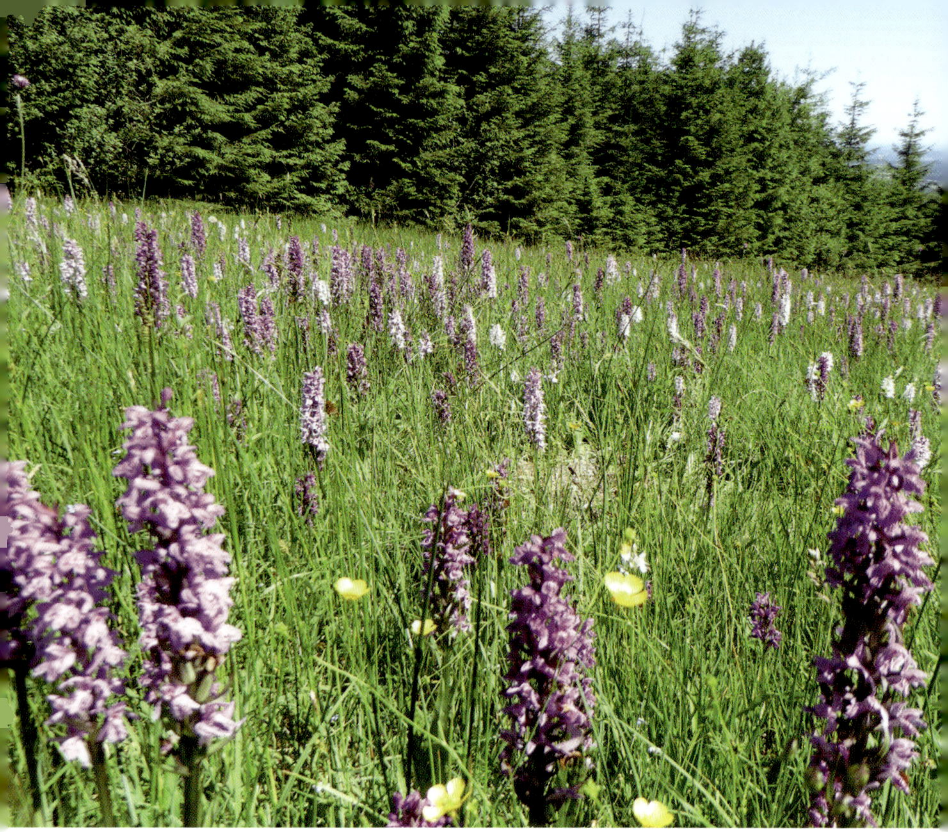

Orchideenwiese am „Platz der Geborgenheit" am Häfelberg über Weyregg.

hier Naturkino mit Blick auf Jupiter, Saturn und Sternschnuppen. Bereits in Blickweite ist die 300 Jahre alte Gahberg-Kapelle. Die beliebte Hochzeitskapelle lädt zum besinnlichen Innehalten ein. Der Duft frischer Blumen erfüllt den kleinen Kirchenraum. Am letzten Punkt des Abstechers auf dem Gahberg ziehen uns zwei hölzerne Wiegeliegen an: „Diese haben wir neu installiert, um die Wege rund um Weyregg noch attraktiver zu machen. Wanderer und Mountainbiker können genüsslich schaukelnd das herrliche Attersee-Panorama genießen", erzählt Bürgermeister Klaus Gerzer. Die Sicht reicht über den türkisblauen See bis zu den Felsmauern des Schafbergs und des Höllengebirges – bei gutem Wetter bis zum Watzmann. Ein perfekter Ort, um die Seele baumeln zu lassen.

Nach so viel meditativer Entspannung geht es zurück zur Wegkreuzung des Attersee-Ostwanderwegs, der hier gleichzeitig ein Teil des neu eröffneten Josefwegs ist. Der Blick fällt auf ein Gehege mit einer Herde friedlich grasender Hirsche. Der an einem Haus angebrachte Hinweis „Wildfleisch ab Hof" erregt Interesse: So beginnt eine weitere bereichernde Wanderpause. Die Eigentümer Christine und Wolfgang Spießberger verkaufen uns eine wohlschmeckende – das zeigt die Kostprobe – Stange Hirsch-Wurst und erlauben uns, auf der Gartenbank einen Traumblick auf den Attersee zu werfen. Wir erfahren, dass von den 50 Hirschen nur junge, maximal eineinhalbjährige Tiere verarbeitet werden, alle biologisch genährt von den Kräutern des Gahbergs. Und: dass der Blumenschmuck jeden Sonntag in der Gahberg-Kapelle von ihnen erneuert wird.

Mit dem Schiff zurück

Mit einem etwas schwereren Wandergepäck geht es auf dem „Brandsteig" direkt nach Weyregg. Über Wiesen – immer den Attersee im Blick – führt der Weg danach durch ein Waldstück. Nach wenigen Gehminuten wird das Ortszentrum mit mehreren Gasthäusern erreicht.

Erfrischt nach einem ausgiebigen Bad im See nehmen wir für den Rückweg das Attersee-Linienschiff. Es bringt uns in einer halben Stunde zurück nach Kammer. Bergschuh, Badehose und Schiff haben bei dieser Tour eine perfekte Harmonie gefunden.

Ausgangspunkt: Schörfling, Schloss Kammer
Dauer: 3 Stunden, 7,6 Kilometer, 380 Höhenmeter
www.atterseeschifffahrt.at; www.weyregg.at; www.schörfling.eu
www.josefweg-salzkammergut.at; www.traumblick.at

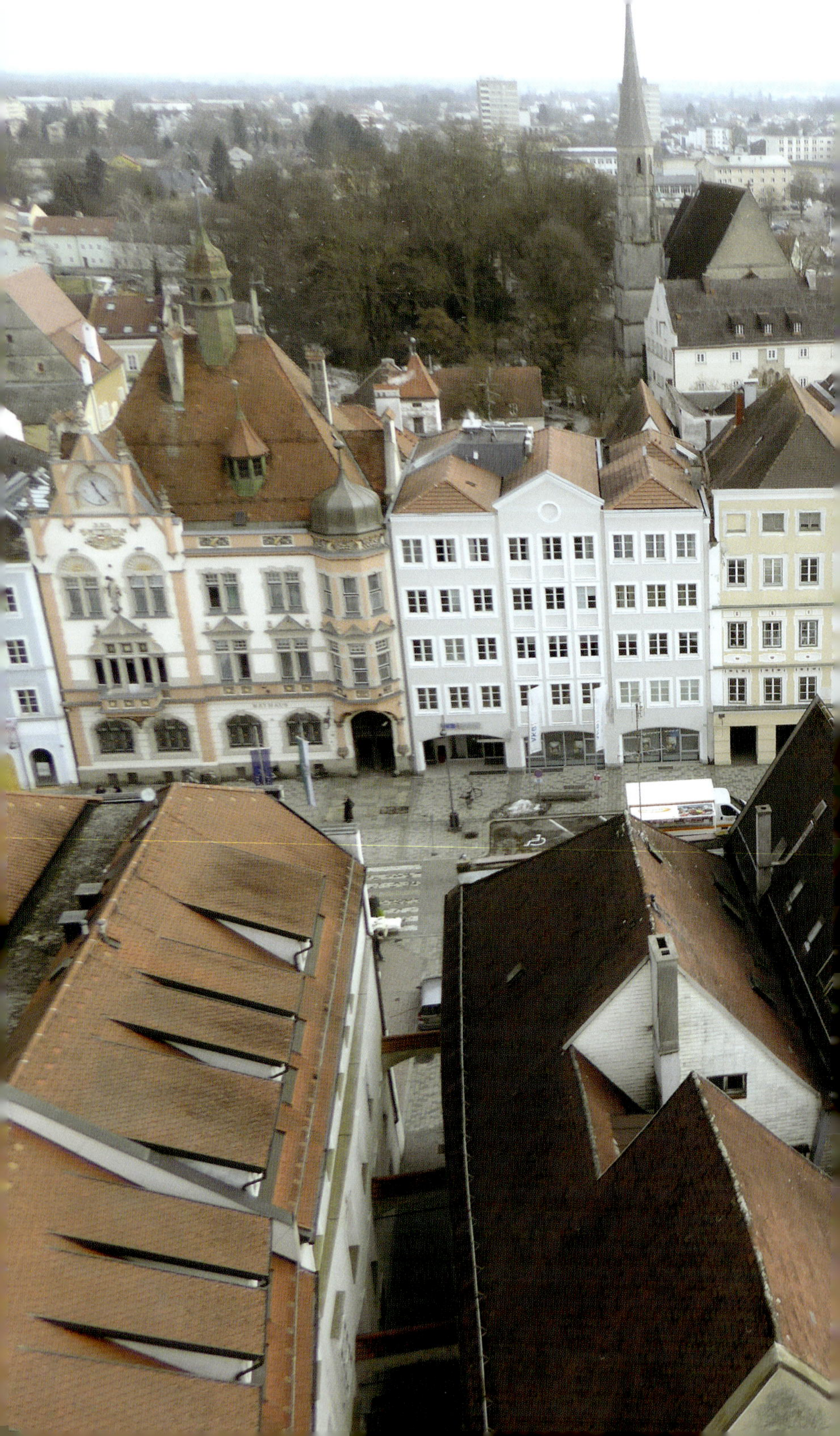

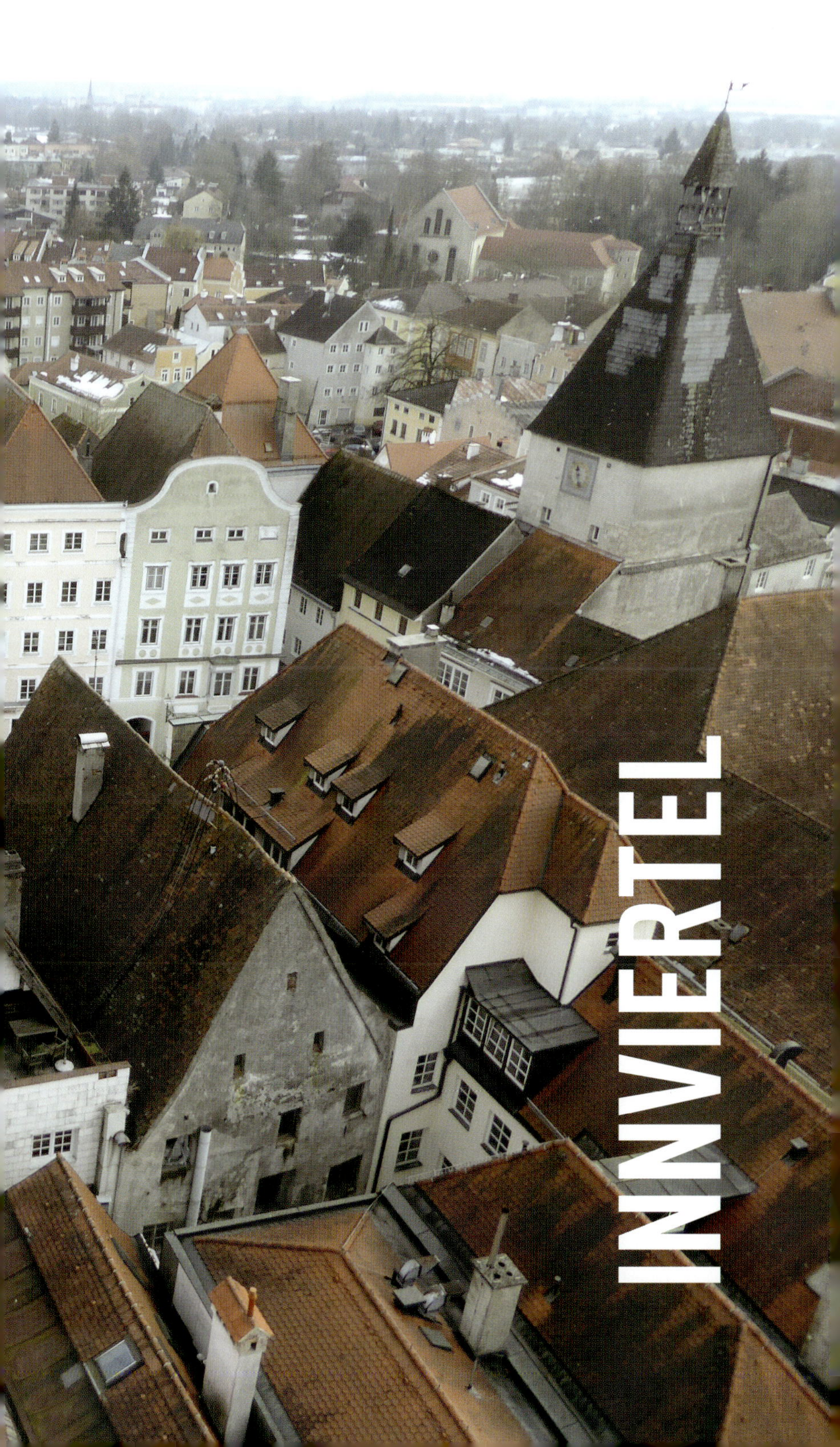

INNVIERTEL

56 Eggelsberg, Ibmer Moor

Das größte zusammenhängende Moorgebiet Österreichs im Oberen Innviertel lädt zu einer besonderen Erkundung ein

Nahe der Ortschaft Ibm im Gemeindegebiet von Eggelsberg geht es auf einem Rundweg durch das Moor „Pfeiferanger“, ein noch ursprünglich erhaltenes Moorgebiet. Holzstege machen eine Begehung möglich. Die Naturführerin Maria Wimmer bietet neben anderen Touren auch abendliche Führungen an und begleitet uns: „Vor rund 12 000 Jahren, als sich der Salzachgletscher der letzten Eiszeit nach und nach aus dieser Gegend zurückgezogen hat, entstand das Ibmer Moor. Auf dem wasserdichten, lehmigen Untergrund bildete sich aus Niederschlägen ein ständiger Wasserüberschuss. Die pflanzlichen Reste wurden so durch den fehlenden Sauerstoff unvollständig abgebaut und als Torf abgelagert. In 1 000 Jahren wuchs auf diese Weise die Torfschicht jeweils um einen Meter.“

Ein großer Teil des insgesamt 20 Quadratkilometer großen Moores verschwand allerdings durch intensiven Torfabbau, der im 19. Jahrhundert begann. Dennoch ist das Ibmer Moor auch heute noch ein idealer Rückzugsraum für Tiere und Pflanzen. Rund 200 Hektar stehen unter Naturschutz. Wir bewegen uns mit wachen Sinnen durch das Terrain. Ein fester Tritt auf den schwingenden Holzsteg lässt die in der Nähe wachsenden Birken vibrieren. Wer einen Fehltritt riskiert, versinkt im Untergrund. Also heißt es aufpassen. Wir beobachten ein Mosaik aus verschiedenen schutzwürdigen Pflanzenarten wie den fleischfressenden Sonnentau, die Schnabelbinse, Fadensegge oder das Pfeifengras. Schautafeln informieren über die Vogelwelt, beispielsweise über die Bekassine und den seltenen Großen Brachvogel.

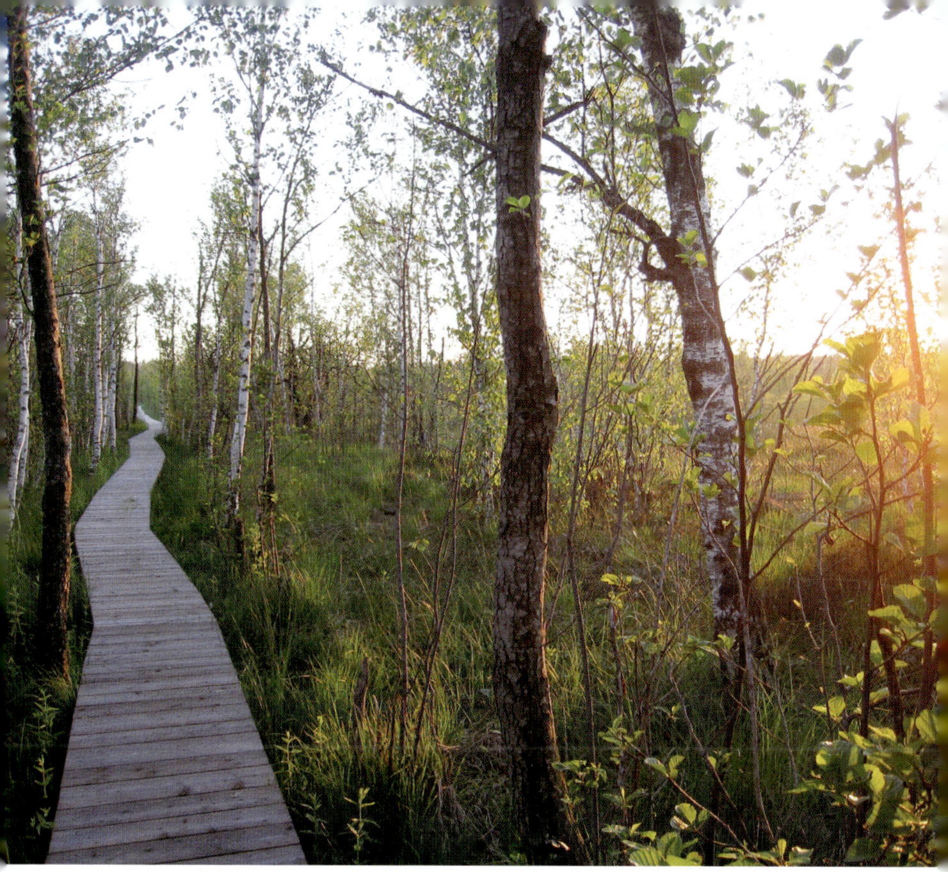

Geschützte Pflanzenvielfalt auf dem Moorlehrpfad.

Dieser lässt seinen Ruf am weiteren Weg durch das Vogelparadies Seeleiten ertönen. Sein Markenzeichen ist der 20 Zentimeter lange Schnabel sowie sein melodiöses Trällern, daher rührt sein Zusatzname „Moorflöte“. Zeitweise macht ein Bekassinen-Männchen mit einem Meckern aus luftiger Höhe auf sich aufmerksam. Es will mit seinen Flugkünsten dem Weibchen imponieren. Durch das Spreizen der Schwanzfedern entstehen diese Geräusche, die dem amselgroßen Vogel den Spitznamen „Himmelsziege“ eingebracht haben. Mit jeweils 20 Brutpaaren sind dies die bedeutendsten Vorkommen dieser herrlichen, aber gefährdeten Vögel in Österreich.

Vom erhöhten Aussichtspunkt gibt es bei Sonnenuntergang einen prachtvollen Rundblick auf den Seeleitensee, das Moor und die Bayerischen Kalkalpen mit dem Gipfel des Watzmann. Kurz danach ist die urige Jausenstation Seeleiten erreicht. Hier lassen sich die vielen Natureindrücke bei einer Brettljause mit knusprigem Brot aus dem Holzbackofen und einem Glas Most hervorragend verarbeiten. Seniorwirt Felix Peer erzählt manchen Schwank aus den früheren Zeiten des Torfabbaus.

Auf dem Rückweg durch das nächtliche Moor erzeugt das Licht von Laternen eine gespenstische Atmosphäre. Diese Stimmung wird noch verstärkt durch die Geschichten von Moorgeistern und Irrlichtern: Ein solches Licht soll – so die Sage – vor vielen Jahren dem Schuster Stöffl bei einbrechender Nacht begegnet sein. Als kleines Flämmchen stieg es aus dem sumpfigen Moorgrund auf und schwebte auf ihn zu. Voller Schrecken lief Stöffl davon. Doch das Licht verfolgte ihn hartnäckig und ließ sich nicht abschütteln. Erst als Stöffl beim letzten Haus des Dorfes anlangte und mit Weihwasser das Lichtlein besprengte, erlosch es. So wurde wieder eine Seele erlöst und Stöffl konnte seinen Weg beruhigt fortsetzen. Viele Menschen sollen schon im Moor ihr Leben gelassen haben. Ein Wort der Dichterin Annette von Droste-Hülshoff kommt in den Sinn: „O schaurig ist's übers Moor zu gehen …" Aber wir haben Glück und gelangen wohlbehalten an den Ausgangspunkt zurück.

Ausgangspunkt: Eggelsberg, Infohäuschen in Ibm
Dauer: 2,5 Stunden (mit Besichtigung), 4 Kilometer
Führungen buchbar unter www.moor-ausflug.at
www.Naturschauspiel.at

Auf den Spuren von Franz Xaver Gruber und dem Stille-Nacht-Lied unterwegs auf dem Friedensweg

Es lohnt, sich im Geburtsort des Musikers Franz Xaver Gruber (1787–1863) auf die Spuren seines Liedes „Stille Nacht, heilige Nacht“ zu begeben. Wie eine Insel hufeisenförmig vom Waldgebiet Weilhartsforst im Osten und von der Salzach im Westen umgeben, liegt der Doppelort Hochburg-Ach nahe der bayerischen Grenze. Ein Besuch in Franz-Xaver-Gruber-Gedächtnishaus am Dorfplatz von Hochburg stimmt in die Zeit der Franzosenkriege vor rund 200 Jahren ein. Kustos Hans Schwarzmayr erzählt über das Leben des Lehrers und Komponisten: „Der Sohn einer Leinenweberfamilie sollte ursprünglich ebenfalls diesen Beruf ausüben. Der Webstuhl, an dem er gearbeitet hat, ist bei uns im Originalzustand zu sehen. Durch den Lehrer und den Pfarrer des Ortes wurde zum Glück das musikalische Talent des Jungen sehr gefördert. So konnte er vom „Spreisslklavier“, an dem er heimlich Fingerübungen machte, schon früh zur Kirchenorgel wechseln.“ Gemeinsam mit dem kongenialen Textdichter Pfarrer Josef Mohr (1792–1848) schuf er schließlich das Stille-Nacht-Lied. In nur 20 Jahren verbreitete es sich über ganz Europa bis nach den USA und wird heute an Weihnachten von Millionen Menschen in 300 Sprachen gesungen: Ein Lied, das Menschen verbindet und seit über 200 Jahren weltweit als Friedensbotschaft erklingt – weit über Ländergrenzen, Sprachbarrieren und Religionen hinaus. 2011 wurde es in die nationale Liste des Immateriellen Kulturerbes der UNESCO aufgenommen.

Am zwei Kilometer langen Friedensweg in Hochburg-Ach hat der Tiroler Bildhauer Hubert J. Flörl diese Friedensbotschaft künstlerisch gestaltet. Er lässt Engelsflügel die einzelnen

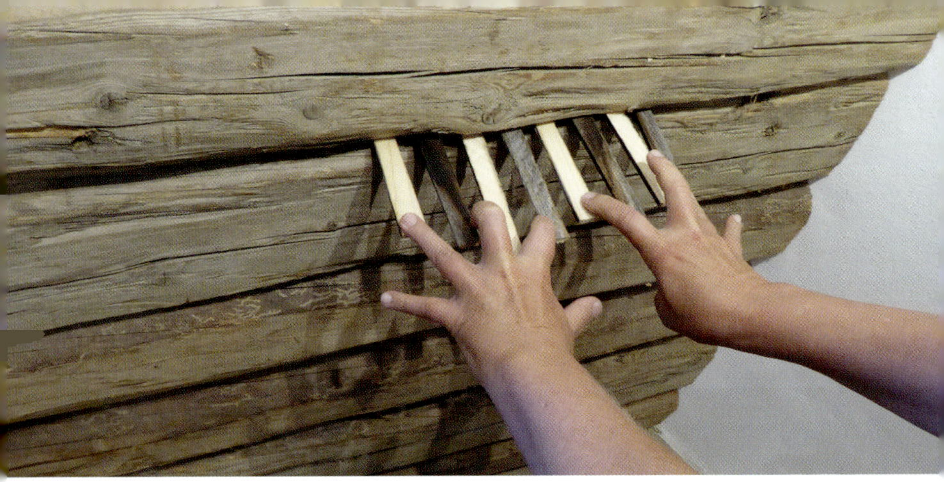

„Spreisslklavier" im Franz-Xaver-Gruber-Gedächtnishaus.

Strophen des Liedes durch alle Kontinente weitertragen. Der meditative Rundweg lädt an fünf Stationen zum Nachdenken und Innehalten ein. „Frieden kannst du nur haben, wenn du ihn gibst!" – so die Empfehlung der Schriftstellerin Marie von Ebner-Eschenbach bei der Station „Europa". Vorbei am historischen Johannesbrunnen erhält der Besucher bei der Station „Australien" einen Eindruck von der langen Geschichte des Ortes Hochburg: Es ist die Stelle, an der sich vor über 1 200 Jahren einst ein karolingischer Jagd- und Wirtschaftshofs befand.

Bevor es wieder an den Ausgangspunkt zurückgeht, trifft der Friedensweg auf dem letzten Wegstück auf andere historische Wege wie den Helmbrecht-, Wolfgang- und Marienweg. Bei der letzten Station begrüßen die drei Meter großen, modern gestalteten Bronzefiguren von Gruber und Mohr den Besucher. Hier findet sich auch der Hinweis auf das traditionelle Historienspiel „Die Suche nach der Stillen Nacht", das jährlich am dritten Advent-Wochenende in der Pfarrkirche von Hochburg aufgeführt wird.

Ausgangspunkt: Hochburg-Ach, Ortszentrum
Dauer: 1 Stunde (mit Besichtigung), 2 Kilometer
www.hochburg-ach.at; www.fxgruber.at

Vom antiken Blattschmuck bis zur ältesten Bäckerei Österreichs, so vielfältig sind die Schätze auf dem Schlossberg

Weit reicht der Blick über den Inn ins Bayerische, wenn man auf dem Ranshofener Schlossberg steht. Vielleicht war das der Grund für den Bayernherzog Tassilo III., im Jahr 788 hier vier Kilometer südlich des heutigen Braunau eine herzogliche Pfalz zu errichten. Daraus wurde wenig später unter Karl dem Großen eine Kaiserpfalz. Von der ist allerdings nichts mehr zu sehen. Dafür befinden sich hier jetzt die Reste eines im Jahr 1125 gegründeten Augustiner-Chorherrenstiftes.
Wir betreten die weitläufige Schlossanlage durch ein prächtiges Tor und wenden uns dem Prunkstück, der barockisierten Stiftskirche zu. Der Ranshofener Heinrich Harweck hat sich im Ruhestand zu einem Geschichtsexperten weitergebildet und weist auf die Besonderheit dieses sakralen Kunstwerks hin, den Akanthus-Schmuck. Die zu den Distelgewächsen zählende Pflanze zieht sich als Blattverzierung durch das gesamte Kircheninnere, sei es gemalt oder als Stuck. Nicht nur ein monumentaler Hochaltar zieht die Blicke des Besuchers an, sondern weitere sechs Altäre, alle reich verziert. Probst Ivo Kurzbauer (1687–1715) schuf als Erbauer damit etwas Einmaliges im deutschen Sprachraum. Er hat sich auch im Abwehrkampf gegen die Türken verdient gemacht, woran sein Wappen erinnert.
Auf dem Friedhof beeindruckt der historische Karner aus dem Jahr 1337. Wenn die hier gesammelten Knochen erzählen könnten, man würde wohl zwischen Staunen und Entsetzen hin- und hergerissen sein. Daneben kündet die mittelalterliche Totenleuchte vom einstigen Brauch, bei einem Todesfall ein Licht anzuzünden.
Auf dem weiteren Rundweg durch die alte Klosteranlage verwundert das Schild „älteste Bäckerei Österreichs“ von 1125.

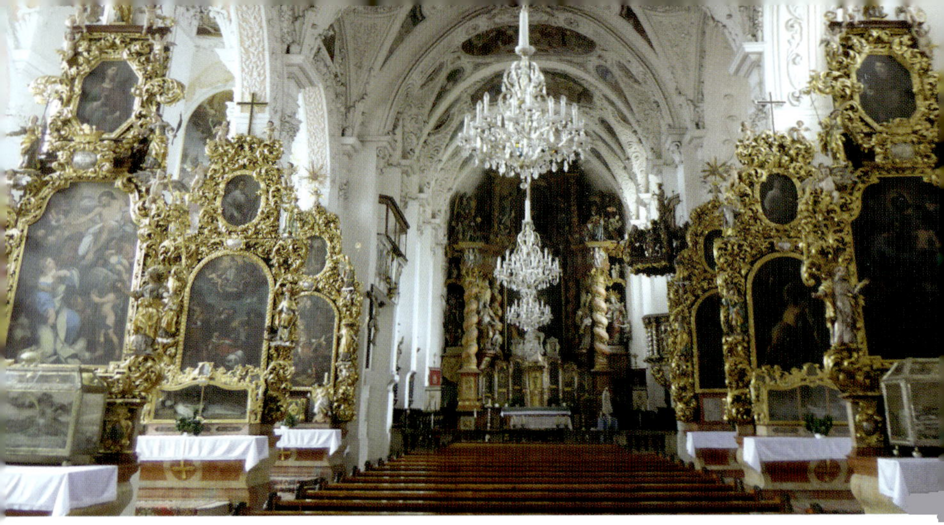

Sieben Altäre begrüßen die Besucher in der Stiftskirche von Ranshofen.

Heinrich Harweck erklärt: „Jedes Kloster hatte eigene Handwerksbetriebe wie Bäckerei oder Brauerei. Diese versorgten die Bewohner." Da das Stift Ranshofen 1812 aufgelöst wurde, hatte diese Bäckerei wohl längere Zeit wenig Kundschaft. Das Salzstangerl des heutigen Betriebs schmeckt jedenfalls vorzüglich. Wohl nicht zufällig führt genau hier einer der bedeutendsten Pilgerwege Mitteleuropas, die Via Nova, durch. Wir folgen ihm und steigen die 30 Höhenmeter hinunter, bis wir das Inn-Ufer erreichen. Breit und gemächlich, fast wie ein See, nähert sich der Fluss hier dem Kraftwerk Braunau-Simbach. Vom Uferweg aus wechselt der Blick vom leise plätscherndem Gewässer auf der einen Seite zu den urwaldähnlichen Innauen mit dschungelartigen Baumriesen auf der anderen. So genießen wir eine Gehstunde lang die meditative Stimmung, ehe wir uns auf den Rückweg begeben und im Gasthof Putscher einkehren. Der freundliche Wirt empfiehlt sein Surschnitzel. Ein guter Tipp für den perfekten Abschluss.

Ausgangspunkt für Wanderung: Ranshofen, Gasthof Putscher
Dauer: 2 Stunden, 8 Kilometer
www.tourismus-braunau.at; www.pilgerweg-vianova.eu
www.gasthaus-putscher.at

Die Region war stets wirtschaftlich erfolgreich – die Stadthäuser im „Wohnzimmer des Innviertels" zeugen heute noch davon

Die Luft duftet nach Brathendl und frischem Brot. Es gibt Fleisch und Gemüse aus der Region, köstliche Käsesorten und eine große Auswahl an weißen Lammfellen: Auf dem Stadtplatz von Braunau lädt der traditionelle Wochenmarkt jeden Mittwoch zum Flanieren und Gustieren ein. Auf dem langgestreckten Platz mit den gotischen Bürgerhäusern – auch „Wohnzimmer des Innviertels" genannt – beginnt die Rundwanderung durch Braunau. Als profunder Kenner der Stadtkultur und lebendes Geschichtsbuch begleitet Stadtführer Hannes Waidbacher senior durch die historische Altstadt.
„Schon um 1100 als ‚Prunov', als braune Au, urkundlich erwähnt, hat die Stadt eine große, aber auch kriegerische Vergangenheit. Die längste Zeit ihrer Geschichte unter bairischer Herrschaft wurde sie als Handelsstadt und Grenzfestung gegen die Österreicher ausgebaut. Erst 1779 kam sie zu Österreich", erklärt Waidbacher. Die Bedeutung der Stadt und der Region hat Leo Tolstoi eindrucksvoll in seinem Werk „Krieg und Frieden" dargestellt: Er beschrieb darin das russische Heerlager bei Braunau im Herbst 1805.
Der Rundweg verlässt die malerische Kulisse des Stadtplatzes und führt durch die kleine Poststallgasse in die Kirchengasse. An deren Ende taucht unübersehbar die bedeutende spätgotische Kirche St. Stephan auf. Der hochragende schlanke Turm ist mit 87 Metern ein Wahrzeichen der Stadt und – nach dem Linzer Mariä-Empfängnis-Dom – der zweithöchste Kirchturm Oberösterreichs. Seine Grundsteinlegung fällt in das Jahr 1492. Der Aufstieg über unzählige Holzstufen wird mit einem überwältigenden Ausblick auf die Altstadt belohnt. Der Blick richtet

sich auf die roten Giebeldächer, farblich harmonierende Hausfassaden und reicht bis hin zum bayerischen Nachbarort Simbach auf der anderen Seite des Inn.

Zwei-Meter-Bart als Todesfalle

An der Außenmauer der Kirche begegnet ein besonderes Kulturdenkmal: das aus rotem Marmor gehauene überlebensgroße Epitaph für Hans Staininger (1508–1567). Er war Händler, Ratsherr und Stadthauptmann von Braunau. Berühmt machte ihn jedoch sein Bart: Er war zwei Meter lang und reichte bis zum Boden. Der Legende nach soll er bei einem Brand der Stadt vergessen haben, den Bart aufzurollen, darüber gestolpert sein und sich das Genick gebrochen haben. Glücklicherweise ist der Bart erhalten und im Bezirksmuseum noch heute zu bewundern.

Vergnügen im Badehaus

Der Rundweg führt über die Pfarrhofgasse am Torturm vorbei in die sogenannte Salzburger Vorstadt. Ein unauffälliges Stadthaus hat es hier zu einer – für Braunau verzichtbaren – Berühmtheit gebracht, nämlich das Geburtshaus Hitlers. Die Zukunft wird weisen, wie eine weitere Nutzung aussehen wird. Dann überschreitet man Färber- und Walchergraben, die beide zur ersten Befestigung der Stadt um das Jahr 1260 gehörten. Das nächste Ziel ist aber das mittelalterliche Badehaus „Vorderbad". Es ist die einzige als Museum öffentlich zugängliche historische Badestube in Österreich. Solche Häuser dienten der Körperreinigung, der Behandlung kleinerer Krankheiten durch Schröpfen und Aderlass und waren gesellschaftliche Treffpunkte. Hier fanden „Badegesellschaften" mit Essen, Trinken und Musik statt.
Nun geht es über die Palmstraße an der Bürgerspitalkirche und den Palmpark einige hundert Meter weiter bis zur Linzer Straße. Auf dem Giebel eines Hauses befindet sich dort ein metallenes Pferd, das gänzlich durchlöchert ist. Das „Eiserne Ross" erinnert an die Belagerung Braunaus durch die Österreicher im

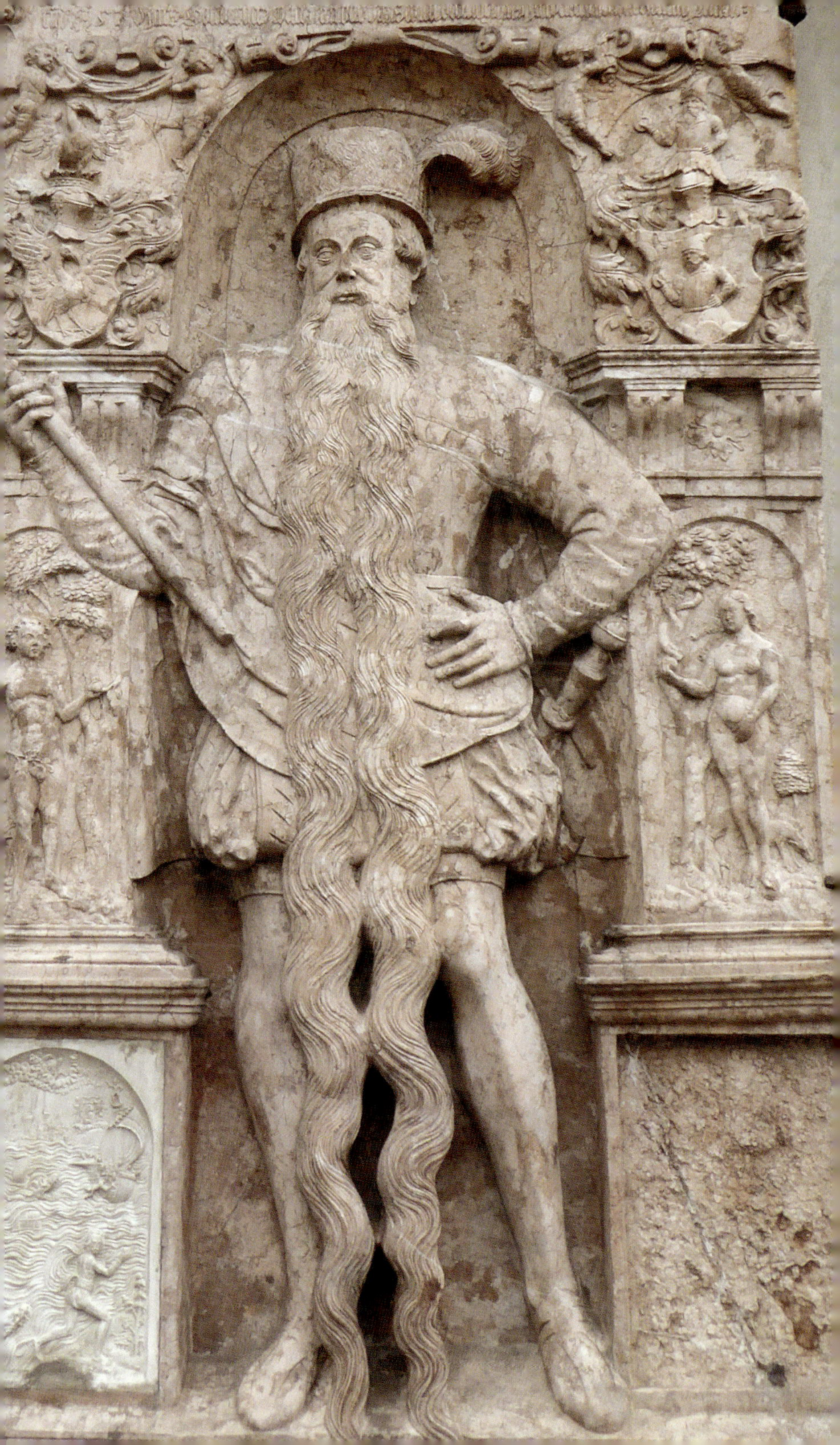

Erbfolgekrieg 1743. Der Überlieferung nach wurde damals das letzte Reitpferd geschlachtet, um die hungernden Stadtbewohner zu verpflegen. Erst nach sechswöchiger Belagerung übergaben die Bürger Braunaus ihre Stadt an die Feinde, denn alle Lebensmittel in der Stadt waren aufgebraucht.

Friedensbezirk mit kriegerischer Vergangenheit

200 Jahre später, 1945, diente dieses metallene Denkmal den ersten einziehenden amerikanischen Soldaten als Zielscheibe – daher die vielen Löcher in dem blechernen Korpus. Vorbei am Kulturzentrum Gugg geht es wieder zurück zum Stadtplatz. Wir verlassen den Ort, nicht ohne die Initiative zu erwähnen, die im Jahr 2008 den Bezirk Braunau mit seinen 46 Gemeinden zu einem Friedensbezirk gemacht hat: Zur Erinnerung an den Stille-Nacht-Lied-Komponisten Franz Xaver Gruber oder den seligen Franz Jägerstätter, der ermordet wurde, weil er sich weigerte, einem verbrecherischen Regime zu dienen, oder Maria Hafner, die mit ihren Rotkreuz-Helferinnen 200 000 Soldaten des Entlassungslagers Mauerkirchen betreut hat. Das soll eine Art positiven Gegenpol zum Hitler-Geburtsstadt-Image bilden und die Schönheit der Innviertler Landschaft sowie den Talente-Reichtum der Menschen in den Vordergrund rücken.
Aber das Innviertel will uns noch nicht loslassen. Wir begeben uns in den Ort Polling – auf halbem Weg nach Ried gelegen – in das Gasthaus zur Kaiserlinde. Bei der freundlichen Wirtin Elfi Stranzinger bestellen wir das Tagesmenü, einen zart-knusprigen Kalbsbraten. Dass dieser von ihrer über 100-jährigen Mutter als Küchenchefin zubereitet wird, ist kaum zu glauben. Im Gespräch lernen wir die rüstige alte Dame als eine humorvolle und charmante Frau kennen, der wir hier ein Denkmal setzen.

Ausgangspunkt: Braunau, Stadtplatz
Dauer: 1 bis 2 Stunden, je nach Gusto
www.braunau.at

Ein Pilgerort, der auf schönste Weise nicht aus dem Rahmen fällt

„Dieses Schmolln hat Zukunft“: Mit diesen Worten soll der Linzer Bischof Franz Joseph Rudigier vor 150 Jahren dem Bau einer eigenen Pfarrkirche in Maria Schmolln zugestimmt haben. Bürgermeister Wilfried Gerner hält auch heute noch die spirituelle Atmosphäre des Ortszentrums für ein Charakteristikum von Maria Schmolln: „An der Stelle, an der im frühen 18. Jahrhundert ein Marienbild an einem Baum angebracht wurde, errichtete man später die Waldkapelle Maria Schmolln und schließlich eine Kirche mit einem Franziskanerkloster. Wer heute auf diesem Platz steht, spürt die Kraft dieses Ortes.“

Um die besondere Lage des Ortes kennenzulernen, bietet sich der sogenannte Bilderrahmenweg an. Dafür folgt man ab dem Pilgerbrunnen bei der Wallfahrtskirche den Hinweistafeln „Gemma Schmolln schau'n“. Es geht über hügelige Felder, Wiesen und durch den Wald. In der zweieinhalbstündigen Rundwanderung tun sich immer wieder einzigartige Blicke auf den wichtigsten Wallfahrtsort des Innviertels auf. Auch der Salzburger Untersberg grüßt aus der Ferne.

Aufgrund seiner erhöhten Lage an den nördlichen Ausläufern des Kobernaußerwaldes ist „die Schmolln“ ein naher Blickfang. Die an besonderen Stellen platzierten „Landschaftsrahmen“ bündeln den Blick und laden zur Rast und zum Innehalten ein. Die Gedanken werden ruhiger und vermeintlich dringliche Dinge verlieren ihre Wichtigkeit. Hunderte Jahre alte Bauernhöfe werden passiert. In der Ortschaft Winklpoint findet sich der „Winkelberner“, ein ganz moderner Rinderbauer.

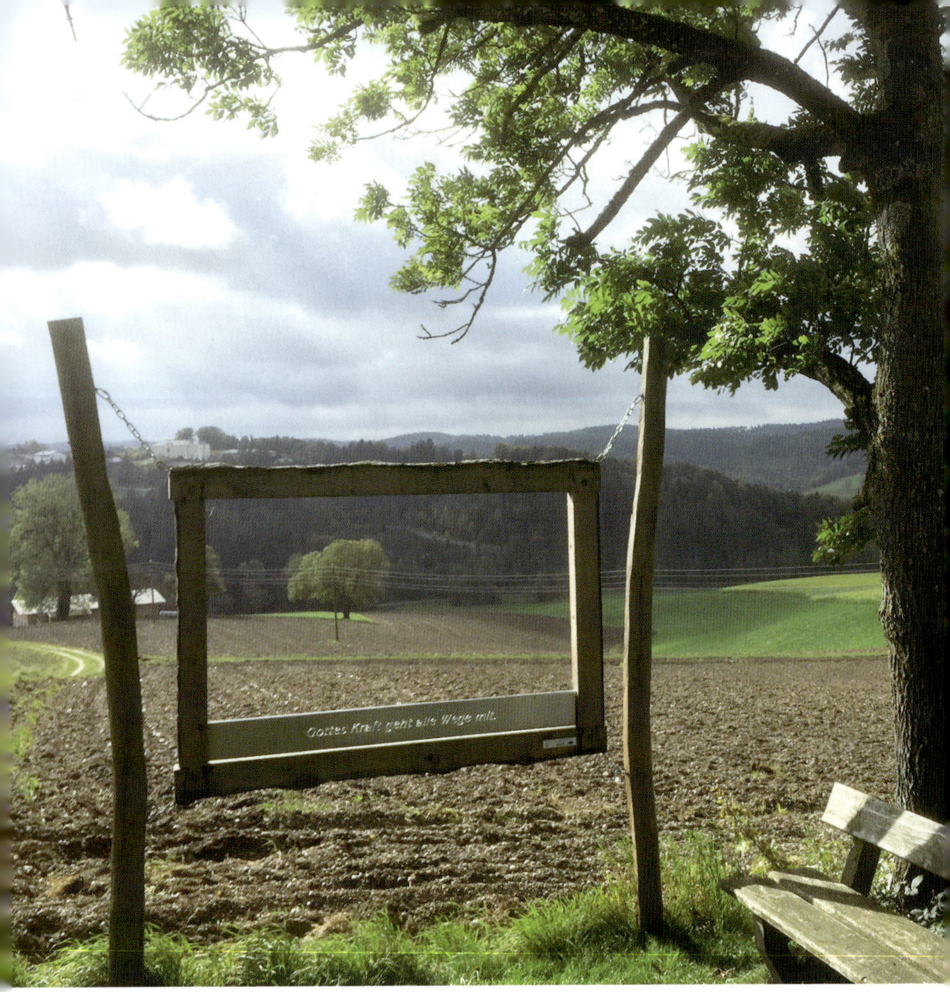

Herrliche Ausblicke auf dem Bilderrahmenweg „in die Schmolln".

Seine 70 Kühe werden von einem Roboter gemolken. Kaum zu glauben: Die Kühe stellen sich in Schlange vor der vollautomatischen Melkanlage an und genießen es, mehrmals am Tag gemolken zu werden. Sollte ein Rind bereit für die Fortpflanzung sein, so sendet ein am Halsband befestigter Sender entsprechende Signale an den Computer in der Steuerungszentrale. Der Landwirt weiß dann genau, was zu tun ist.

Wieder zurück beim Kirchenwirt gibt es nach der Stärkung mit echten Innviertler Grammelknödeln ein interessantes Gespräch mit dem Maria Schmollner Amtsleiter Josef Bachleitner. Er erläutert, dass sich der Name „Schmolln" von „schmaler Bergrücken" ableitet. Er kennt auch die vielen Bräuche wie die „Maschkerer": Seit 200 Jahren ziehen in der Rauhnacht am 5. Jänner die Mitglieder der „Zechen" durch den Ort und vertreiben den Winter. Diese Burschenschaften bestehen aus ledigen Männern, die das Brauchtum des Ortes pflegen. Anfang Oktober gibt es mit der Literaturwanderung eine nicht minder anregende Veranstaltung. Unter dem Motto „mit allen Sinnen" begeben sich rund 100 Teilnehmer auf den Weg und genießen an mehreren idyllischen Orten in der Landschaft die Lesung eines österreichischen Schriftstellers, umrahmt von musikalischer Begleitung. Zwischendrin gibt es in einem Bauernhof eine kulinarische Pause – natürlich ebenfalls mit Lesung und Musik – ein ganzheitlicher Kulturgenuss, organisiert von der Kulturreferentin Helga Ortmair. Bischof Rudigier hatte Recht: Maria Schmolln hat eine lebendige Gegenwart.

Ausgangspunkt: Maria Schmolln, Ortszentrum
Dauer: 2,5 Stunden, 6,8 Kilometer
www.maria-schmolln.at

61 Ried im Innkreis

Im Brau- und Weißgerberhaus am Roßmarkt wurde das erste österreichische Weißbier gebraut

Wer durch das Stadtzentrum von Ried spaziert, ahnt nicht, dass das Wort Ried „sumpfiges Gelände" bedeutet und auf die Lage des Ortes zwischen den zwei Bächen Oberach und Breitsach verweist. Genauso wenig fällt auf, dass die Häuser der Altstadt wegen des schlammigen Untergrunds ähnlich wie in Venedig auf Holzpfählen ruhen.
Der Ausgangspunkt der Stadtbesichtigung ist das Innviertler Volkskundehaus am Kirchenplatz. Kulturfachfrau Andrea Geiblinger führt durch das bestens bestückte Museum. Eine kulturhistorische Besonderheit stellt die „Oberndorfer Krippe" dar, vor der im Jahr 1818 erstmals das Weihnachtslied „Stille Nacht" erklang. Warum konnte gerade dieses Lied so die Herzen gewinnen? Andrea Geiblinger hat eine plausible Erklärung: „Das Land litt noch unter den Nachwirkungen der Napoleonischen Kriege. Die Bewohner von Oberndorf waren Flößer auf der Salzach und bitterarm. Das Lied sollte die Menschen trösten und ihr Herz berühren." Auf Umwegen kam die mit 90 Figuren und 50 Tieren reich ausgestattete Krippe nach Ried. Eine Besonderheit: Die anbetenden Könige scheinen ausschließlich afrikanischer Herkunft zu sein.

Aber auch die volkskundliche Sammlung des Museums bietet Bemerkenswertes. Prunkvolle goldverzierte Kropfketten sind zu sehen, die um den Hals gebunden wohl die Schönheit der Damen betonen sollten. Böse Gerüchte besagen, dass die Innviertler früher viel und gerne rauften. Ausgestellte Raufwerkzeuge scheinen das zu bestätigen: In mehrzackig ausgeschnittene rohe Erdäpfel wurde eine Blei-Zinn-Legierung eingegossen.

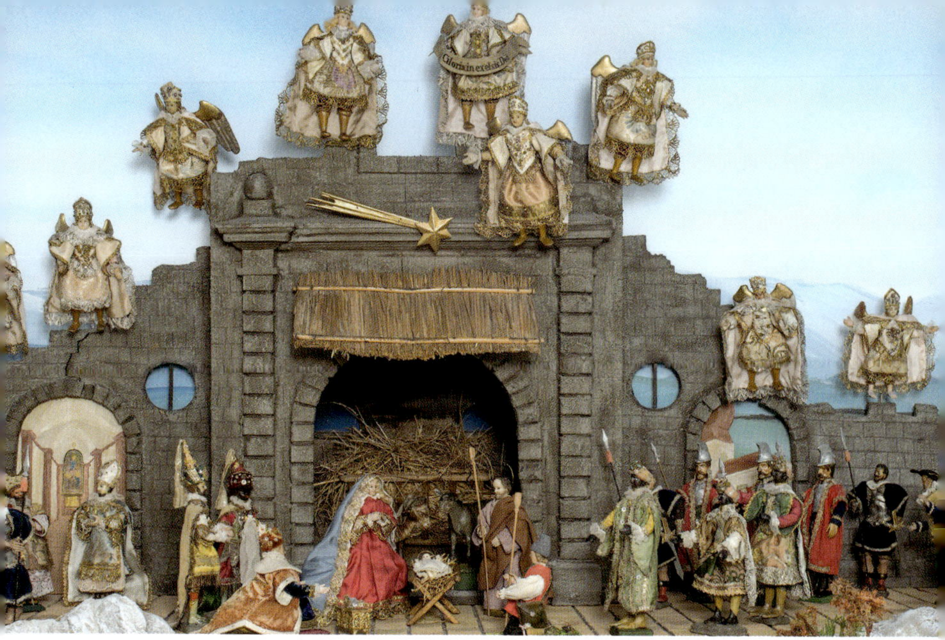

Oberndorfer Stille-Nacht-Krippe mit 140 Figuren.

Als Griff diente ein sogenannter Ochsenschlepp, ein Ochsenschwanz. Eine gefährliche Waffe, welche die in Gemeinschaften, sogenannten Zechen, organisierten jungen unverheirateten Burschen bei Unstimmigkeiten einsetzten, vor allem den Umgang mit Mädchen betreffend und häufig mit fatalem Ausgang.

Bildhauer-Dynastie der Schwanthaler

Friedlich geht es weiter: Wir betreten den sich in einem historischen Gewölbe des Hauses befindlichen Figurensaal. Hier tauchen wir ein in die Welt der Schwanthaler-Dynastie. Mitten im Dreißigjährigen Krieg flüchtete der Stammvater Hans Schwabenthaler aus dem Schwabenland nach Ried, um mit seinen Nachkommen 200 Jahre lang die Stadt und die ganze Region künstlerisch zu bereichern. Auf einer Stammtafel sind 21 Bildhauer aufgezählt, die den auf „Schwanthaler" geänderten Namen tragen. Die Familie wirkte sieben Generationen lang. Unzählige Figuren in unterschiedlicher Darstellung füllen den Saal. Besonders beeindruckt die Figur des liegenden Grablegungs-Christus

aus dem Jahr 1641. „Unzählige Schwanthaler-Skulpturen finden sich heute in Kirchen und auf Plätzen von Gmunden bis München. Die Darstellungen sind naturgetreu, haben richtige Proportionen und sind fein und detailliert gearbeitet", erläutert Andrea Geiblinger. Das bestätigt sich auch in der Stadtpfarrkirche, in der sich neben dem Hauptaltar noch weitere Kunstwerke dieser Dynastie befinden.
Schließlich begeben wir uns auf dem Stille-Nacht-Weg vom Kirchenplatz zum Hauptplatz. Die Grenzstreitigkeiten zwischen Babenbergern, Ottokar von Böhmen und Habsburgern auf der einen und den bairischen Herzögen auf der anderen Seite sind lange vorbei. Prächtige Bürgerhäuser zeugen vom früheren Reichtum durch die Leinenweberei und den mit ihr verbundenen Handel. Ried war auch immer ein Handelszentrum für die landwirtschaftlichen Produkte des Umlandes und der Erzeugnisse des heimischen Handwerks.

Ein Monument mitten am Hauptplatz springt ins Auge. Die Statue von Dietmar dem Anhanger hält eine Lanze mit einem Schuh in der Hand. Letzterer ist so bedeutend, dass er ganz markant auch das Stadtwappen schmückt. Die Legende berichtet Wundersames. Dietmar soll am dritten Kreuzzug 1189 teilgenommen haben. Als die Christen die Schlacht um Jerusalem zu verlieren drohten, weil die Standarte den Rittern als Orientierung abhandengekommen war, soll Dietmar mit seinem Bundschuh auf der Lanze die Truppen zum Sieg geführt und Jerusalem erobert haben. Er gilt als sagenhafter Ortsgründer von Ried und sein Standbild wurde als erstes profanes Denkmal der Stadt im Jahr 1665 errichtet.
Dass die Rieder Bürger immer schon Sinn für Bildung hatten, bestätigt der Heimatforscher Wilfried Katzlberger, der hier seine Gymnasialzeit verbracht hat. Er zitiert seinen Geschichtslehrer: „Als Kaiser Franz Joseph den Riedern die Wahl zwischen einer neuen Kaserne oder einem Gymnasium ließ, entschieden

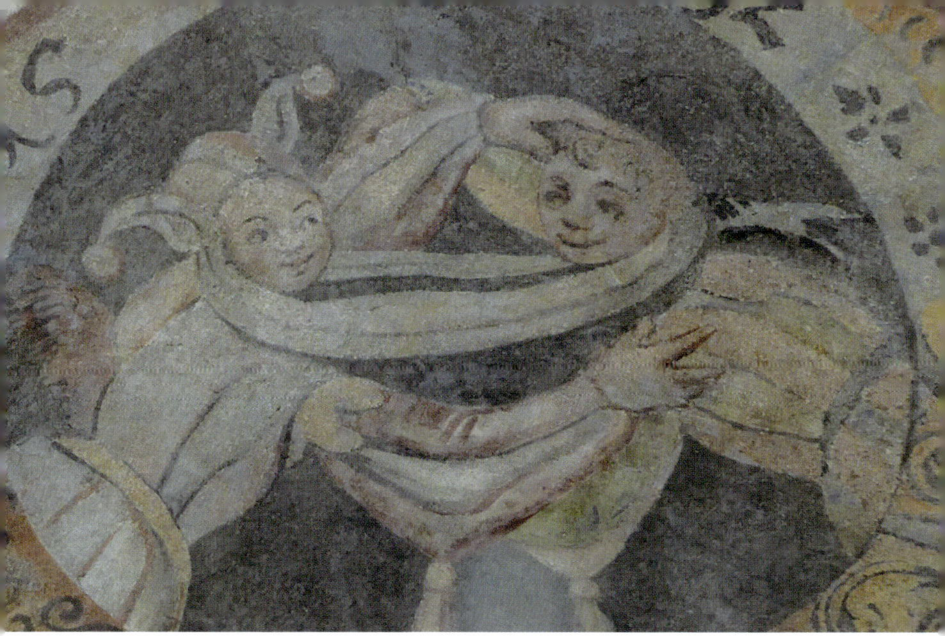

Narrenfresko am Rieder Hauptplatz.

sie sich für das Gymnasium." So erhielt die Stadt im Jahr 1872 nach Linz das erste staatliche Gymnasium. Aber auch die Fähigkeit, sich selbst auf die Schippe zu nehmen, lässt sich bei einem Stadtspaziergang schön entdecken. Am Haus Hauptplatz 10 blicken wir auf das an einem Vorbau angebrachte Fresko, auf dem sich zwei Narrenfiguren umarmen. Darüber findet sich der Text: „Unser Sein Drei". Man fragt sich: Wer ist wohl der dritte Narr? Es kann nur der oder die Hinaufschauende sein.
Doch was wäre ein Besuch in der Bierstadt Ried, ohne dieses Traditionsgetränk zu kosten. Schließlich wurde hier im Brau- und Weißgerberhaus am Roßmarkt 27 im Jahr 1932 das erste österreichische Weißbier gebraut. So beenden wir mit einem köstlichen Kellertrüben unseren Besuch in Ried.

Ausgangspunkt: Ried, Stadtplatz
Dauer: 1 bis 2 Stunden, 5 Kilometer
www.ried.at

62 Schärding

Salzhandel und Maut machten die Barockstadt reich, und ein liebestoller Franzose erinnert an Napoleon

Was ist der Unterschied zwischen dem Kaiserpalast in Peking und der Stadt Schärding? Schärding ist unwesentlich größer, hat aber dafür 67 Gasthäuser, und der Kaiserpalast keines. Ein Stadtspaziergang durch die bereits im Jahr 804 als *Scardinga* urkundlich erwähnte Stadt am Inn gibt ausgiebig Gelegenheit, diese kennenzulernen. Ausgangspunkt ist die an der Grenze zu Bayern liegende Innbrücke. Von hier geht es direkt auf das historische Schlossareal. Die Granitstufen sind mit schwarzen Flecken durchsetzt – ein besonderes Kennzeichen des Schärdinger Granits. Nichts erinnert im Schlosspark an die einst uneinnehmbare Festung. Heute werden keine grimmigen Feinde mehr erwartet, Kinder können ungestört im Burggraben spielen. Eine kuriose Geschichte regt zum Schmunzeln an. Sie handelt vom „liebestollen Franzosen". Dieser sitzt als lebensnah gestaltete Figur in einer historischen Unform hinter dicken Gittern eingesperrt in einer Nische der Burgmauer. Der Legende nach soll er nach der Eroberung und Besetzung der Stadt im April 1809 vor lauter Liebschaften mit Schärdinger Mädchen den Abzug seiner Truppe versäumt haben. Eifersüchtige Schärdinger Burschen hätten ihn aus Rache und zur Vergeltung hier eingesperrt.

Weiter geht es auf dem historischen Schärdinger Stadtwanderweg, der „Via Scardinga". 22 Stationen erzählen auf zweieinhalb Kilometern Geschichten und lüften so manches Geheimnis. Die landesfürstliche Stadt profitierte lange Zeit vom Handel mit Salz und Einnahmen durch Maut und Zölle. Durch das mächtige Schlosstor geht es auf den Oberen Stadtplatz mit dreieckigem Grundriss. Die prächtigen Bürgerhäuser spiegeln den früheren Reichtum. Der Name „Silberzeile", den dieser Teil des

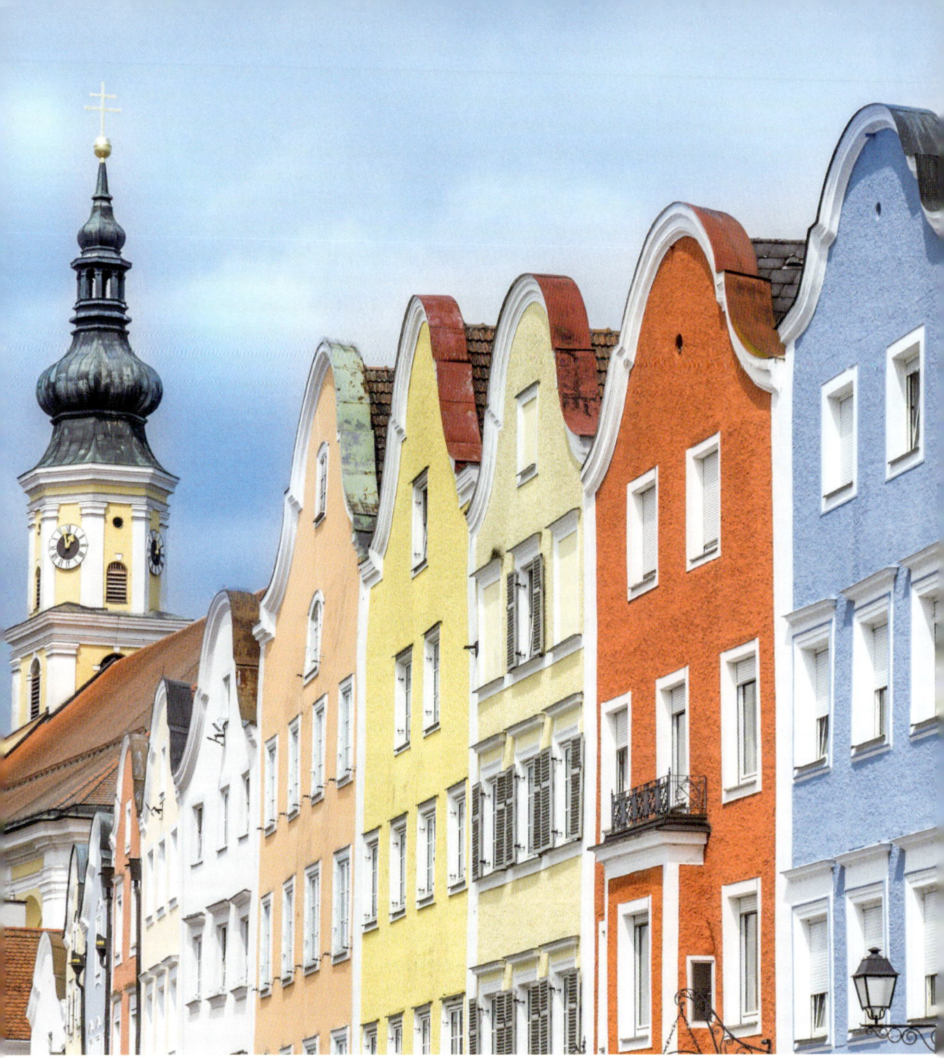

Bürgerhäuser an der Silberzeile tragen die alten Zunftfarben.

Stadtplatzes hat, erinnert wahrscheinlich an den Reichtum der hier wohnenden Kaufleute, in deren Taschen die Silberlinge klimperten. Die Fassaden tragen noch immer die alten Zunftfarben. Der ehemalige Feuerwehrhauptmann und Stadtführer Pepi Zöchling erzählt: „Braun zeigt die Tuchmacher an, Rot war die Farbe der Fleischhauer, Blau die der Bäcker, Grün die der Weinlokale, Gelb stand für Bierwirte und Brauereien."

Im Mittelalter gab es hier immerhin vierzehn (!) Bierbraustätten. Bier galt nicht als Getränk, sondern als Nahrungsmittel. Das Klappern der Pferdehufe und das Knirschen der Wagenräder ist heute nicht mehr zu hören. Auch nicht das Geräusch von Donnern und „Bumsen", das die rollenden Bierfässer erzeugten, als sie in die Keller der Wirtsstuben rollten. Aber der urige Braugasthof, in den wir einkehren, mit dem Namen „Zur Bums'n" erinnert an diese Zeit. Besichtigen macht durstig und hungrig, da schmecken die geselchten Ripperl vorzüglich und geben Kraft für die Erkundung der reizvollen Umgebung. Von der Schiffsanlegestelle führt der Wanderweg Nr. 1 hinauf zur sehenswerten Wallfahrtskirche Maria Brunnenthal. Gleich daneben grüßen im Garten des ehemaligen Pfarrhauses zwei Figuren der Künstlerin Annerose Riedl den Wanderer. Hier trifft Kunst auf Natur, die es auf dem zweistündigen Rundweg noch ausgiebig zu genießen gibt.

Ausgangspunkt für Wanderung nach Maria Brunnenthal:
Schärding, Schiffsanlegestelle
Dauer: 2 Stunden mit Besichtigung, 4,5 Kilometer (Wanderweg nach Brunnenthal, einfache Strecke)
www.schaerding.at

Eine „Seelenkammer" in der Unterwelt von Münzkirchen soll als Erdstall eine Zufluchtsstätte gewesen sein

Viel Interessantes gibt es in der Innviertler Gemeinde Münzkirchen zu entdecken – darunter sind jedoch keine Münzen. Der Name des Ortes hat sich aus der bereits 1040 urkundlich erwähnten Bezeichnung „Mosiliskirchen" entwickelt, was auf eine slawische Besiedlung hinweist, wie der pensionierte Lehrer und Altbürgermeister Johann Höller berichtet.

Unser Besuchsabenteuer beginnt im zentral gelegenen Gasthof Wösner. Wirt Vinzenz begleitet uns in den gemauerten Gewölbekeller seines Gasthofs, wo wir allerdings keine deftige Innviertler Mahlzeit einnehmen, sondern einen blauen Overall sowie Schutzhüllen für unsere Schuhe anziehen. Ausgerüstet mit Helm und Stirnlampe geht es dann durch eine kleine Öffnung in ein unterirdisches Gangsystem. Es ist dunkel und eng. Auf allen Vieren tasten wir uns bei kühlen 12 °C kriechend weiter. Der 25 Meter lange, aus Granit geschlagene Gang ist nur 79 Zentimeter hoch. Der früher häufig gebrauchte Ausdruck der Verwunderung, „meiner Seel'" liegt uns hier auf den Lippen. Die Atmosphäre ist gespenstisch.

Nach einigen Metern winden wir uns durch ein schmales Schlupfloch eine Etage nach oben und nehmen in einer kleinen Sitznische am Ende des Ganges Platz. Johann Höller, der auch Höhlenführer ist, beschäftigt sich schon seit vielen Jahren mit diesem unterirdischen Stollen und hat hier bereits bedeutende Erdstall-Forscher als Gäste begrüßt. Er berichtet von einer interessanten Theorie der aktuellen Forschung dazu: „Dieser Erdstall soll weder ein Viehstall noch Vorratslager, Wohnhöhle oder

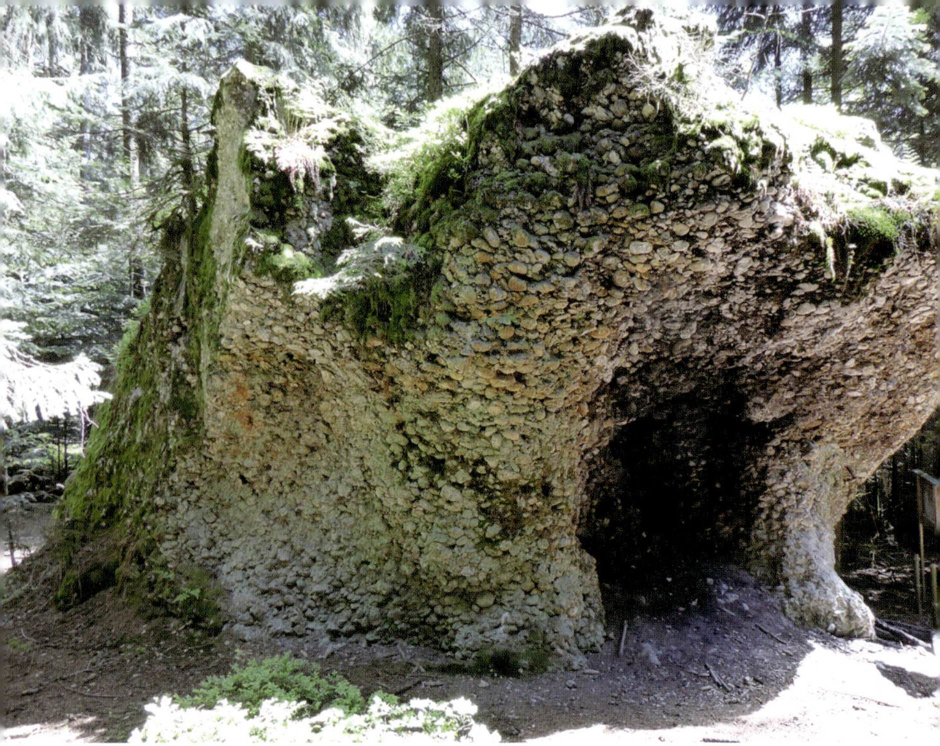

Konglomeratfelsen aus Flussschotter am Pitzenberg.

Schutzraum gewesen sein. Der Zeitpunkt der Errichtung um das Jahr 1000 lässt darauf schließen, dass dieser Raum als ‚Seelenkammer' diente. Erst beim Konzil von Lyon im Jahr 1274 wurde das Fegefeuer als ein Ort der Läuterung anerkannt. Hier verbringen die toten Seelen die Zeit bis zum Jüngsten Gericht. Ein Erdstall wäre demnach ein Aufenthaltsort für die Seelen der Verstorbenen, die sich bei der Auferstehung wieder mit ihren Körpern vereinigen, in den Himmel kommen oder in die Hölle fahren."

Unter mehreren Häusern von Münzkirchen sollen sich solche „Seelenkammern" befunden haben. Höller zitiert den Kirchenvater Tertullian, der von einem Aufenthaltsort der Seelen im Inneren der Erde spricht. Viele Erdställe befinden sich daher in der Nähe von Kirchen, Friedhöfen oder unter mittelalterlichen

Gehöften. In Oberösterreich gibt es mehr als 300 dieser Anlagen, von denen allerdings nur eine Handvoll zu besichtigen ist, so der Experte für Erdställe im oberösterreichischen Landesarchiv, Josef Weichenberger. Seiner Meinung nach war dieser Erdstall ein Fluchtraum, in dem sich die Bewohner bei einem Überfall in Sicherheit brachten.

Nach diesen ergreifenden Geschichten freuen wir uns, wieder frische Luft und Sonne zu genießen. Wir begeben uns auf einen Rundweg durch die sanften Hügel des Sauwaldes, „Sunnseitn" genannt, was auch die klimatisch günstige Lage beschreibt, welche den Ort auszeichnet. Der sechs Kilometer lange Panoramaweg führt uns zunächst in die Molkereistraße. Viele Bauernhöfe auf dem weiteren Weg weisen darauf hin, dass wir uns in einer agrarisch geprägten Gemeinde befinden. Ein markantes Naturdenkmal am Pitzenberg fesselt unsere Aufmerksamkeit. Ein gewaltiger Block aus vor Millionen von Jahren angeschwemmtem Flussschotter steht hoch aufragend mitten im Wald. An diesem Konglomeratbrocken sind die verfestigten Quarzit-Kieselsteine gut erkennbar. Ein beeindruckendes Denkmal aus Urzeiten. In der Ortschaft Eisenbirn überragt der 31 Meter hohe Maibaum die wenigen Häuser um vieles. Der Baum ist weit über 100 Jahre alt, wie eine angebrachte Tafel informiert. Dann durchqueren wir idyllische Wiesen- und Waldwege und schließen unseren Besuch in der Pfarrkirche ab.

Ausgangspunkt: Münzkirchen, Ortszentrum
Dauer: 1,5 Stunden, 6 Kilometer
www.muenzkirchen.at

Von der Burg Vichtenstein zum urigen Thomandl-Museum – ein Besuch im höchstgelegenen Dorf des Innviertels

Als wolle der knapp 900 Meter hohe Haugstein mit einem Hochgebirge wetteifern, hat er auf seinem Gipfel mächtige Granitblöcke aufgetürmt. Die höchste Erhebung des Sauwalds, eines schmalen Hochplateaus zwischen Passau und Eferding südlich der Donau, liegt zwischen dem Höhenort Stadl (720 Meter) und Vichtenstein. 40 Kilometer lang erstreckt sich die plateauartige Erhebung der Böhmischen Masse von der Donauschlucht im Norden bis ins Eferdinger Becken. Wir begeben uns vom 200-Einwohner-Dörfchen Stadl aus, der höchstgelegenen Gemeinde des Innviertels, auf Spurensuche nach dem großen Sohn des Ortes, den Jesuitenpater Johannes Schasching (1917–2013). Der Altbürgermeister von Engelhartszell, Friedrich Bernhofer, war in gutem persönlichem Kontakt mit ihm: „Schasching war Hochschullehrer, Sozialethiker, Autor und ein führender Exponent der Katholischen Soziallehre. Viele Jahre lang verbrachte er, von Rom mit seinem Kleinwagen anreisend, den Sommerurlaub in Stadl. Generaldirektoren und Bischöfe waren dann häufige Gäste in seinem bescheidenen Heim." Wir folgen den Spuren Schaschings, der jedes Jahr, begleitet von mehreren tausend Menschen, auf dem Kreuzweg zur Jagerbild-Kapelle pilgerte.

Der Legende nach wurde dort ein Jäger vor über 200 Jahren von einem weißen Hirsch aus einer misslichen Lage befreit, in die ihn Wilderer gebracht hatten. Zum Dank ließ er ein Marienbild an einer Buche anbringen. Seitdem ist es Anziehungspunkt zahlreicher Besucher, vor allem aus den umliegenden Gemeinden. Nur mehr wenige Meter sind es dann zum

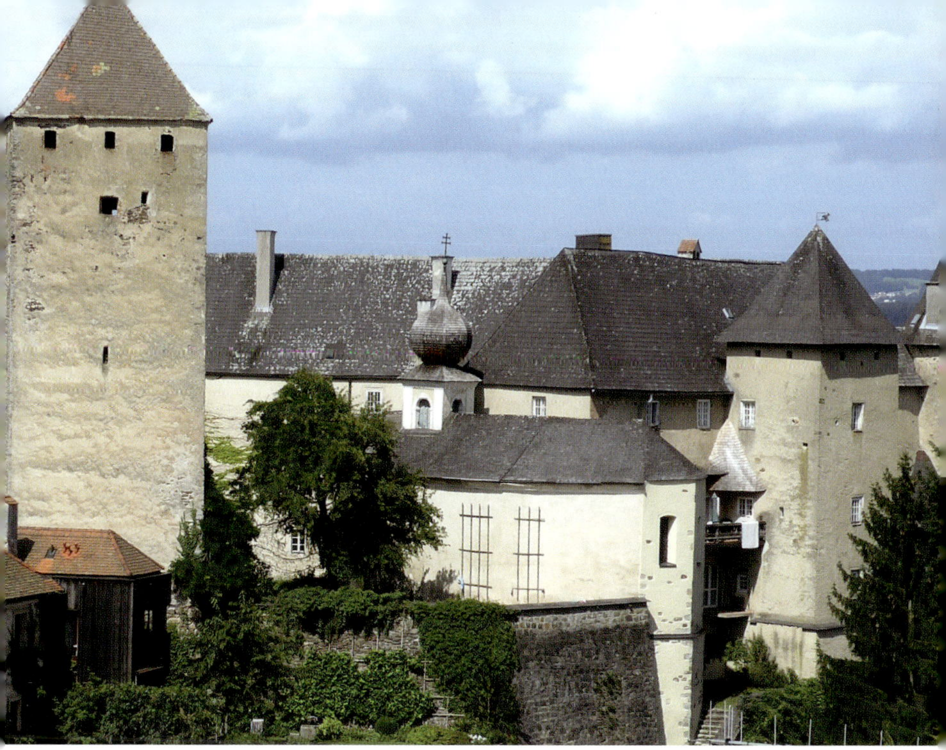

Blick auf die Burg Vichtenstein.

Haugstein (895 Meter). Eine mächtige Blockburg thront auf dem Gipfel, ringsum haben sich zahlreiche Felsblöcke zu einer wahren Blockhalde versammelt. Eine willkommene Abwechslung in der bewaldeten welligen Hochfläche. Der idyllische Wanderweg 810a leitet uns über sanfte Hügelkuppen weiter. Er ist neben dem Donausteig noch Teil des Rupertiweges, der vom Böhmerwald über das Steinerne Meer zu den Karnischen Alpen führt sowie auch Teil des Inn-Salzach-Weges, der vom Sauwald über Reichersberg nach Ostermiething verläuft. Demnächst werden hier auch die Pilger des Benediktweges unterwegs sein. Dieser führt von Schottland bis ins italienische Monte Cassino. Pilgerfreunde können sich auf eine neue spirituelle Herausforderung freuen.

So erreichen wir Vichtenstein, dominiert von der majestätischen gleichnamigen Burg. Um das Jahr 1100 erbaut, wurde sie ununterbrochen bewohnt, derzeit von der Familie Schulz-Wulkow. Deshalb ist sie nicht öffentlich zugänglich. Der Blick richtet sich auf die weiter unten fließende Donau und den nahen bayerischen Ort Untergriesbach. Zu Recht gilt der Ort als einer der schönsten Ferienorte im Sauwald. Auch die vor wenigen Jahren eröffnete Sauwald-Panoramastraße führt hier vorbei. Diese werden wir jedoch nicht befahren, sondern kehren auf dem Haugstein-Rundweg zu Fuß wieder zurück nach Stadl. Beim Original und Urgestein von Stadl, Friedrich Thomandl, beenden wir den dreistündigen Rundweg. Im von ihm liebevoll aufgebauten Museum für landwirtschaftliche Geräte gibt es so manche Kuriositäten zu bestaunen, zum Beispiel eine Motorsäge aus dem Jahr 1938. Sie wurde von drei Personen bedient, die damit im Zweiten Weltkrieg große Bäume fällten, um den Weg für die Panzer freizumachen. Bei der gemütlichen Jause in seiner Jausenstation erfahren wir von Friedlich Thomandl auch, woher der Name „Sauwald“ kommt. Er kennt dafür zwei Erklärungen: Der Name könnte wohl von früher zahlreich vorkommenden Wildschweinen stammen. Wahrscheinlicher ist jedoch eine Ableitung von der Bezeichnung „Pas-sau“, der Stadt, deren Bischöfe lange Zeit die Herrschaft über die gesamte Region innehatten.

Ausgangspunkt: Stadl bei Engelhartszell, Thomandl-Museum
Dauer: 3 Stunden, 8 Kilometer
www.donauregion.at

Auf dem idyllischen Pankraziusweg nach Stift Engelszell, das einzige Trappistenkloster Österreichs

Die wohl schönste Wanderstrecke an der oberösterreichischen Donau führt von Oberranna nach Engelhartszell. Keine Straße und nicht einmal ein Radweg trübt hier auf fünf Kilometern das Wandervergnügen auf dem Pankraziusweg. Auf dem samtig-weichen Boden geht es immer unmittelbar entlang des ruhig fließenden Wassers. Tief hat sich hier die Donau in die Ausläufer des Bayerischen Waldes gegraben. Alle paar Meter sprudelt ein Bach von den angrenzenden steilen Waldhängen daher, um gleich darauf von einem munteren Wasserfall abgelöst zu werden. Diese Naturidylle wird im Frühling durch unzählige Schneeglöckchen angereichert, die die Hänge weiß einfärben. Dazwischen finden sich Leberblümchen und zarte Blausternchen. Vogelgezwitscher erfüllt die Luft und wird manchmal ergänzt durch das Brummen eines Donauschiffes, das seine Ladung auf der Wasserstraße transportiert.

Nach einer gemütlichen Gehstunde mündet der Wanderweg in einen befestigten Treppelweg. Stift Engelszell, das einzige Trappistenkloster Österreichs, liegt vor uns. Schon von Weitem ist der 76 Meter hohe Turm der Stiftskirche zu sehen. Diakon Hans Hofer ist der Wirtschaftsleiter des Stiftes und weiß: „Das Stift, ursprünglich ein Zisterzienserkloster, wurde 1295 gegründet und hat eine wechselvolle Geschichte mit Aufhebungen, Plünderungen und Bränden hinter sich." Er führt uns in die elegante Rokokokirche. Die Reliquien frühchristlicher Märtyrer ruhen in prunkvoll verzierten Sarkophagen. Sie wurden in der Barockzeit von Pilgern hierhergebracht und sollten die Gläubigen an ihre Sterblichkeit erinnern. Neben Gemälden

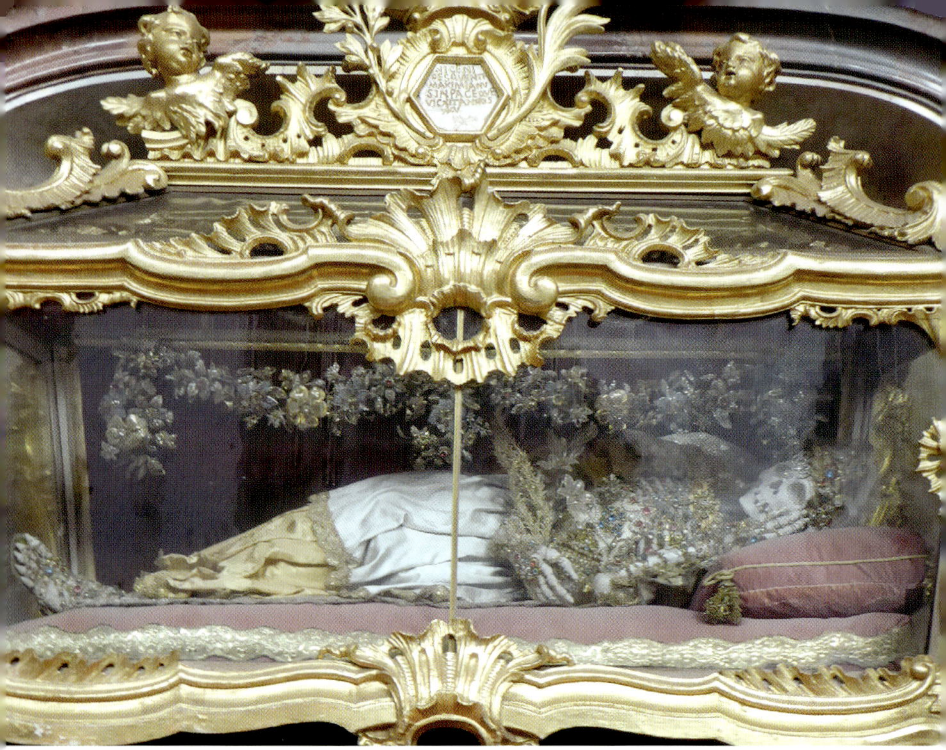

Reliquien von frühchristlichen Märtyrern in der Stiftskirche.

von Bartolomeo Altomonte beeindruckt das 400 Quadratmeter große, moderne Deckenfresko des oberösterreichischen Malers Fritz Fröhlich (1910–2001), das im Zuge der Renovierung der Kirche um 1960 angebracht wurde. Ein interessantes Zusammenspiel von barocker und zeitgenössischer Malerei.

Geradezu überwältigt ist man als Besucher beim Betreten des gotischen Kapitelsaals aus dem 13. Jahrhundert. „Das ist der älteste Bauteil der Klosteranlage, ein Beitrag des Mittelalters. Hier fanden wichtige Beratungen sowie die Wahl des Abtes statt", erzählt Hans Hofer. Die perfekte Harmonie und mystische Atmosphäre dieses Raumes ist deutlich zu spüren. Nicht leicht fällt der Abschied von diesem Ort, obwohl das nächste Ziel unseres Rundganges auch seinen Reiz hat. Wir überqueren den Stiftshof mit seinen 160 Jahre alten Thujen und gelangen in die Produktionsstätte der Engelszeller Klosterliköre. Bruder Reinhard ist dafür zuständig und kann auf die über hundertjährige Tradition der Likörerzeugung verweisen: „Insgesamt 30 000 Liter erzeugen wir pro Jahr. Das breite Sortiment reicht von Granatapfellikör über Kräutergeist und Kümmellikör bis hin zu Schokocremelikör. Von den 16 Sorten ist natürlich der Engelszeller Magenbitter die bekannteste." Wir folgen der Empfehlung des Experten und erwerben ein Set für Anfänger, das acht kleinere Proben enthält, die auch in der Fastenzeit verkostet werden können. Bruder Reinhard scherzt: „Medizin kann nicht sündhaft sein." Leicht beschwingt setzen wir die Führung fort und besichtigen die Stiftsbrauerei. Sie besteht erst seit 2012 und hat sich bereits einen guten Namen erworben. Benannt sind die Biere nach Äbten des Klosters. Das dunkle „Gregorius" ist mit 10,5 Vol.-% das stärkste. Für 3 000 Liter dieses vollmundigen Getränks werden 80 Kilogramm Honig benötigt. Dieses und das hellere „Benno" mit 6,9 Vol.-% sowie das leichte „Nivard" mit 5,5 Vol.-% sind allesamt international ausgezeichnet. 85 Prozent der Produktion werden ins Ausland verkauft. Mittlerweile ist auch ein Weißbier auf den Markt.

Ausgangspunkt: Oberranna, Römerburgus
Dauer: 1,5 Stunden (ohne Besichtigung), 5 Kilometer;
Besichtigung von Stift und Brauerei nach Voranmeldung möglich
www.stift-engelszell.at

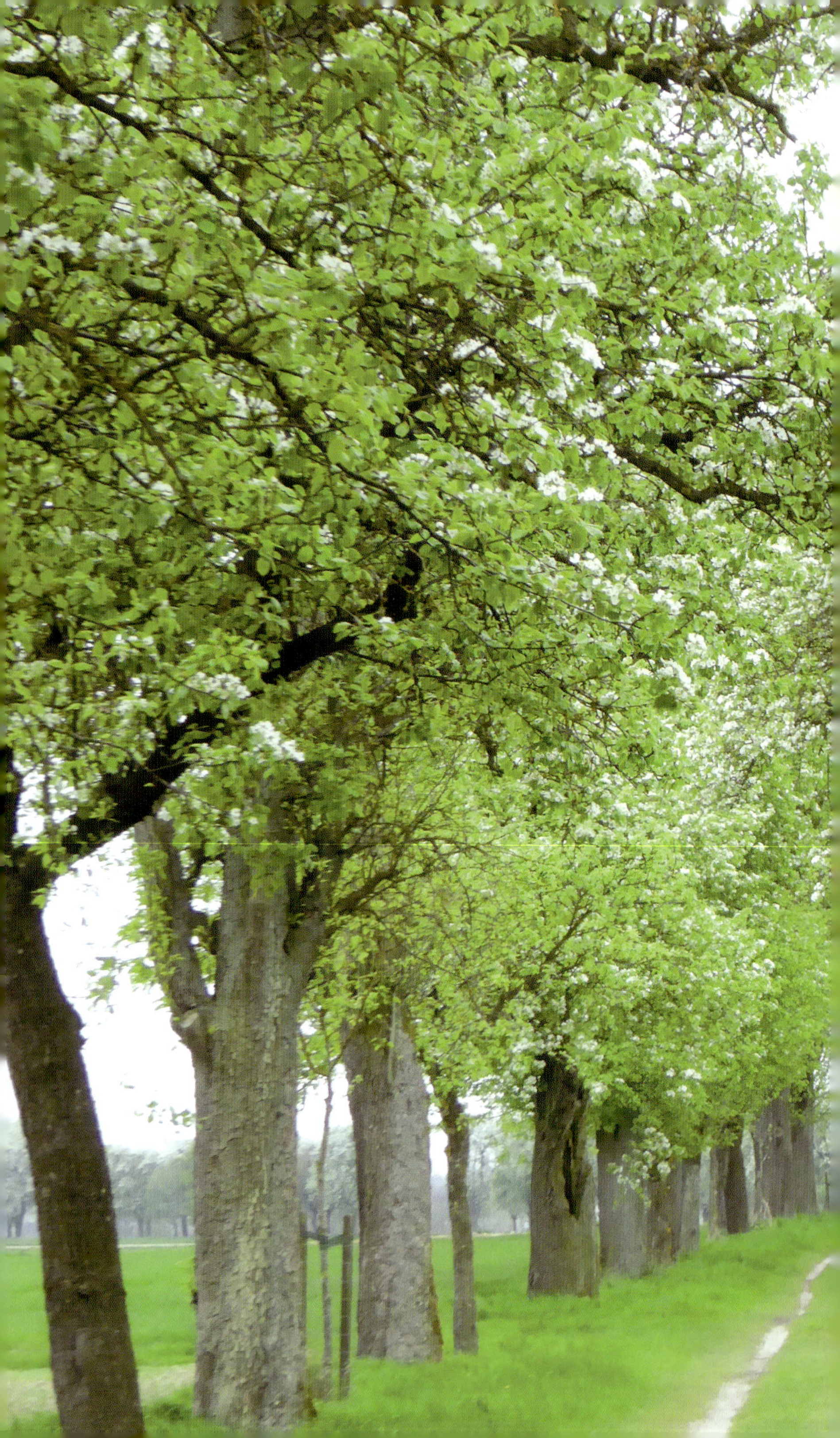

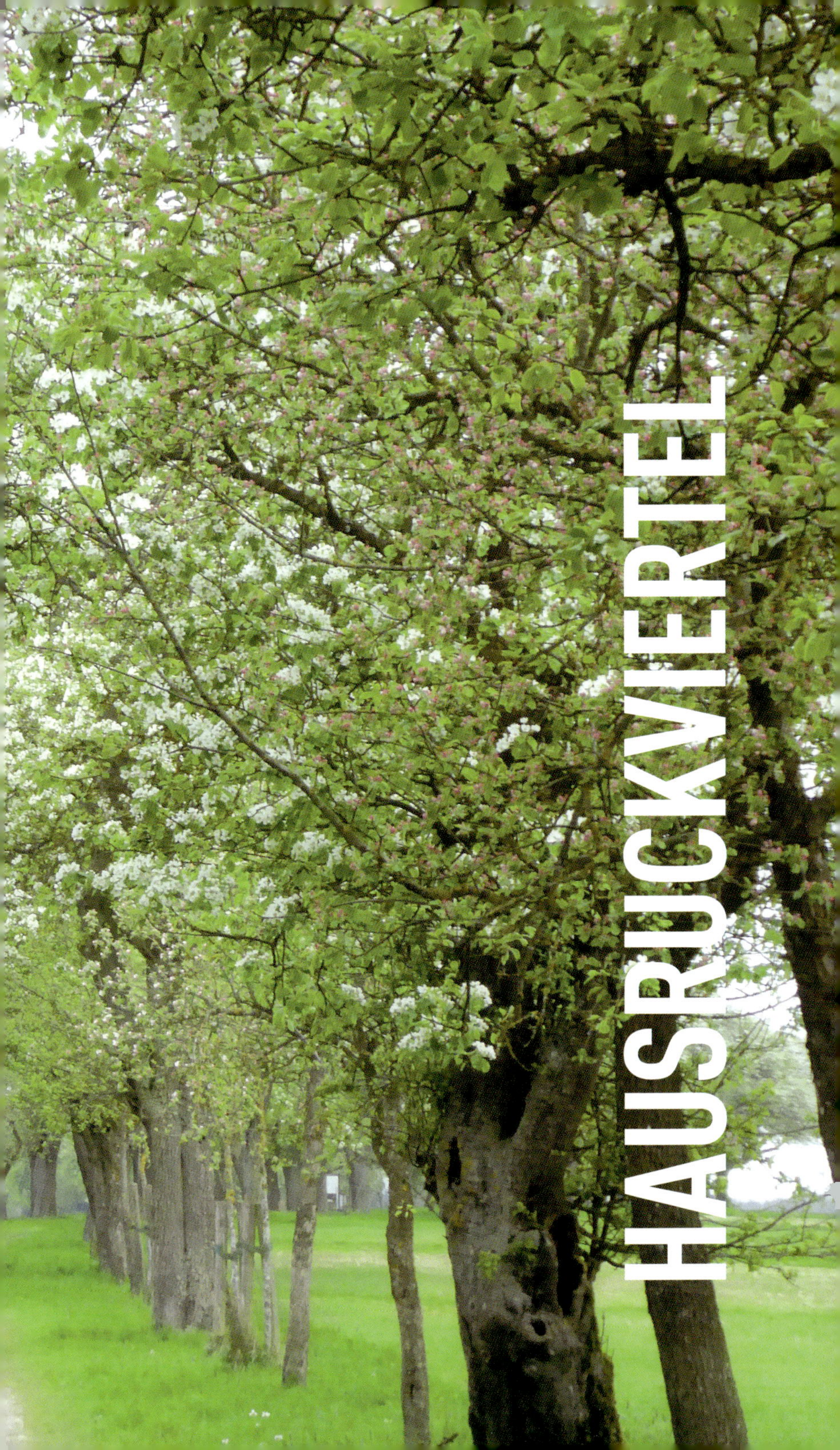
HAUSRUCKVIERTEL

Mitten durch den Hausruckwald verlief einst die bayerisch-österreichische Grenze

Das waren noch Zeiten, als der ganze westliche Teil von Oberösterreich zu Bayern gehörte und das untere Mühlviertel noch „Schwarzviertel" hieß. Ab dem Jahr 1779 sollte alles anders werden. Auf dem Parkplatz vor der Luisenhöhe oberhalb von Haag am Hausruck beginnt unsere Reise in die Geschichte. Der gut befestigte Weg führt in südwestlicher Richtung entlang des Hausruckkamms durch den winterlich lichten Laubwald. Begleitet von Franz Ziegelböck, Altbürgermeister von Haag und profunder Kenner der Region, begeben wir uns auf Spurensuche. Wir treffen auf den ersten markanten Punkt: die Quelle der Pram. In der Stille des riesigen Waldgebietes ist das sanfte Sprudeln des Wassers das einzige Geräusch, das zu hören ist. Gemäß dem uralten Spruch „eine gute Quelle erkennt man in der Zeit der Dürre" hat die Pram durch alle Zeiten verlässlich das Innviertel durchquert, um sich schließlich mit dem Inn zu vereinen. Wir befolgen – temperaturbedingt – nicht den Rat des römischen Schriftstellers Lucius Apuleius: „Trink dich satt am Wasser der hellen Quelle", sondern setzen unseren Weg fort, bis wir auf den Europäischen Fernwanderweg E10 treffen. Er führt von der Ostsee über die Alpen bis zur Adria. Ihm folgen wir rund eine Stunde lang, bis wir auf dem sogenannten Schlossberg ankommen. Hier befindet sich der historische Grenzstein, der daran erinnert, dass nach dem Bayerischen Erbfolgekrieg im Frieden von Teschen 1779 das östlich davon liegende Gebiet bis zum Inn zu Oberösterreich kam. Ein denkwürdig friedlicher Ort, an dem nichts an kriegerische Auseinandersetzungen erinnert.

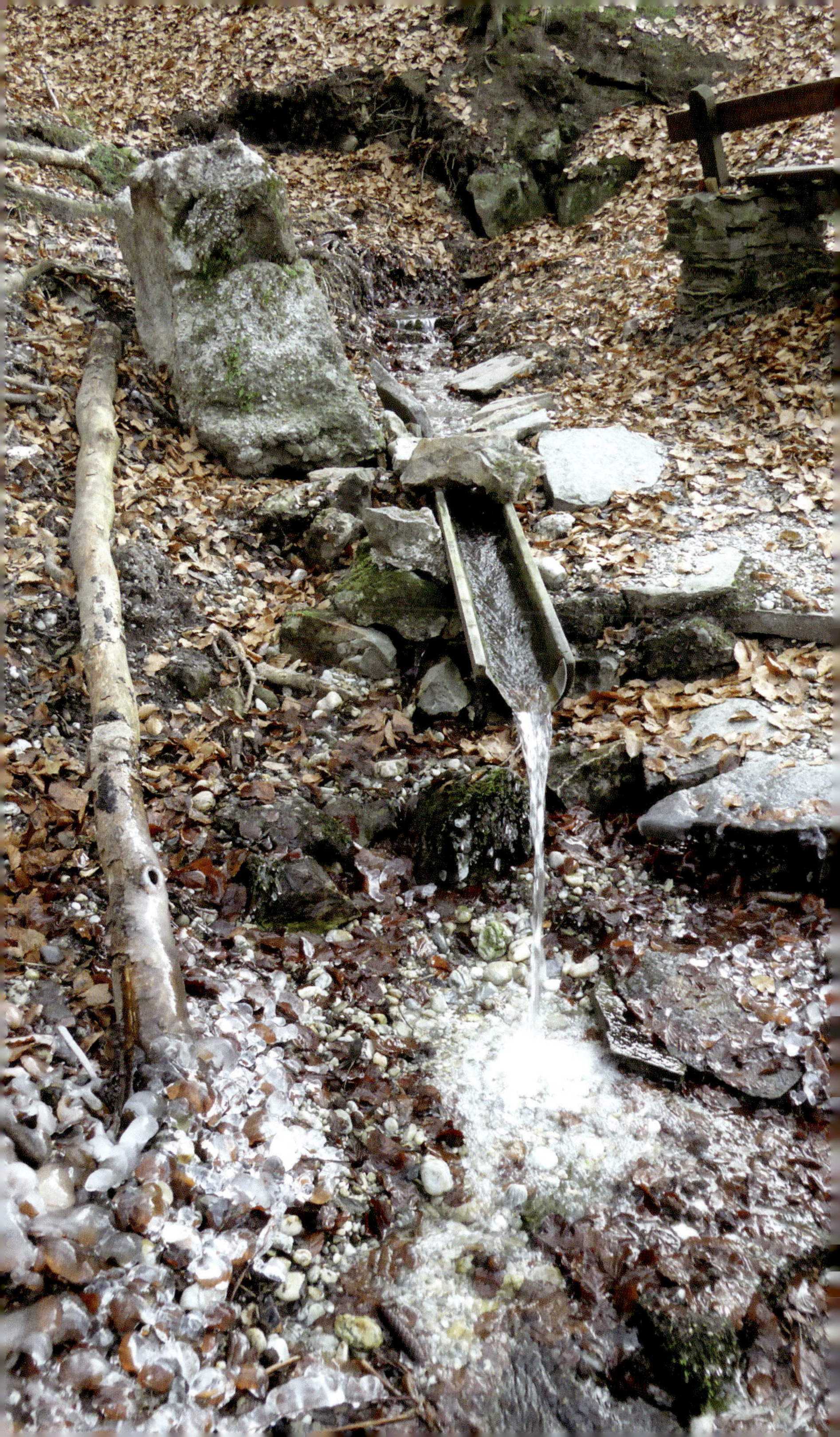

Dann geht es hoch hinaus: Ein 32 Meter hoher Aussichtsturm, eine Holzkonstruktion, lädt ein, die Landschaft von oben zu erkunden. Die grandiose Fernsicht reicht vom niederösterreichischen Ötscher über den Dachstein bis zum Salzburger Untersberg und weit in den Böhmerwald hinein. Der Rundweg zurück folgt dem dreieinhalb Kilometer langen „Weg der Sinne“: 26 kreativ gestaltete Stationen laden zum Lauschen, Schauen und Schnuppern ein: zum Beispiel eine Duftorgel – jeder Baum riecht anders –, ein Baumtelefon – auch ein Holzstamm leitet den Schall – bis hin zur „archimedischen Spirale“, die das Wasser aufwärts fließen lässt.
Nach der interessanten Rundtour folgen wir gerne der Einladung von Franz Ziegelböck in das Kulturjuwel Schloss Starhemberg. Das Heimatmuseum, das dort seit über 50 Jahren untergebracht ist, wurde von ihm maßgeblich durch intensive Sammlertätigkeit mitgestaltet – gemäß dem alten Sprichwort: „Das Schicksal zerstreut, der Mensch muss sammeln.“ Von Fundstücken aus der Steinzeit über Zeugnisse der Bauernkriege oder der Übernachtung Napoleons im Schloss – Haag lag zu dieser Zeit an der Hauptverbindung zwischen Paris und Wien – bis hin zu einem sogenannten Apfelschröpfer, einem Gerät, das für zahnlose alte Menschen Äpfel zu einem Brei zerkleinerte, gibt es Erstaunliches zu bewundern.

Ausgangspunkt: Haag, Parkplatz Luisenhöhe
Dauer: 2 Stunden, 5,5 Kilometer
www.haag-hausruck.at

Kaiser Maximilian I. pflegte hier seine gute Beziehung zu seinem Jugendfreund Wolfgang von Polheim

Wie wichtig Freundschaft für Menschen ist, haben die Dichter seit Jahrtausenden besungen. Dass eine mittelalterliche Stadt ihren Aufschwung der Jugendfreundschaft zweier bedeutender Männer verdankt, lässt sich beim Besuch von Vöcklabruck eindrucksvoll nachvollziehen. Vom Bahnhof kommend gelangen wir in wenigen Gehminuten zu einem Wahrzeichen der Stadt, dem Unteren Stadtturm. Mächtig und schutzgebietend bewacht er die historische Altstadt.
Der Kulturexperte, Autor und Verleger Kilian Müller begleitet uns und weiß, warum sich Kaiser Maximilian I. (1449–1519) gerne in Vöcklabruck aufgehalten hat: „Es war die Freundschaft mit seinem Jugendfreund Wolfgang von Polheim. Dieser wuchs mit ihm am kaiserlichen Hof in Wiener Neustadt auf und zählte lebenslang zu den engsten Freunden des Kaisers. Er residierte auf seinem Stammsitz, der Wartenburg bei Vöcklabruck, die heute nur mehr eine Ruine ist. Immer wieder unterstützte der Adelige den sich ständig in Geldnot befindlichen Kaiser mit gewaltigen Geldsummen.“ Natürlich wird auch die geografische Lage der Stadt für die häufigen Besuche des Kaisers eine Rolle gespielt haben: Sie war ein Verkehrsknotenpunkt, der genau an der Reichsstraße von Wien über Lorch, Wels und Salzburg bis nach Innsbruck lag und die österreichischen Länder mit Tirol verband.

18 Wappen bezeugen das Herrschaftsgebiet Maximilians

Die einzigartigen Fresken an der Fassade des Stadtturms zeugen von dem Macht des einzigen Herrschers: Kilian Müller erklärt: „Über die ganze Breite des Turmes befinden sich die Wappen der 18 burgundischen Länder. Diese Gebiete waren die erste

Erwerbung Maximilians für das Haus Habsburg durch seine 1477 erfolgte Heirat mit Maria von Burgund. Mit diesem Wappenprogramm wollte Maximilian die vielen unter seiner Herrschaft vereinigten Länder eindrucksvoll präsentieren und damit die Bedeutung seiner Person hervorheben."

Der Führer öffnet die Tür zum Turm und wir steigen über steile Holzstufen auf 35 Meter Höhe hinauf. Auf einer der angebrachten Thementafeln finden wir interessante Erläuterungen zur Geschichte der Stadt. So entdecken wir, dass tausende Siebenbürger Sachsen und Donauschwaben nach dem Zweiten Weltkrieg in Vöcklabruck eine neue Heimat gefunden haben. Tief unten am Stadtplatz können wir das bunte Treiben des Wochenmarktes beobachten.
Wir verlassen das historische Gemäuer und begeben uns ins wenige Gehminuten entfernte „Alte Stadtmauer- und Schmiedemuseum". Hier erleben wir ebenfalls hautnah die Geschichte des Ortes und besichtigen das größte zusammenhängende Stück der ursprünglichen Stadtmauer von Vöcklabruck. Kilian Müllers Urgroßvater Matthäus hatte 1905 an der Rückseite der Stadtmauer eine Schmiedewerkstatt eingerichtet, in der bis in die 1960er-Jahre Landmaschinen und Fahrräder erzeugt wurden. „Dadurch ist eines der schönsten und größten Stücke der alten Stadtmauer erhalten geblieben", erläutert Müller.

Historische Schlosserei

In der aufwendig renovierten Schlosserei erwarten uns historische Schmiedearbeiten, welche die frühere Handwerkskunst eindrucksvoll belegen. Ein romanischer Türklopfer, ein Türschloss mit Adam- und Eva-Motiven und besonders eine Bratpfanne geben Zeugnis. Müller erinnert sich, dass in seiner Kindheit mit ebendieser Pfanne der sonntägliche Festbraten zubereitet wurde. Er weist uns auf das auf der Unterseite eingravierte Schlaraffenland-Motiv hin: „Ein Genießer liegt unter einem Baum mit

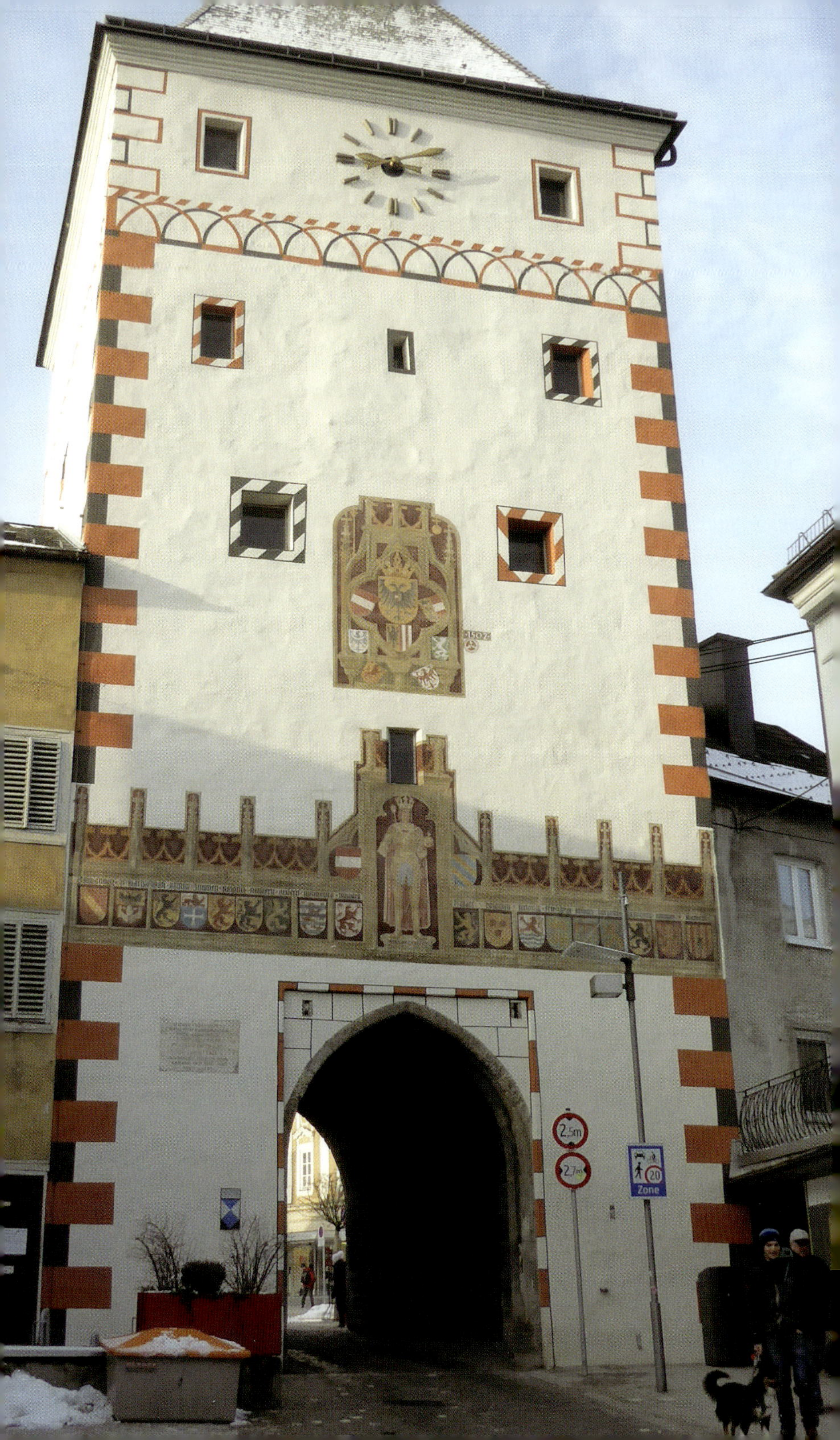
1507
2,5m
2,7m
20
Zone

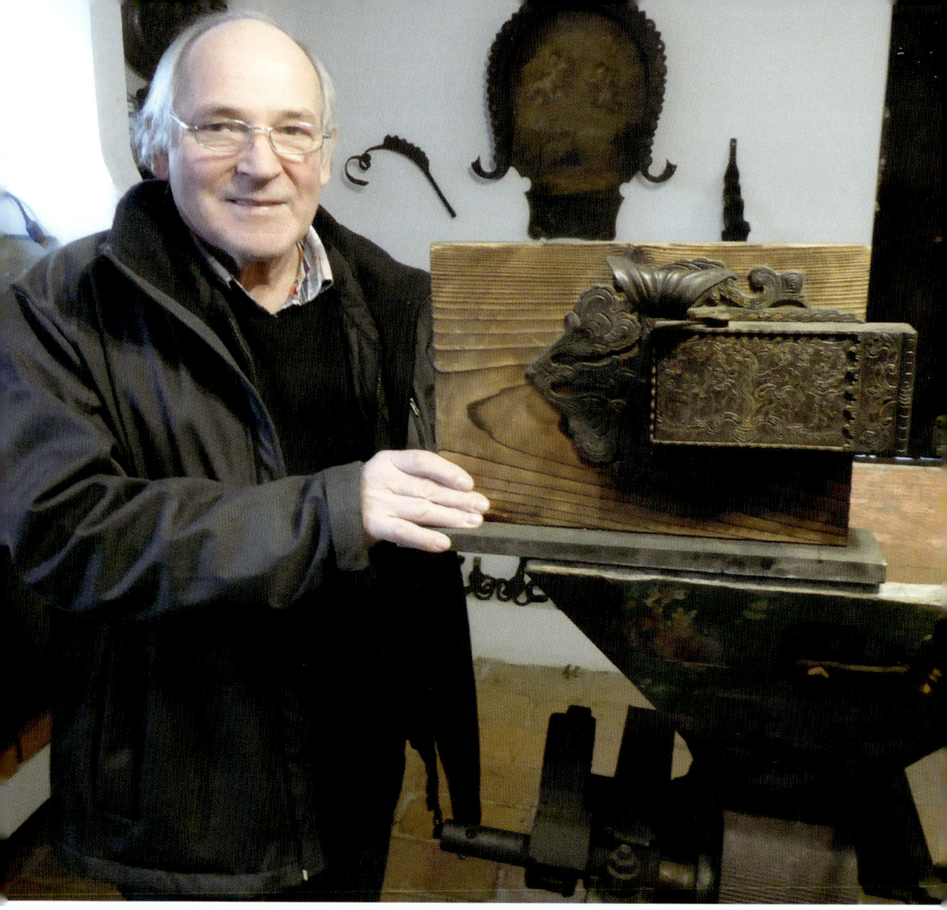

Kulturgeschichtler Kilian Müller mit einem alten Türschloss in seinem Schmiedemuseum.

herabbaumelnden Würsten und Brezeln, während ihm der Wein in den Mund fließt und ein Gugelhupf aufs Anschneiden wartet." Wenn man sich in die kargen Lebensbedingungen früherer Zeit versetzt, so scheint der Spruch eines Weisen zu stimmen: „Wahrer Reichtum besteht nicht im Besitz, sondern im Genießen."

Ausgangspunkt: Vöcklabruck, unterer Stadtturm
Dauer: 1,5 Stunden mit Besichtigung, 1,8 Kilometer
www.voecklabruck.at

Drei Türme, drei Orgeln, drei Halbkuppeln – die wohl schönste Dreifalligkeitskirchc der Welt wurde zum Dank für das Ausbleiben der Pest gebaut

Die besondere Geschichte des Ortes und eine einzigartige Sehenswürdigkeit sind in Stadl-Paura einen Besuch wert. Schon seit der Hallstattzeit wurde auf der Traun Salz verschifft und später für den Weitertransport in sogenannten Stadln gelagert, die dem Ort seinen Namen gaben: Es war einst bedeutender Umschlagplatz für das Salz des Salzkammergutes.

Der Parkplatz unterhalb des „Paurahügels" ist Ausgangspunkt einer spannenden Erkundigungstour. Der erste Blick fällt auf die Paurakirche, einen formvollendeten barocken Kirchenbau. Im Inneren überwältigt die einzigartige Gestaltung. Der Benediktinerpater Elija Oberndorfer erklärt: „Die Drei als Symbol der Dreifaltigkeit beherrscht die Architektur. Die Kirche hat drei Türme, drei Orgeln, drei Halbkuppeln, drei Eingangsportale – und der Grundriss des ganzen Baus ist ein Dreieck. Dabei werden alle drei Altäre genutzt: Dem jeweiligen Festkreis folgend wechseln drei Mal im Jahr die Sitzordnung und die Blickrichtung der Gläubigen." Es lohnt, in der wohl schönsten Dreifaltigkeitskirche der Welt in Stille die Details der zahlreichen Kunstwerke zu betrachten. Der Linzer Baumeister Johann Michael Prunner und die Maler Martino Altomonte und Carlo Carlone haben Meisterhaftes im Auftrag des Abtes Maximilian Pagl von Lambach geschaffen: Dieser hatte dieses Barockjuwel zum Dank dafür gestiftet, dass die Gegend im Jahr 1713 von der Pest verschont geblieben war.

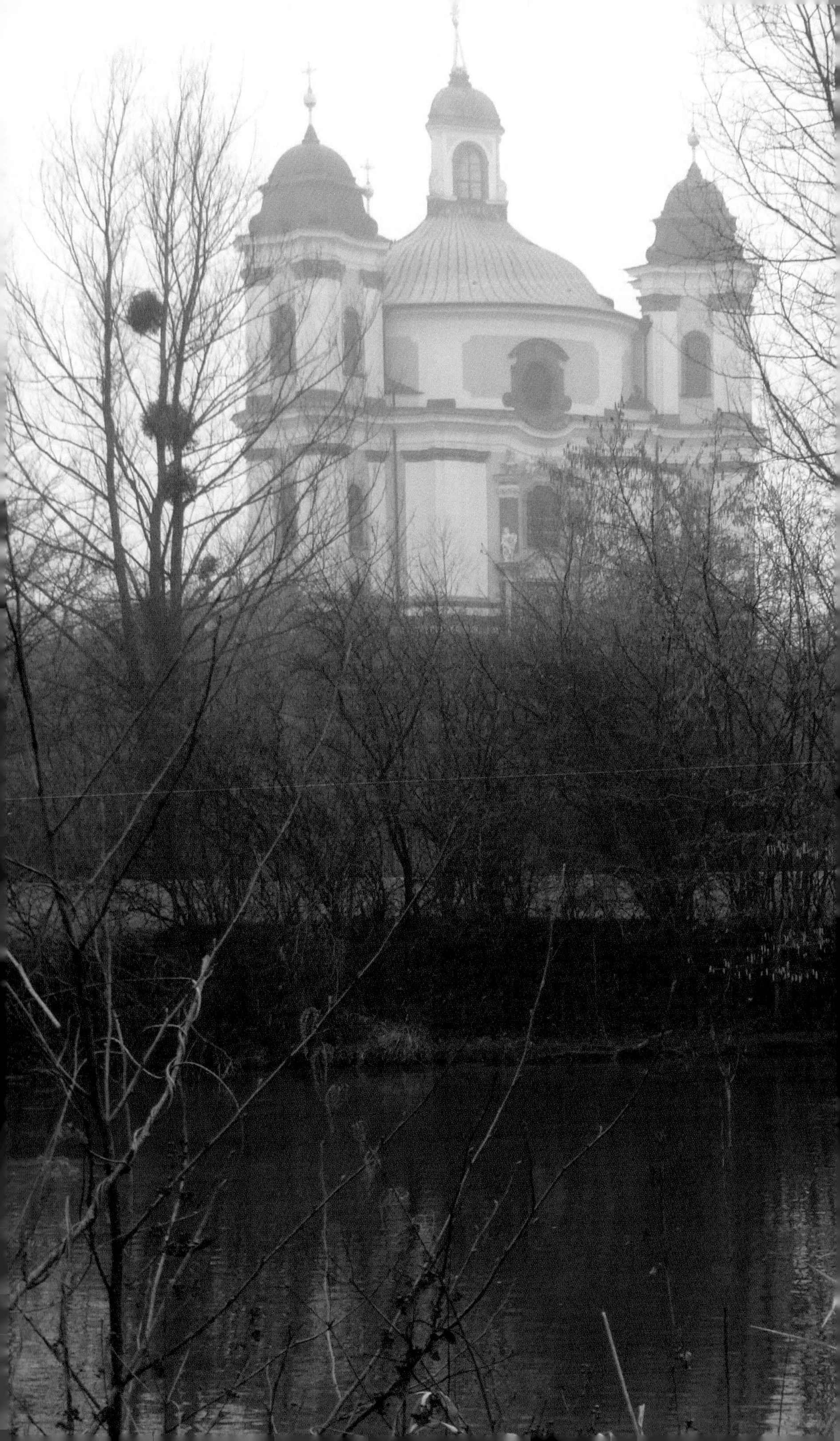

Wo die Ager in die Traun mündet

An der Wand des gegenüberliegenden Pfarrhofs erinnern drei eingemauerte Kanonenkugeln an die dunkle Zeit der Franzosenkriege. Wir blicken nun hinunter auf die von der Traun umflossene Insel und überqueren auf dem Paurasteg den Fluss. Die Enten tauchen minutenlang ins winterkalte Wasser und lassen sich bei der Futtersuche nicht stören. Wir folgen dem Traunufer-Radweg, der hier auch Teil des Jakobs- und des Römerwegs ist. Als einziges Geräusch begleitet uns das muntere Plätschern des Wassers. Beim ruhigen Dahinwandern dehnt sich die Zeit behaglich.

An einem Teich informiert eine Tafel über die jährlich neu eingesetzten Fische. Neben Forellen sind dies auch 4000 Stück der mittlerweile ausgestorbenen Nasen. Um 1930 waren dies die meistgefangenen Fische. Der weitere Weg führt zum „Agerspitz“, einer ausgesprochen idyllischen Flusslandschaft, wo die Ager in die Traun mündet. In der Jausenstation beim Wirt in der Fischerau geben im 200 Jahre alten Gewölbe regionale Köstlichkeiten wieder neue Kraft für den Rückweg – oder für weitere Erkundung der vielen Wege entlang von Ager und Traun.

Ausgangspunkt für Wanderung zum Agerspitz: Stadl-Paura, Parkplatz beim Paurahügel
Dauer: 2 Stunden (mit Besichtigung), 3,5 Kilometer
www.stadl-paura.at

69 Gallspach

Rund 450 zweireihig gepflanzte Baumriesen zwischen Gallspach und Grieskirchen bilden die längste Obstbaumallee Österreichs

Wirkliche Genießer sind in der Lage, sich Schritt für Schritt dem Höhepunkt zu nähern und diesen dann wieder wohldosiert ausklingen zu lassen. Eine solche Vorgangsweise wählen wir bei der Begehung der längsten Obstbaumallee Österreich. Ausgangspunkt der Wanderung ist das Ortszentrum von Gallspach. Dort beginnt der Weg 46 und führt am Naturschwimmbad vorbei durch die frühlingshafte Hausrucker Hügellandschaft. Zwei Bäche – der Leitner- und der Steinbach – werden überquert, bis nach einer Stunde die ersten Häuser von Grieskirchen auftauchen.
Nach einem Anstieg zur Dreifaltigkeitskapelle führt der Wanderweg 31 direkt zu einem faszinierenden Naturschauspiel: Auf einem Höhenrücken mit permanentem Blick auf das Trattnachtal und das Schloss Tollet kann der Genusswanderer inmitten der zweireihigen Blütenallee Duft und Aussicht genießen. Diese Idylle hat auch eine besondere Geschichte. „Die Allee wurde vor 100 Jahren vom damaligen Pfarrer von Grieskirchen aus Eigeninitiative mit lauter Birnbäumen gepflanzt", so der Grieskirchner Kulturexperte und Archivar Walter Zauner. Noch heute werden alte Bäume von der Gemeinde Grieskirchen durch neue – meist Apfelbäume – ersetzt. 450 zweireihig gepflanzte Obstriesen – einmalig in Österreich – erwarten die Wanderer. Jeder Schritt ein Genuss, der erfreulicherweise drei Kilometer lang andauert. Zwei Falken begleiten uns und beeindrucken durch ihre kühnen Jagdflüge. Zum Naturgenuss gesellt sich eine geistige Anregung: Mehrere Schautafeln am Weg informieren über die Geschichte der Adelsgeschlechter der Steinbacher und der Jörger. Dem Grieskirchner HTL-Lehrer Franz Jedinger war diese historische Aufbereitung ein persönliches Anliegen: „Besonders

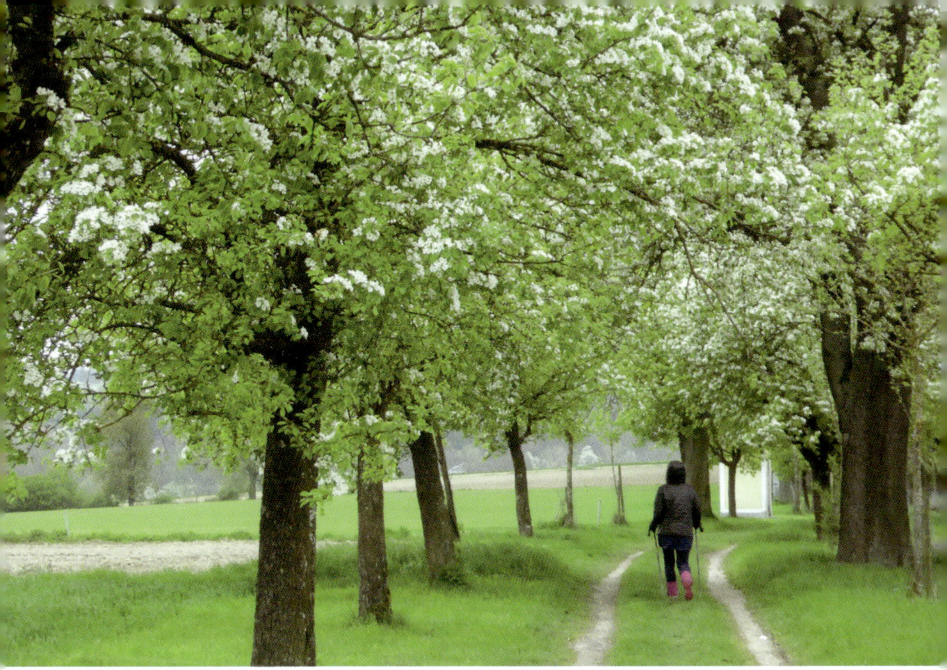

Drei Kilometer misst die längste Obstbaumallee Österreichs.

die Familie der Jörger hat über Jahrhunderte diese und andere Regionen Österreichs geprägt." So wird der Wanderer perfekt zum kulturellen Höhepunkt der Rundtour hingeführt, zur Kirche von St. Georgen. Sie ist ein in Österreich seltener Bau im Stil der Backsteingotik und war ursprünglich die Kapelle der Jörger. Das Innere der Kirche zeigt Interessantes: Neben einem gotischen Flügelaltar berühren besonders die schweren Ketten, die ein Jörger 1640 von seinem Kampf gegen die Türken mitgebracht hatte, nachdem er von diesen gefangengenommen und später wieder befreit worden war. Nach dem anregenden Kulturausflug klingt auf dem Weg 45 die Rundwanderung aus. Durch den steilen Teufelsgraben geht's hinauf zur Jausenstation Tirolerhof und zurück nach Gallspach.

Ausgangspunkt: Ortszentrum von Gallspach
Dauer: 3 Stunden, 11 Kilometer
www.gallspach.at

70 Grieskirchen

Vor 200 Jahren Grenzstadt zu Bayern, stammt der Name der Bezirksstadt vom angeschwemmten Schotter

Am Anfang war nicht das Bier, sondern feiner, von der Trattnach angeschwemmter Schotter, der auch „Gries" genannt wurde. Darauf errichtete man im 9. Jahrhundert eine karolingische Kirche. Diese wurde die Keimzelle von Grieskirchen. Noch heute fängt der feste Untergrund erst bei sechs Metern Tiefe an. So musste die Stadtpfarrkirche bei der letzten Renovierung vor etwa 30 Jahren mit neun Meter langen Stahlbeton-Piloten gesichert werden, wie der kundige Pfarrarchivar und „Kirchenbeschließer" Friedrich Humer weiß. Die erste urkundliche Erwähnung des Ortes fällt in das Jahr 1075.

Viel Interessantes gibt es bei einem Besuch in dieser Bezirksstadt des Hausrucks zu entdecken. Ein besonderes Gebäude ist die Verbindung zwischen den Häusern Stadtplatz 3 und 4: Ein „Schwibbogen", also ein „schwebender" Bogen, überspannt ein früheres Bachbett. Eine alte Legende berichtet, dass es bei der Errichtung des Gebäudes unmöglich war, ein Loch in der Fassade zu schließen. Der Teufel flog aus und ein, immer auf der Suche nach einer sündigen Seele. Erst als das Bild der heiligen Maria mit Kind angebracht wurde, ließ er von seinem schändlichen Tun ab. Später war das Haus Sitz des bayerischen Landgerichts. Denn Grieskirchen war zwischen 1809 und 1816 in turbulenten Jahren nach der napoleonischen Invasion bayerische Grenzstadt zu Oberösterreich.

Vom Stadtplatz gelangt man in östlicher Richtung über die Parzer-Höhenstraße zur St. Anna-Kapelle. Diesen spätgotischen Bau, beliebtes Ziel von Wallfahrern, ziert ein schönes Rippengewölbe – ein besonderer historischer Ort. Der Grieskirchner Stadtarchivar Walter Zauner dazu: „Genau hier verlief in der

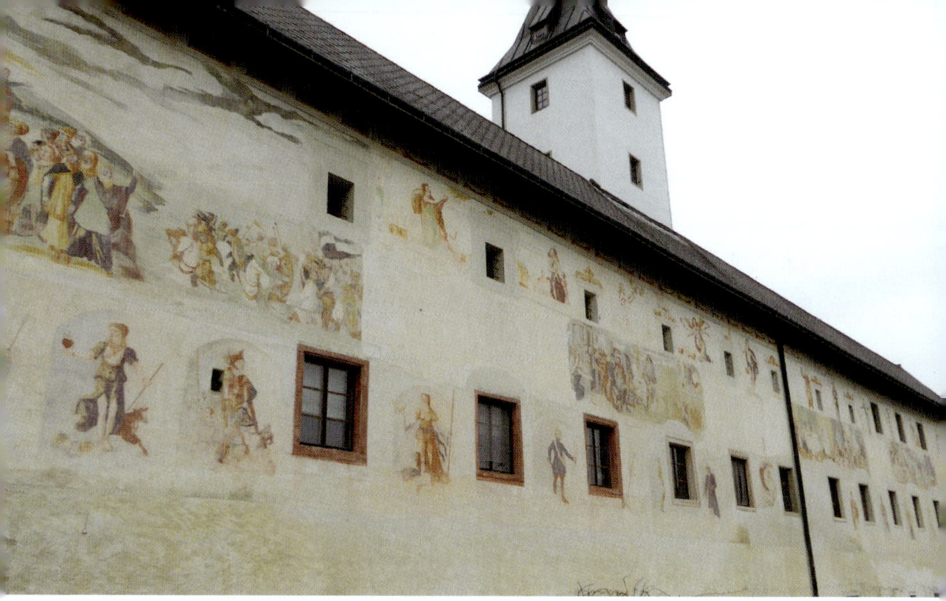

Landschloss Parz mit prächtigen Renaissancefresken.

Zeit der bayerischen Herrschaft die Grenze. Die Metallfigur des „Grenz-Weg-Ziehers" erinnert daran. Regelmäßig musste dieser die Grenzpflöcke kontrollieren." Schließlich erreicht man das prächtige dreigeschossige Landschloss Parz. Wirklich beeindruckend sind die bedeutenden Renaissance-Fresken. Fast 500 Jahre alt, stellen sie auf einer Länge von 90 Metern ein bildhaftes Glaubensbekenntnis des protestantischen Adeligen Sigmund von Polheim dar. Im 16. Jahrhundert war hier ein geistiges Zentrum des Protestantismus in Oberösterreich.
Wieder zurück am Stadtplatz lässt sich im Gasthaus „Zum Weißen Kreuz" in der alten Gaststube gut speisen. Mit dem Senior-Chef, Alois Zweimüller, dessen Familie das Gasthaus seit über 130 Jahren besitzt, stoßen wir mit einem Grieskirchner Pils auf Gundacker von Polheim an, der im Jahr 1604 diese gemütliche Gaststätte erbauen ließ.

Ausgangspunkt: Grieskirchen, Stadtpfarrkirche
Dauer: 2 Stunden, rund 5 Kilometer
www.grieskirchen.at

71 Schlögen

Antikes Badehaus, Raubritterburg und Schwarzstorch als Schmankerl auf dem Weg zum berühmten Donaublick

Dass die Römer einen ausgeprägten Sinn für Hygiene hatten, ist bekannt. Öffentliche Latrinen und unzählige Badeanstalten waren allen Bürgern zugänglich. Wer das heutige Schlögen besucht, kann sich bestens in diese Zeit versetzen. Schon bei der Ankunft springt die Metallskulptur eines Römerkopfes ins Auge. Mit kühnem Blick begrüßt er die ankommenden Gäste. Nur wenige Meter sind es bis zum antiken Badehaus.

Wolfgang Klimesch war als Grabungsleiter für die archäologische Aufbereitung dieser antiken Stätte zuständig. Er beschreibt, was wir Besucher des 21. Jahrhunderts sehen können: „Wir sehen im vierzehn Meter langen Badehaus das Kalt- sowie die etwas tieferen Warm- und Heißwasserbecken. Letztere wurden durch ein ausgeklügeltes Hypokausten-Heizsystem auf Betriebstemperatur gebracht. Mit Sicherheit ein Genuss für die 150 Soldaten und die Bewohner der kleinen Zivilsiedlung." Ein Spa im eigentlichen Wortsinn also. Spa, das sind die Initialen des lateinischen Spruchs „Sanus per aquam", was schließlich „gesund durch Wasser" bedeutet. Noch vieles gibt es an diesem Ort zu entdecken. Mehrere Schautafeln und eine App informieren über weitere Besonderheiten.
Dann aber lockt der nahe Höhenrücken, um einen Blick von oben auf die einmalige Donaulandschaft zu werfen. Eine Römerskulptur weist den Weg zum dreistündigen Ciconia-Rundweg Nr. 60. Der Aussichtsplatz „Schlögener Donaublick" ist wohl ein besonderer Höhepunkt. Die begeisterte Beschreibung auf der Schautafel übertreibt nicht: „Von hier aus spürt man die wahre Kraft der Schönheit der Natur und es bietet sich ein fast

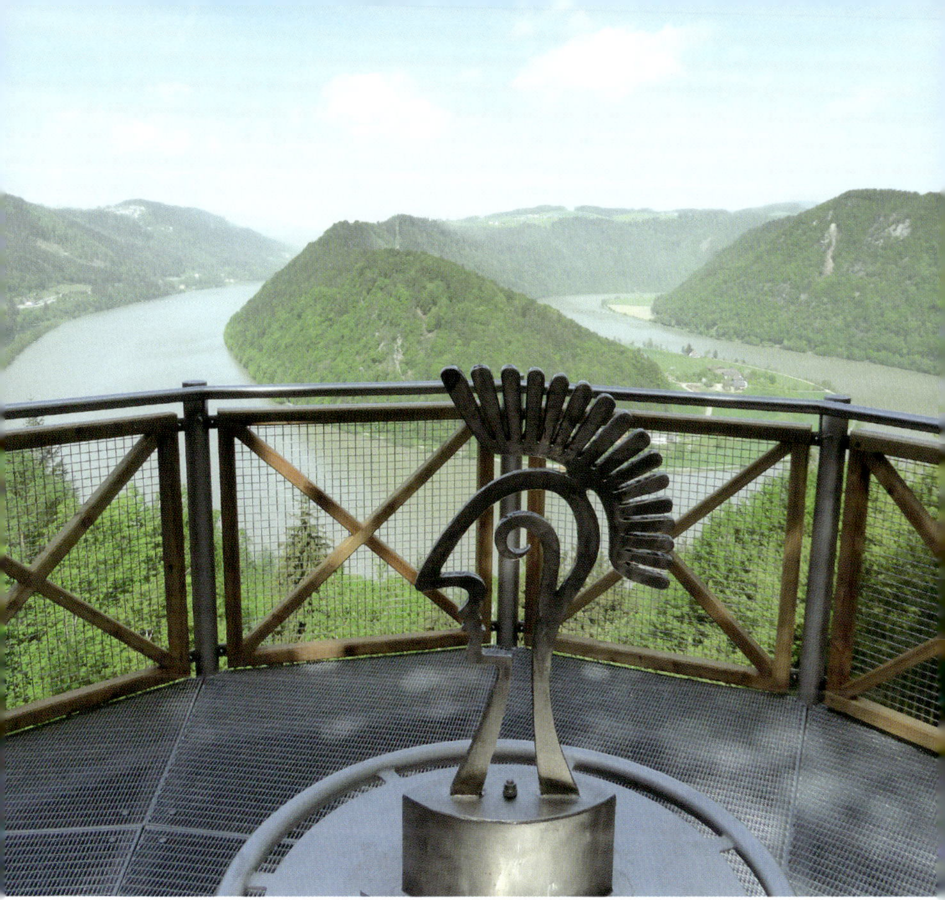

Die Donauschlinge vom Schlögener Aussichtsplatz.

märchenhafter Ausblick in das sagenumwobene Durchbruchstal der Donau." Ein Platz zum Genießen und Innehalten. Die Donau hat es hier nicht geschafft, den harten Granit zu durchschneiden und musste ihre Fließrichtung um 180 Grad ändern, sodass eine enge Schleife entstand. Der früher wilde Strom ist heute allerdings durch die Kraftwerke Jochenstein und Aschach gezähmt und friedlich, gesäumt von umgebenden Höhenrücken. Den Namensgeber des Wanderweges, den Schwarzstorch Ciconia nigra, entdecken wir nicht. Er wird als das Juwel des Oberen Donautales bezeichnet. Nur etwa zwanzig Brutpaare gibt es in ganz Oberösterreich. Aber dafür sehen wir eine grünschillernde

Smaragdeidechse, die sich auf einem Baumstrunk sonnt. Auf einer nahen Wiese äst friedlich eine Reh-Mutter mit ihrem Kitz. Wahrlich ein idyllischer Moment. Auf dem weiteren Weg erläutern immer wieder Schautafeln die geologischen und botanischen Besonderheiten.
Durch schattige Traubeneichen, die der Hirschkäfer zur Fortpflanzung benötigt, geht es zum nächsten markanten Ziel, den „Steiner Felsen". Fast senkrecht blickt man auf das Wasser hinunter. Wieder laden Aussichtsbankerl zur Rast ein. Ein Sinnspruch regt zum Nachdenken an: „Hier nimm Platz und ruh Dich aus, betracht' der Donau schönen Lauf. Wirfst Deinen Blick nach allen Seiten, siehst überall die Donauleithen." Wie wahr: Der Wanderer blickt hier aus einer anderen Perspektive auf die Donauschlinge.
Auf der weiteren Wegstrecke geht es langsam wieder begab. Das einzige Geräusch, das zu hören ist, ist das leise Brummen eines Kreuzfahrtschiffs. Man sieht auf beiden Seiten des Weges denselben Fluss, nämlich die Donau. Einmalig in ganz Österreich. Das geht so bis zur Landzunge mit dem Örtchen Inzell. Von dort geht es am Treppelweg entlang des Flusses zurück.

Raubritternest über der Donau

Schon in Sichtweite von Schlögen lohnt noch ein interessanter Abstecher. Auf dem gegenüberliegenden Höhenrücken ragt die Burgruine Haichenbach aus dem Wald hervor. Eine Zille bringt den Wanderer ans andere Ufer in die Ortschaft Au. Ein halbstündlicher Aufstieg führt zur höchsten Stelle des dicht bewaldeten Höhenrückens. Oben angekommen, bietet sich ein unglaublicher Ausblick: Zu beiden Seiten fließt die Donau, und die Schiffe, die unten noch beachtlich breite Fracht- oder Kreuzfahrtschiffe waren, wirken wie kleine Spielzeugschiffe, die den Felsen umfahren, als würden sie von einer unsichtbaren Hand gesteuert werden. Die besondere Lage des Ortes machten sich bereits ab etwa 1400 Raubritter zunutze, welche die 1160 erstmals urkundlich erwähnte Burg in ihren Besitz bekamen. Erst über hundert Jahre später fanden deren Überfälle ein Ende. Dass die Vertreibung der Raubritter nicht ganz ohne magische Kräfte vor sich gegangen ist, lässt sich denken: Dereinst, so erzählt die Sage, wurde ein reicher Kaufmann von den Raubrittern gefangengenommen und trotz heftigen Widerstands in das Burgverließ geworfen. Er konnte aber zuvor noch einen Kirschkern über die Zinnen spucken – der sich in den Jahren seiner Gefangenschaft zu einem stattlichen Kirschbaum entwickelte. Als er die Mauern zu überragen begann, konnten ihn die Befreier des Kaufmanns besteigen, in die Burg eindringen und die Raubritter besiegen. Geduld brauchte man damals eben. Nicht so heute, wo uns, wieder an der Donau angekommen, der Fährmann rasch mit seiner Motorzille nebst einigen Radlern ans andere Ufer zurück nach Schlögen übersetzt.

Dort gibt es auf der Terrasse des Hotels Donauschlinge eine Stärkung. Es steht genau an der Stelle eines römischen Kleinkastells. Die Haibacher Tourismusexpertin Sabine Rathmayr erinnert an die alten Zeiten: „Direkt vor uns war der antike Hafen, in dem Waren wie die begehrte Keramik aus dem Rheingebiet von Schiffen auf Karren umgeladen wurden. Wendige Ruderschiffe begleiteten die Handelsschiffe und kontrollierten die unübersichtliche Schifffahrtsrinne.“ Hier befand sich schließlich der Limes, die Grenze des Römischen Reiches. Heute herrscht hier purer Friede.

Ausgangspunkt: Hotel Donauschlinge, Schlögen
Dauer: 4 Stunden, 11 Kilometer, 450 Höhenmeter

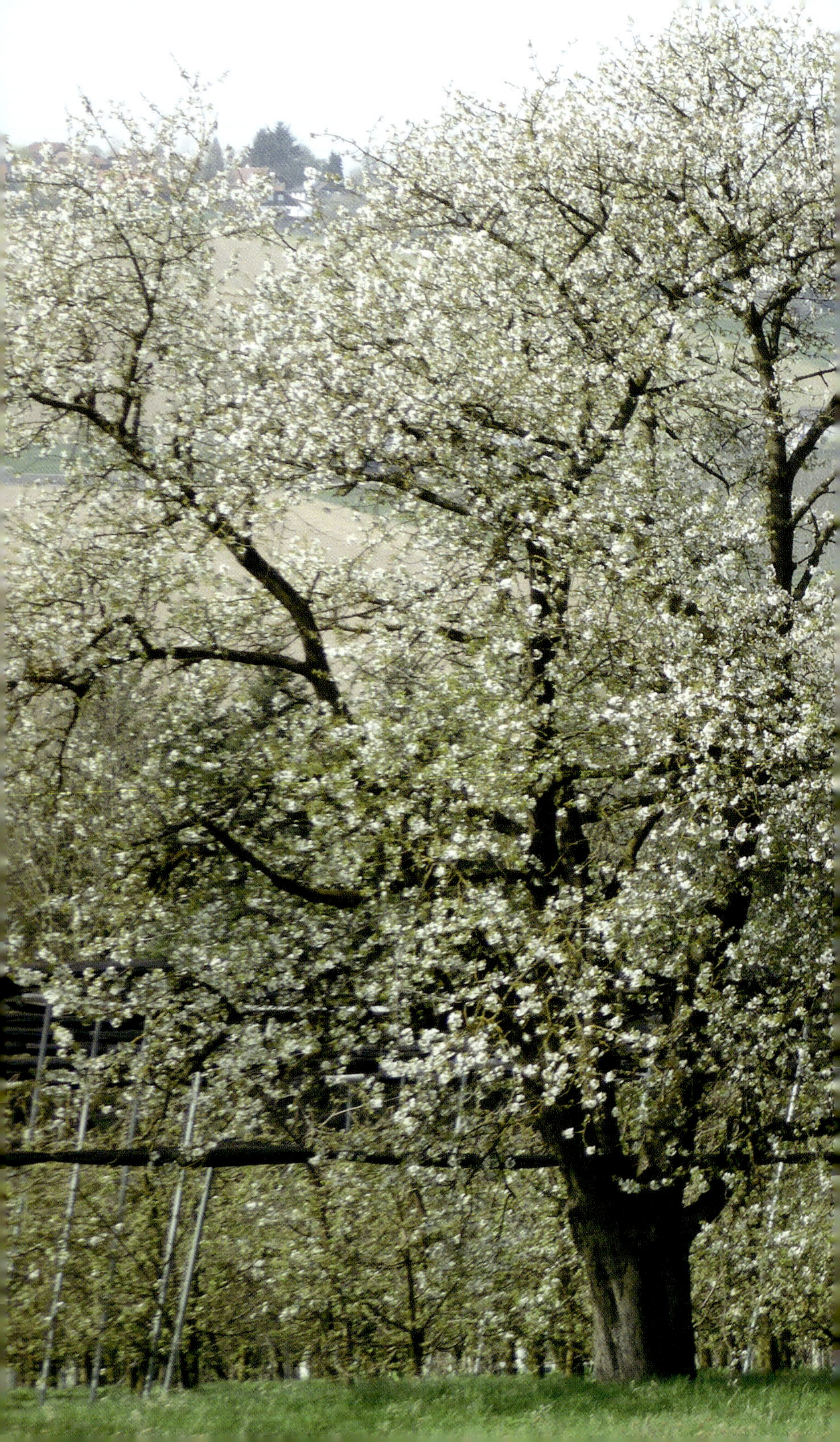

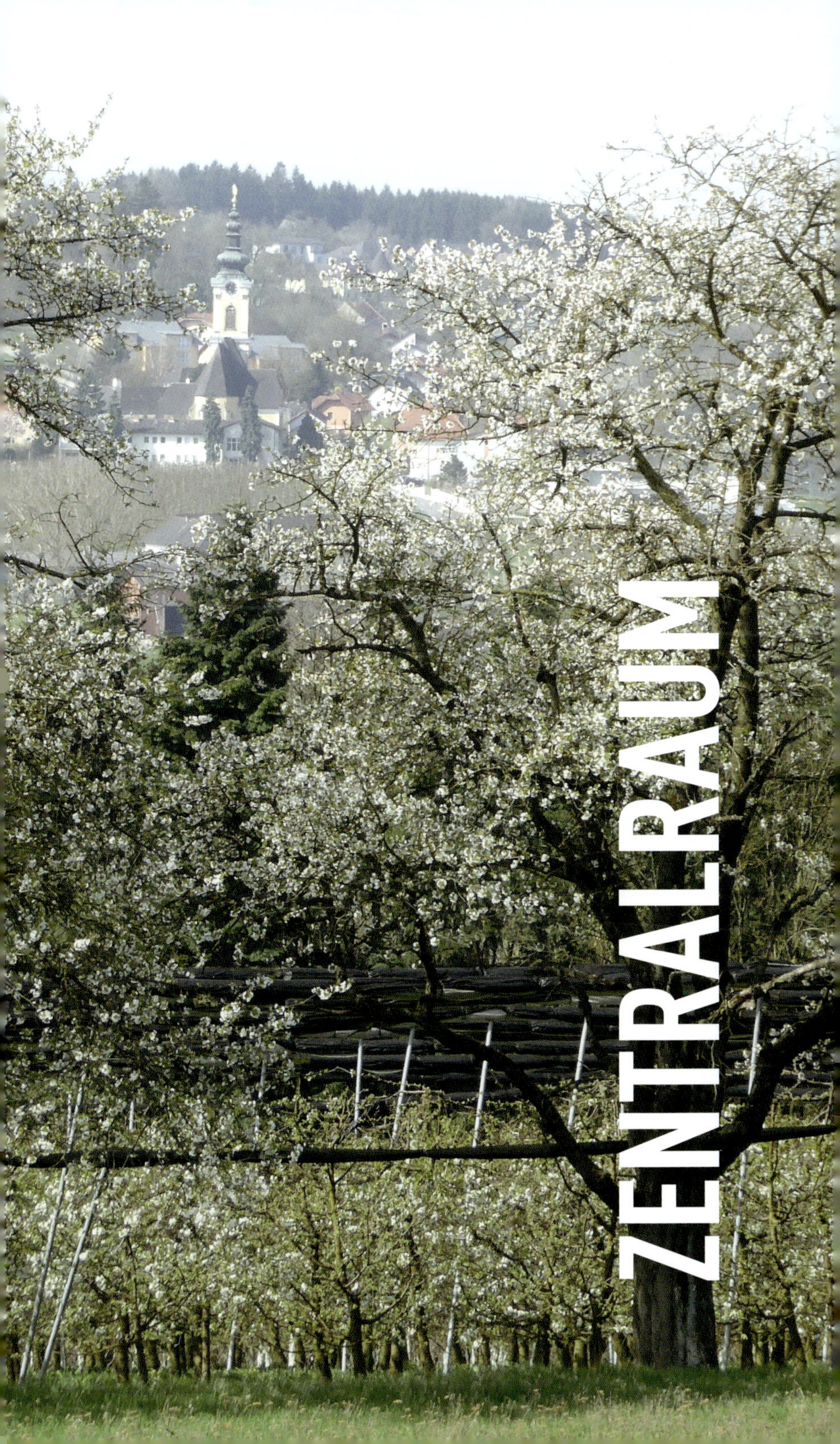
ZENTRALRAUM

72 Eferding

Eine der ältesten Städte Österreichs beherbergte einst den Astronomen Johannes Kepler und war Heimat eines der ältesten österreichischen Adelsgeschlechter

„Wirf Deine Sorgen weg und lächle“: Mit dieser Einladung beginnt eine Wanderung auf dem Eferdinger G'schichten-Weg. Zwölf Stationen beschreiben Historisches und Fantastisches und regen zum Nachdenken an. Ausgangspunkt ist der große, seit dem Mittelalter fast unveränderte Stadtplatz mit seinen imposanten Bürgerhäusern.

Das „ing“ im Namen einer der ältesten Städte Österreichs weist auf die frühe bajuwarische Besiedlung hin. Schon im Nibelungenlied als „Everdingen“ erwähnt, besitzt die Stadt seit 1222 das Stadtrecht und zählt eben Enns und Wien zu den ältesten Städten Österreichs. Viele Kaiser und Könige waren als Gäste hier. Der Weg führt in nördlicher Richtung zum weithin sichtbaren Schloss Starhemberg. Auf dem Weg liegt das Haus, in dem der Astronom Johannes Kepler (1571–1630) Hochzeit feierte. Ganz in der Nähe befindet sich auch das Geburtshaus des Komponisten Johann Nepomuk David, der aus Eferding stammte und auch als „Bach des 20. Jahrhunderts“ bezeichnet wurde. Das von der kalten Wintersonne bestrahlte Schloss lädt zum Besuch des Museums der fürstlichen Familie und der Stadt Eferding ein. Bei der Beschäftigung mit einem der ältesten Adelsgeschlechter Österreichs bleiben einige markante Punkte besonders in Erinnerung: Ernst Rüdiger von Starhemberg verteidigte 1683 Wien vor den angreifenden Türken, die schließlich mit einem Entsatzheer in die Flucht geschlagen werden konnten. Für viele eine Schicksalsstunde für Europa. Seitdem ziert ein Türkenkopf in der Hand eines Panthers das Starhemberg'sche Wappen. Nach dem Ersten Weltkrieg war Franziska Starhemberg die erste Frau

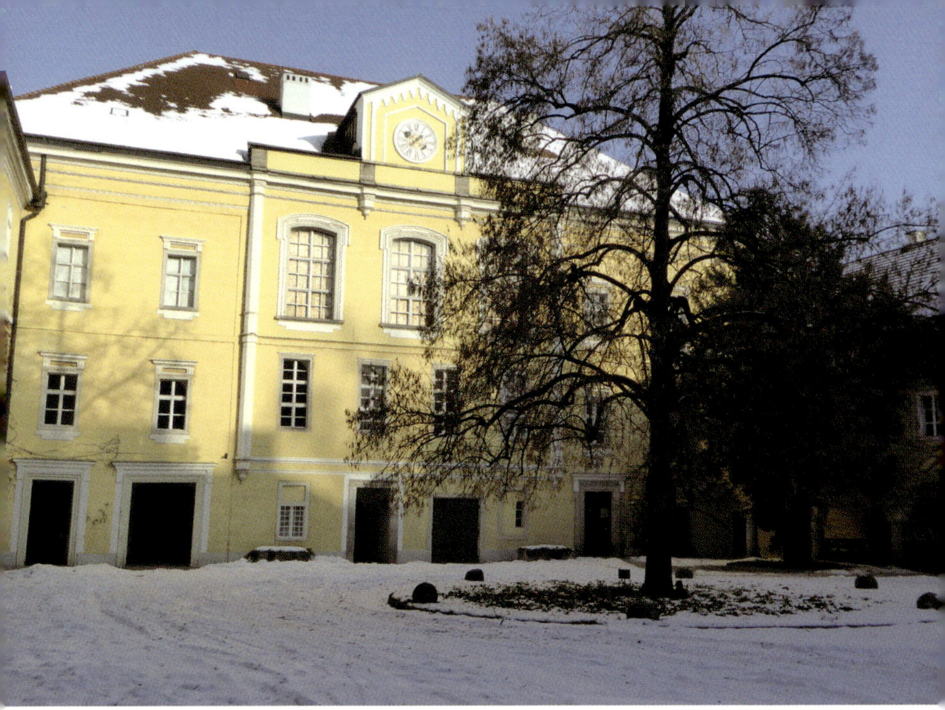

Schloss Starhemberg mit der Freiheitslinde, gepflanzt anlässlich der wiedererlangten Freiheit Österreichs im Jahr 1955.

im österreichischen Bundesrat und eine Vorkämpferin für Frauenrechte. Eine Besonderheit im Museum ist auch der Tisch, an dem Mozart seine Oper „die Zauberflöte“ komponierte.

Der weitere Weg führt zum „Eferdinger Dom“, der Pfarrkirche St. Hippolyt. Von den Grafen von Schaunberg um 1500 erbaut, ist sie eine der bedeutendsten gotischen Hallenkirchen des Landes. Das Renaissance-Hochgrab des letzten Schaunbergers – mit einem kunstvollen Relief – erinnert an die Gründerfamilie. Einmalig ist die Zwillingswendeltreppe, die zum Chor hinaufführt.

Nach so viel Kultur tut es gut, den Rundweg fortzusetzen. Der Wanderweg auf dem Mittleren Graben lädt zum Flanieren ein. Der Spruch auf einer Tafel bestätigt treffend: „Wandern ist die vollkommenste Art der Fortbewegung, wenn man das wahre Leben entdecken will.“ Viel vom früheren Leben könnte die historische Stadtmauer erzählen. Eine Begebenheit soll besonders bedeutend gewesen sein: Feinde hatten die Stadt belagert und die Vorräte wurden knapp. Als die Stimmung schon ganz verzweifelt war, fasst ein „tapferer“ Schneider einen Plan: Aus Holz, Leder, Stroh und Fellen fertigte er eine riesige Puppe mit einer hässlichen Fratze an. Im Nebelgrauen hoben die Bürger die Figur über die Stadtmauer und erzeugten einen Höllenlärm dazu. Aus Furcht vor dem Ungetüm flüchten die Angreifer. Die Stadt war gerettet.

Bald mündet der Mittlere Graben in den Donausteig, der sich hier mit dem Nibelungenweg überschneidet. War es früher möglich, auf einem der Donauarme mit dem Schiff bis nach Eferding zu fahren, so fließt der Strom heute in drei Kilometer Entfernung vom Stadtzentrum vorbei. Dennoch reichte das letzte große Hochwasser bis knapp an die Stadtmauer heran und verschonte die Innenstadt nur knapp. Vorbei am historischen Bräuhaus – heute ein Kulturzentrum – geht es idyllisch außerhalb der Altstadt entlang wieder Richtung Süden. Der Rundweg umkreist die Altstadt und trifft auf die Spitalskirche. Hier erregen nicht nur die spätgotischen Fresken die Aufmerksamkeit des Besuchers, sondern auch die Wasserspeier am Dach des Kirchturms. Diese verhindern, dass das Wasser direkt an den Mauern herunterfließt. Birgit Rauscher, die Leiterin des Tourismusbüros, ersucht die Stadtwanderer, nach oben zu schauen und berichtet: „Eine Legende erzählt, dass der Auftraggeber von einst die Dacharbeiter nicht ordentlich bezahlen wollte. So wurde als Zeichen des Unmuts anstatt des letzten Wasserspeier-Kopfes ein „Popo“ gemauert. Genau der lacht anstatt eines Löwen- oder Drachenkopfs den Besucher von oben an.“ Wir nehmen das aber nicht persönlich und beenden mit dieser humorvollen architektonischen Anekdote den Stadtwanderweg.

Ausgangspunkt für den Rundweg: Eferding, Stadtplatz
Dauer: 1 Stunde, 3,5 Kilometer
www.eferding.at

Auf den Spuren des Weberbartl-Apfels wandeln und die Blütenpracht der Streuobstwiesen genießen – der Naturpark Obst-Hügel-Land bietet ein Erlebnis der besonderen Art

Marillen, Kirschen, Zwetschken, Äpfel: Im Wochentakt öffnet eine andere Obstsorte ihre Blüten. Die klimatisch besonders begünstigte „Scharte" oberhalb des Eferdinger Beckens macht es möglich. Schon bei der Hinfahrt nach Scharten springen die bunten Flecken in der Landschaft ins Auge. Man entdeckt eine Szenerie, die an die Toskana erinnert. Mehrere namensgebende „Scharten", das sind Einkerbungen, durchziehen die Hügellandschaft. Hinter üppig blühenden Marillenbäumen taucht der Zwiebelturm der Wallfahrtskirche Maria Scharten auf. Altbürgermeister Johann Meyr berichtet über die Anfänge des Naturparks Obst-Hügel-Land: „Vor mehr als 12 Jahren wurde er zusammen mit der Nachbargemeinde St. Marienkirchen an der Polsenz gegründet. Ziel war es, einen nachhaltigen Naturraum mit hoher Lebensqualität für Bewohner und Gäste zu schaffen." Die besondere Herausforderung bestand, so Meyr, ein gesundes Gleichgewicht zwischen modernen Erwerbsplantagen und alten Streuobstkulturen zu schaffen. Dass das auch in Zukunft so bleibt, dafür sorgt Rainer Silber, Geschäftsführer des Naturparks: „Wir entwickeln mit neuen Ideen die Marke weiter. Wir planen mehrmals wöchentlich Obst-, Gartenbau- und Kräuterworkshops." Einer der vielen Höhepunkte ist beispielsweise die beliebte Weberbartl-Apfel-Wanderung im September. Im Zentrum steht dabei der Weberbartl-Apfel, eine typische alte Mostobstsorte in der Region. Auf dem Panoramaweg in Scharten lässt sich diese Blütenpracht bestens genießen.

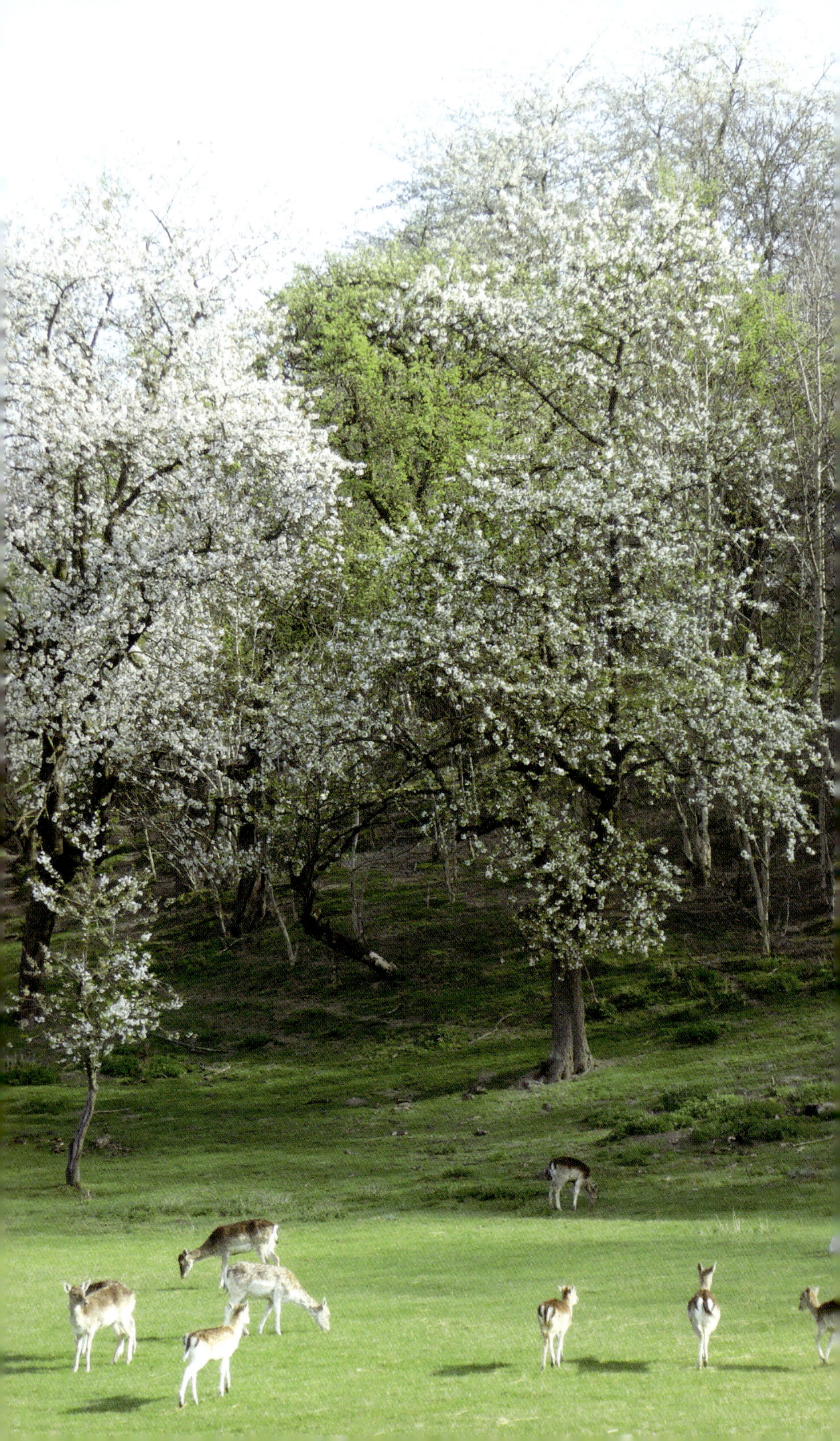

Ausgangspunkt der eineinhalbstündigen Rundwanderung ist der Parkplatz beim Schartner Amtshaus. Gleich dahinter geht es zunächst der Straße folgend am neu errichteten Gehsteig nach Unterscharten. Das Gasthaus „Mair z'Edt" und die evangelische Kirche werden passiert. Wie zur Einstimmung auf die folgende Blütenpracht führt der Weg zunächst durch ein längeres Waldstück. Die Landschaft hat sich mit der schönsten Frühlingsflora geschmückt: Buschwindröschen, Dotterblumen und Lungenkraut drängen sich neben dem mächtigen Bärlauch in den Vordergrund. Ein Bächlein wird überquert. Außer Vogelgezwitscher ist hier nichts zu hören. Dann geht es ins Freie und der Panoramaweg wird seinem Namen wieder gerecht. Vorne fällt der Blick auf die geradezu in militärischer Ordnung aufgereihten Kirschplantagen-Bäume, dahinter auf die Hügelkette, die das Schartner Land nach Osten hin begrenzt. In der Mitte erhebt sich die hoch aufragende katholische Kirche. Auf der anderen Seite des Weges findet sich noch eine Allee von uralten Kirschbaumriesen: Jeder von ihnen fünfzehn Meter hoch, ein Unikat und ein eigener Bio-Mikrokosmos. Sie freuen sich sichtlich ihres langen Lebens und zeigen das mit einer üppigen Blütenpracht.

Kirschwachterhäusl schützt vor Dieben

Beim folgenden Rastplatz übersieht man fast eine unscheinbare Holzhütte. Die pensionierte Lehrerin Emma Mayrhofer kennt die Geschichte dazu: „Es ist eines von ehemals zahlreichen ‚Kirschwachterhäusln'. Hier hat man vor der Ernte die Kirschen vor Dieben bewacht und dann die frisch geernteten Früchte ‚ausgeklaubt'. Auch wurden Schwärme von Staren verscheucht. Heute wird das elektronisch mit Falkengeschrei oder Hundegebell erledigt." Nur mehr zwei dieser Hütten haben sich bis heute erhalten.

Schließlich taucht unterhalb des Weges das langgestreckte Gebäude des Firlingerhofs auf. Besitzer Horst Hubmer weiß, warum viele Bäume jetzt noch nicht blühen: „Einige der zwanzig Kirschsorten, die wir pflanzen, blühen und reifen später. So können wir über einen Zeitraum von acht Wochen frische Kirschen ernten." Ein Glück für die Genießer dieser köstlichen Früchte. Sie wissen: Kirschenzeit ist die gesündeste Zeit im Jahr. Sie kennen aber auch den aus dem Mittelalter stammenden Spruch: „Mit dem ist nicht gut Kirschen essen." Der Markierung „Panoramaweg" folgend geht es anschließend hinunter durch die Ortschaften Rexham und Vitta. Ein idyllisches Wiesenwegerl führt mitten durch ein Damwild-Gehege. Friedlich äsen die Tiere unter den blühenden Bäumen. Nur der Chef des fünfzigköpfigen „Clans" liegt ganz entspannt am Wegesrand und lässt sich durch die Wanderer nicht aus der Ruhe bringen. Wir gönnen ihm seine Muße und erreichen auf dem Rundweg wieder den Ausgangspunkt, nicht ohne einen Blick in die Kirche Maria Scharten zu werfen, den dominanten Mittelpunkt des Ortes. Sie ist seit 600 Jahren ein beliebtes Ziel für Wallfahrer. Schon Kaiser Ferdinand III. betete hier im Jahr 1646 für das Ende des Dreißigjährigen Krieges. Das scheint geholfen zu haben, denn zwei Jahre später war tatsächlich Friede. Kaiser Leopold I. pilgerte im Jahr 1684 hierher, um für die erfolgreiche Abwehr der Türken vor Wien zu danken. Nach dieser Zeit war Maria Scharten für längere Zeit der bedeutendste Wallfahrtsort nach Mariazell. Wahrlich ein denkwürdiger Ort.

Ausgangspunkt: Scharten, Amtshaus
Dauer: 1,5 Stunden, 6,5 Kilometer, 100 Höhenmeter
www.obsthuegelland.at

Herzog Tassilo residierte hier im Sommer in dem von ihm gegründeten Gutshof

Vielfältig sind die Wandermöglichkeiten in der größten Gemeinde im Bezirk Eferding. Ausgehend vom Schloss Hartheim vereint die „Kulturrunde A5" auf sechs Kilometern reichhaltige Eindrücke von Natur und Kultur. Rasch wird der Ort verlassen und ein Feldweg in Richtung Winkeln beschritten. Man versteht gut, dass diese Gegend dem bayerischen Herzog Tassilo im achten Jahrhundert sehr gut gefallen hat. Der Alkovener Politikwissenschaftler und Hobbyhistoriker Adolf Golker erzählt: „Sogleich ließ Tassilo ein Bethaus und einen Gutshof errichten, wo er dann in den Sommermonaten zu residieren pflegte. Das alles ereignete sich im Jahr 777." Damit beginnt die Geschichte von Alkoven.

Nach der Ortschaft Winkeln verlassen wir langsam die Ebene und steigen einen Höhenrücken hinauf. Weiter geht es zwischen den jetzt winterlich ruhenden, ansonsten sehr fruchtbaren Feldern. Obwohl der Anstieg nur 70 Höhenmeter ausmacht, bieten sich erstaunliche Ausblicke auf das südliche Gebirgspanorama. Traunstein und Großer Priel grüßen von Weitem. Die Schritte knirschen im gefrorenen Schnee. Auf blattlosem Ast sitzt eine einsame Krähe. Ein Rudel Rehe sucht Zuflucht im Gestrüpp eines abgeernteten Rapsfeldes. Schließlich taucht am Horizont der Turm des Annaberg-Kirchleins auf. Ein sehenswerter Ort mit einer 800-jährigen Geschichte. Von den Herren von Aspan als Etappenpunkt mit Rast- und Andachtsstätte für die Pilger errichtet, wurde sie eine der bedeutendsten Wallfahrtstationen an der heiligen Straße nach Mariazell. So reihen wir uns in die Schar prominenter Wallfahrer wie Kaiser Leopold I. oder Maria Theresia ein. Im Inneren berichten prächtige Epitaphe von den

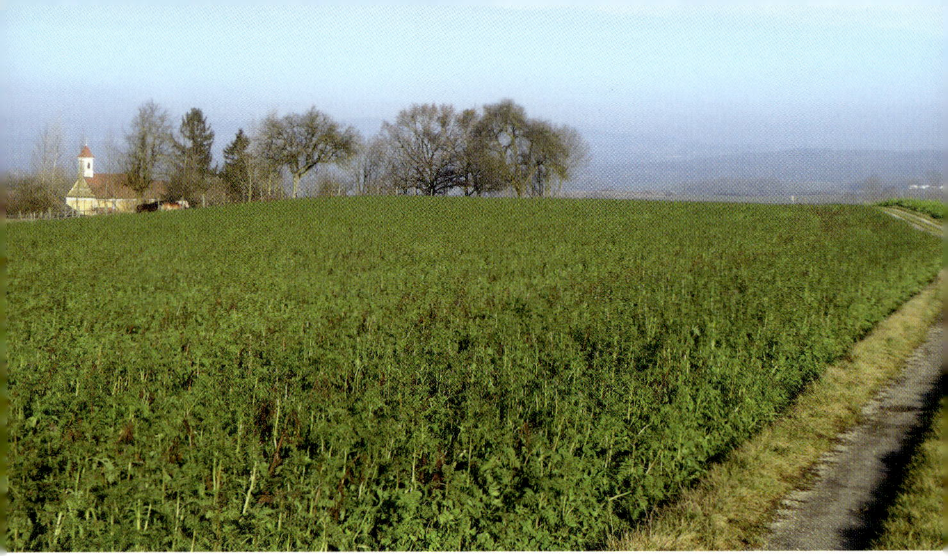

Blick auf das Annaberg-Kirchlein und das Donautal.

hier ruhenden Mitgliedern der Familie Aspan. Maria Kempl, die Bäuerin vom unmittelbar angrenzenden Gutshof, erzählt Interessantes: „Beim Pflügen haben wir Gegenstände entdeckt, die von einer Besiedlung bereits vor 4 000 Jahren zeugen. An diesem Ort befand sich wahrscheinlich auch eine keltische Kultstätte."

Bauernaufstand

Wegen der guten Aussicht ins Donautal hatte der Platz auch immer strategische Bedeutung. So haben sich hier beim Bauernkrieg 1626 die kaiserlichen Truppen gesammelt und sind über den Höhenrücken hinunter in die Schlacht gegen die aufständischen Bauern gezogen. Im nahen „Emlinger Holz" fanden 3 000 Bauern und ebenso viele Soldaten den Tod. Morgenstern und Hellebarde im Gemeindewappen von Alkoven erinnern daran. Heute liegt die Landschaft in friedlicher Ruhe und die Pferde genießen die Winterluft auf der nahegelegenen Koppel.

Ausgangspunkt: Schloss Hartheim
Dauer: 1,5 Stunden, 6 Kilometer
www.alkoven.at

Aus einer Einsiedelei wurde das Zaubertal

Die Linzer Kalvarienbergkirche war vor dem Bau der Pöstlingbergkirche das Wallfahrtszentrum der Region. Bekanntlich öffnet Reisen neue Perspektiven und lässt uns zugleich all das aufs Neue wertschätzen, was wir daheim zurückgelassen haben. Erst die Fremde lehrt uns, was wir an der Heimat haben. So führt diese Reise in die Heimat des Verfassers. Von der Donauuferstraße am westlichen Stadtrand von Linz zeigt der Wegweiser „Zaubertal" den richtigen Weg, der dem idyllischen Zellbach folgt. Hier soll früher eine kleine Papiermühle gestanden sein. Einem steil ansteigenden Seitenweg folgend gelangen wir zur barocken Kapelle Maria Thal. Sie ist in ihren Ursprüngen über 1 000 Jahre alt. Der Legende nach soll im 10. Jahrhundert an dieser Stelle einer der Stadtheiligen von Nürnberg, Sebaldus, eine Einsiedelei gegründet haben. Aus „Sebal" soll „Zaubal" und schließlich Zauber-Tal geworden sein, ein treffender Name für das idyllische Örtchen. Über mehrere Jahrhunderte war diese Stätte mit der spätgotischen Madonna der wichtigste Wallfahrtsort im Zentralraum von Oberösterreich. Erst der Bau der Pöstlingbergkirche im 18. Jahrhundert beendete diese Tradition.

Kreuzweg führt auf den Kalvarienberg

Es folgten mehrere Ausbaustufen: Der leichteren Erreichbarkeit wegen wurde direkt an der Donau eine Kirche errichtet. Das häufig auftretende Hochwasser überflutete jedoch in der Folge nicht nur die Kirche, sondern schwemmte auch die Gebeine der Toten des angrenzenden Friedhofs heraus. Die Jesuiten errichteten daher im 17. Jahrhundert weiter oben einen Kreuzweg mit Kalvarienbergkirche und Grabkapelle. Jetzt ist sie die Pfarrkirche von St. Margarethen. Auch ein kleines Kloster der

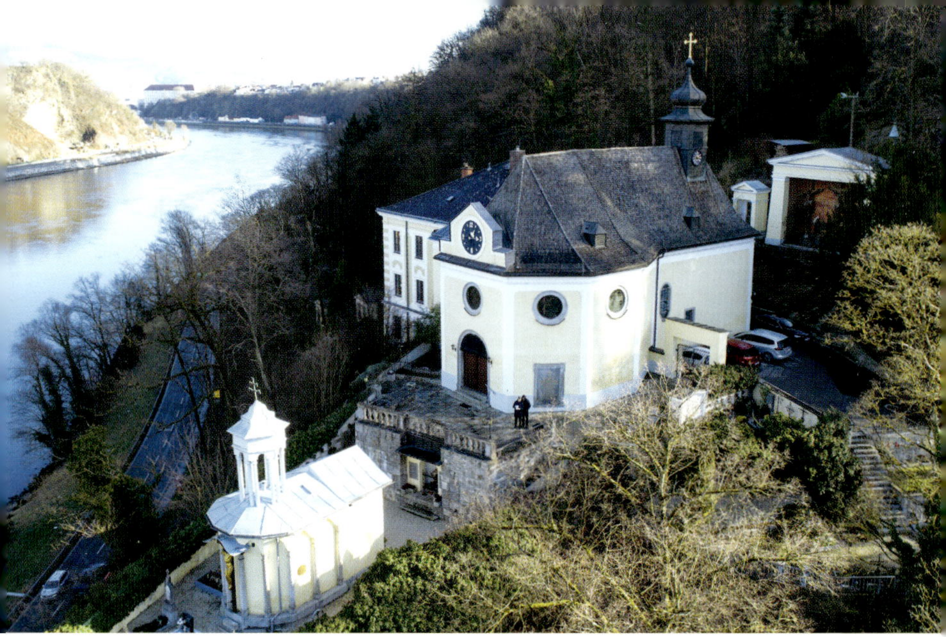

Kulturensemble St. Margarethen Zaubertal.

Franziskaner wurde errichtet. Der Kreuzweg führt auf steilen steinernen Stufen von der Donau herauf und endet am Kalvarienberg. Die Kreuzigungsszene ist mit lebensgroßen Statuen dargestellt – vor dem Hintergrund eines Riesengemäldes von Jerusalem. Alles zusammen ergibt ein Gesamtkunstwerk.
Prälat Josef Mayr ist seit über 40 Jahren in dieser Pfarre tätig und hat maßgeblich zum Erhalt dieses besonderen Ortes beigetragen. Er erinnert sich: „Die ganze Anlage war dringend renovierungsbedürftig. Von den Pfarrmitgliedern wurden viele ehrenamtliche Arbeitsstunden geleistet. In mehreren Etappen wurden auf diese Weise Kirche und Pfarrhaus, Kreuzweg und Maria-Thal-Kapelle saniert. Durch diese und viele weiteren Aktivitäten entstand schrittweise eine sehr lebendige Pfarre.“ Beim Besuch dieses Ortes kommt das Goethe-Wort in den Sinn: „Wer sein Vaterland nicht kennt, hat keinen Maßstab für fremde Länder.“

www.zaubertal.net

Die Nazis nutzten das weitverzweigte Tunnelsystem der Stadt zur Kriegsproduktion und zum Schutz vor Bombenangriffen

Knarrend öffnet sich die Tür. 10 °C kühle Luft strömt dem Besucher entgegen. Die Luftfeuchtigkeit von über neunzig Prozent lässt jedes Türgehänge rostig werden und ächzen. Das Betreten eines Stollens der Linzer Unterwelt wirkt wie der Eintritt in den Hades der griechischen Mythologie.

Man benötigt zwar keinen Fährmann, um den Fluss Styx zu überqueren, hat aber genauso das Gefühl, eine andere Welt zu betreten: ohne den geringsten Lichtstrahl, in absoluter Stille und begleitet von der langsam durch die Kleider kriechenden Kälte.
Von außen nicht erkennbar sind die vielen Stollenanlagen in den Hängen westlich der Linzer Altstadt, unter Bauernberg, Frein- und Schlossberg. Schon seit dem Mittelalter als umfangreiche Wein-, Bier- und Eiskeller genutzt, wurden diese großen Kelleranlagen während der Kriegsjahre zu einem riesigen Stollensystem ausgebaut und durch Gänge miteinander verbunden. Unmittelbar an der Donau in Richtung Bahnhof befindet sich der Schlossberg-Stollen. Er bot während des Zweiten Weltkriegs Platz für 10 000 Menschen und war damit der größte Luftschutzkeller von Linz. Durch den Ausbau des Linzer Schlosses ist er leider nicht mehr für die Öffentlichkeit zugänglich.

Im nächstgelegenen Zentralkeller, der 3 000 Personen Platz bot, wurden von der Steyr-Daimler-Puch AG Blechteile und Kugellager für die Kriegsindustrie gefertigt. Dem Schutz von Bahnreisenden diente vor allem der Märzenkeller. Der Cembran-Keller

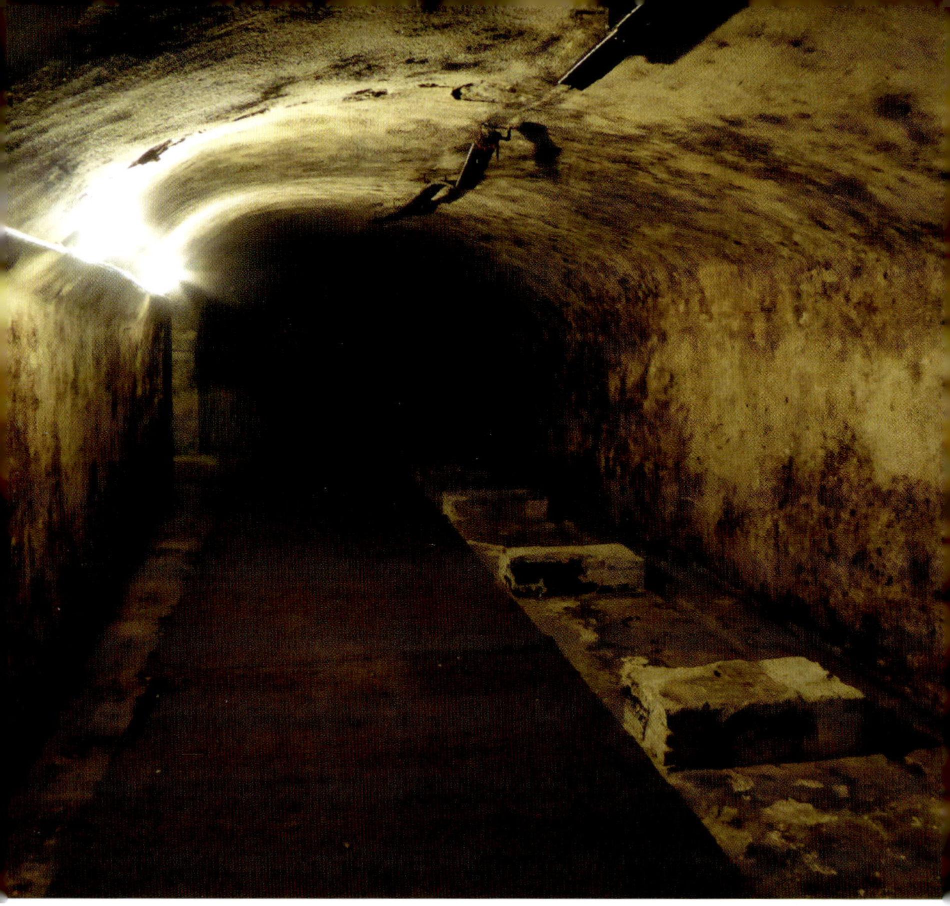

Stollen des Linzer Tunnelsystems, das als Luftschutzkeller und auch als Produktionsstandort genutzt wurde.

trägt den Namen einer Weinhandlung, deren Keller durch Erweiterungen zur Unterbringung von über 500 Personen ausgebaut wurde. Bezeichnenderweise heißt diese Straße „Kellergasse“. Der Linzer Autor und Politiker Hugo Schanovsky (1927–2014) beschreibt in seiner Erzählung „Feuer vom Himmel“ eindringlich die Situation im Krieg: „Wir drängen uns in den Luftschutzkeller, wir sind atemlos, wir sind still, wir zittern, das Herz klopft uns bis zum Hals herauf, Sand rieselt von der Decke …“

Kriegsindustrie unter der Erde

Eine sehr aufschlussreiche Führung durch den Limoni-Stollen löst Betroffenheit aus: Diese Anlage in der Kapuzinerstraße bot im Zweiten Weltkrieg 1 500 Personen Platz und hatte mehrere Zu- und Ausgänge. Es gab elektrisches Licht und Belüftungsanlagen, Toiletten und eine Krankenstation. In einem separaten Teil des Stollens waren Befehlsstellen für Gauleitung, Partei, Polizei und Stadtgemeinde untergebracht. Hier offenbaren sich die dunklen Seiten der Linzer Unterwelt. Der Ausbau der mittelalterlichen Stollen und die darin untergebrachte Kriegsindustrie wurde unter Ausbeutung von Kriegsgefangenen und KZ-Häftlingen vorangetrieben. Ausgemergelt durch überlange Arbeitsschichten und unzureichende Verpflegung, ohne auch nur kurz frische Luft atmen oder Tageslicht sehen zu können, wurden die erschöpften Arbeiter geradezu fließbandartig durch neue Gefangene ersetzt. Bis zum Kriegsende waren so immer gleich viele Häftlinge im Einsatz.

So wie es im griechischen Hades jedem Besucher bestimmt war, auf ewig in der Unterwelt zu bleiben und nicht wieder in die Außenwelt zurückzukehren, so erging es vielen tausenden Arbeitern. Der dreiköpfige Höllenhund Zerberus wurde durch die vielköpfige NS-Kriegsmaschinerie ersetzt. Wir verlassen die Unterwelt mit gemischten Gefühlen und erleben die Linzer Luft mit ganz anderen Sinnen – dankbar und in der Hoffnung, dass diese Stollen nie mehr für Kriegszwecke genutzt werden.

www.limonistollen.at

77 Enns

Richard Löwenherz bezahlte die Stadttürme – die älteste Stadt Österreichs galt in der Monarchie als das Klein-Paris

Was hat der englische König Richard Löwenherz mit Enns zu tun? Wer den Stadtturm besteigt, kommt der Antwort sehr nahe. Begleitet werden wir von Stadtführer Alfred Hudec, einem Zweimeter-Hünen mit breitem Lachen und einem Fundus an historischem Wissen und schillernden Anekdoten. Wir steigen die 157 Stufen auf den 60 Meter hohen Turm, der als Glocken-, Wach- und Uhrturm im 16. Jahrhundert errichtet wurde. Auf 20 Meter Höhe lädt das bis vor kurzem noch genutzte Turmwächterzimmer zu einem Besuch ein. Jetzt ist es – denkmalgeschützt saniert und modern ausgestattet – ein sogenanntes Pixelhotel. Es geht auf eine Kulturinitiative zurück und besteht aus Räumen, die nicht in einem einzigen Gebäude sind. Die einzelnen Zimmer sind in der Stadt oder Landschaft verstreut oder „verpixelt".
Als Gast hat man schon ein besonderes Hotelerlebnis, in der alten Rauchkuchl die Regendusche zu benutzen und sich für eine Nacht als Turmherr oder –fräulein zu fühlen. Der Aufstieg führt an der Glockenstube und der Turmuhr vorbei. Wenn das Sprichwort sagt „Dem Glücklichen schlägt keine Stunde", so sollte man sich nicht täuschen lassen: Stunden- und Minutenzeiger der Uhr sind vertauscht. Oben angekommen, eröffnet sich ein großartiger Blick auf die stattlichen Renaissance- und Barockhäuser der Ennser Altstadt.
Der Bau des Turms fiel in eine Blütezeit der Stadt. Der Handel mit Wein, Holz, Eisen, Salz und Leinwand machte die Bürger reich. Der Blick fällt auch auf die Bauwerke der ehemaligen Stadtbefestigung: Judenturm, Linzer Tor, Pfaffenturm, Bäckerturm, Ledererturm und Schlossturm. Jetzt ist es für Alfred

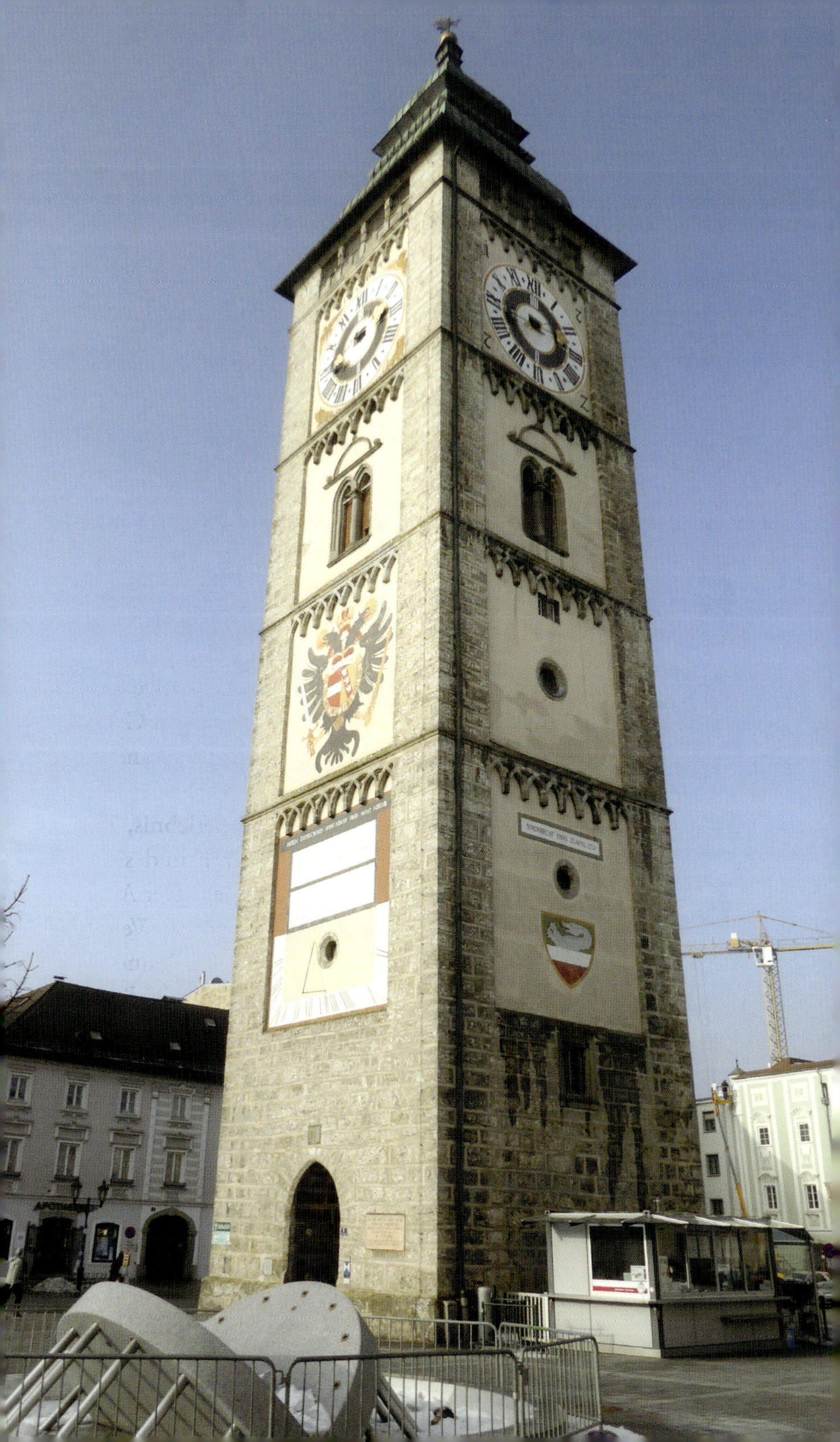

Hudec Zeit, das Geheimnis um Richard Löwenherz zu lüften: „Die Türme wurden mit dem Lösegeld errichtet, das der englische König für seine Freilassung zahlen musste. Er hatte während des Dritten Kreuzzugs im Heiligen Land bei der Eroberung von Akkon 1191 Leopold von Österreich beleidigt, als er dessen Fahne in den Schmutz werfen ließ. In Dürnstein wurde er von diesem dafür gefangen gehalten. Die Zahlung von 23 Tonnen Silbermünzen entsprach dem doppelten Jahreseinkommen der englischen Krone. Leopold gründete mit dem Geld die Stadt Klosterneuburg und befestigte Hainburg. Im verarmten England entstand in der Folge der „Robin-Hood-Mythos".
Von oben gut sichtbar ist auch das Gelände der Militärkaserne. Um 1900 soll Enns die eleganteste Garnisonsstadt der Monarchie gewesen sein. Die Stadt hatte 4 000 Einwohner und 36 Gasthäuser, die von 6 000 Soldaten belebt wurden. Die österreichische Schriftstellerin Susanna Kubelka berichtet in ihrem Roman „Das gesprengte Mieder" dazu: „Die ganze vornehme Jugend kommt nach Enns, die Magnatensöhne aus Ungarn, die Prinzen aus den Kronländern. Viele sprechen französisch, es herrscht Wohlstand, die ganze Welt ist zu Gast. Enns ist das Klein-Paris der Monarchie". Und die Badehäuser hatten Hochbetrieb …

Der spannende Besichtigungsweg führt durch die Mauthausner Straße hinunter bis zum Frauenturm. Eine Außen-Holztreppe führt hinauf in die Kapelle des Johanniter-Pilgerhospizes aus dem 14. Jahrhundert. Enns lag damals am europäischen Jakobsweg, der von Danzig über Prag und Enns nach Spanien ging. Großartige Fresken schmücken das gotische Gewölbe. Über eine Figur kann Alfred Hudec eine kuriose Geschichte berichten: „Das Fresko zeigt die biblische Martha von Bethanien mit einem Drachen an der Leine. Sie gilt als die Patronin der Hausfrauen. Der Legende nach soll sie in der französischen Stadt Arles einen gefährlichen Drachen mit Kreuz und Weihwasser

gezähmt haben. Die Bezeichnung „Hausdrache“ erinnert uns noch heute daran.“
Ein besonderer historischer Ort, den jedes österreichische Schulkind aus den Büchern kennt, ist die nächste Station des Rundgangs. Der Weg führt in den winterlichen Park des Schlosses Ennsegg mit altem Baumbestand und einer einladenden Lindenallee. Wir folgen dieser einige hundert Meter bis ans Ende und gelangen auf einen kleinen, unscheinbaren Hügel, den Georgenberg. Hier wurde 1186 in einem Vertrag der Babenberger Leopold V. von Ottokar, dem Herzog der Steiermark, zu dessen Erben eingesetzt. Mit der „Georgenberger Handfeste“ wurde die Steiermark mit Österreich verbunden. Wenige Jahre später, im Jahr 1212, erhielt Enns das Stadtrecht und gilt als die älteste Stadt Österreichs.

Nach so vielen Türmen ist ein knuspriges „Turmschnitzel“ im Gasthof zum Goldenen Schiff genau das Richtige. Wirt Wolfgang Brunner und Max Homolka, Geschäftsführer der Tourismus Stadtmarketing GmbH, engagieren sich für die Weiterentwicklung der Stadt. Nach dem Motto „Ideen sind das Kapital der Zukunft“ werden innovative Projekte für Enns kreiert. „Cittáslow“ ist das Motto. Als Mitglied der in Italien gegründeten Bewegung – wörtlich „langsame Stadt“ – engagiert sich Enns für mehr Lebensqualität in der eigenen Stadt. Slowfood-Events mit regionalen Produkten, Besinnung auf kulturelle Werte und eine nachhaltige Stadtentwicklung sollen dazu beitragen, dass dieser Ort auch in Zukunft lebenswert bleibt.

Ausgangspunkt: Enns, Stadtturm
Dauer: 1,5 Stunden mit Besichtigung, 1,6 Kilometer
www.tse-enns.at; www.enns.at

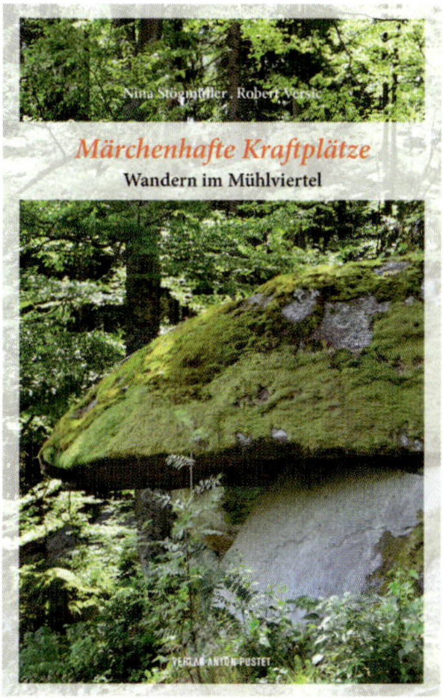

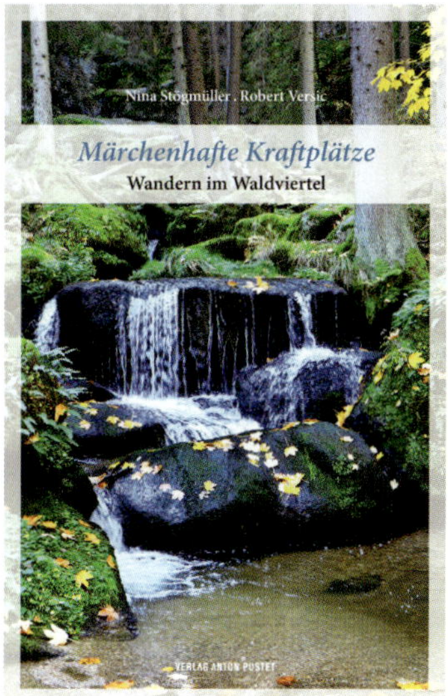

Nina Stögmüller, Robert Versic
Märchenhafte Kraftplätze
Wandern im Mühlviertel

Die 25 genussvollen Wanderungen versprechen fabelhafte Naturerlebnisse in einem ursprünglichen Landstrich. Persönliche Anregungen und Märchen laden dazu ein, die uralten Plätze neu zu entdecken und eigene Erfahrungen mit nach Hause zu nehmen. Ein Wander- und Lesebuch für Körper, Geist und Seele!

264 S., franz. Broschur
durchgehend bebildert, Karten
978-3-7025-0884-5, € 24,90
eBook: 978-3-7025-8044-5

Nina Stögmüller, Robert Versic
Märchenhafte Kraftplätze
Wandern im Waldviertel

Ein Buch, das bewegen möchte, die Leserinnen und Leser aber auch zur Ruhe kommen lassen will. Es lädt zum genussvollen Wandern ein, zugleich werden Wege zur inneren Einkehr aufgezeigt. Entdecken Sie 25 Wanderungen, Wissenswertes zu den Kraftplätzen, historische Infos, Sagen und stimmungsvolle Märchen zu den Kraftplätzen.

264 S., franz. Broschur
durchgehend farbig bebildert,
ISBN 978-3-7025-0972-9, € 24,90